historia y cultura

Dirigida por Luis Alberto Romero

BUENOS AIRES EN ARMAS

la revolución de 1880

hilda sabato

 **siglo veintiuno**
editores

siglo veintiuno editores argentina s.a.
Tucumán 1621 7° N (C1050AAG), Buenos Aires, Argentina

siglo veintiuno editores, s.a. de c.v.
Cerro del agua 248, Delegación Coyoacán (04310), D.F., México

siglo veintiuno de españa editores, s.a.
c/Menéndez Pidal, 3 BIS (28006) Madrid, España

Hilda Sabato
Buenos Aires en armas, La revolución de 1880 - 1a ed. - Buenos
Aires : Siglo XXI Editores Argentina, 2008. // 336 p. ; 21x14 cm. -
(Historia y cultura / Luis Alberto Romero)

ISBN 978-987-629-062-3

1. Historia Argentina. I. Título

CDD 982

Diseño de colección: tholön kunst

Diseño de cubierta: Peter Tjebbes

ISBN 978-987-629-062-3

Impreso en Artes Gráficas Delsur / / Alte. Solier 2450, Avellaneda,
en el mes de octubre de 2008

Hecho el depósito que marca la ley 11.723
Impreso en Argentina // Made in Argentina

A Jorge Alberto Sabato y Lydia Áñez.

Índice

Introducción

En la mañana del lunes 21 de junio de 1880 dos ejércitos de unos 5000 hombres cada uno se enfrentaron en las puertas de la ciudad de Buenos Aires, en Puente Alsina y los Corrales (hoy Parque Patricios). Pelearon durante más de diez horas sin descanso. El combate había empezado a las cuatro de la madrugada, con un ataque sorpresa por parte de fuerzas del Ejército Nacional, que aprovecharon la oscuridad de la noche para trasladarse por tren y a caballo desde sus campamentos en los alrededores de la ciudad hasta el lugar donde descansaba un importante destacamento de la Guardia Nacional de la provincia de Buenos Aires. Fuerzas de infantería, caballería y artillería se trenzaron en la batalla, que algunas horas después se desplazó a la meseta de los Corrales, ya dentro de los límites de la ciudad. A eso de las dos de la tarde, todo había terminado. Mil a 2000 víctimas, entre heridos y muertos, era el luctuoso saldo del combate. Ambos lados reclamaban la victoria: los nacionales habían avanzado sus posiciones y apretado el sitio a la ciudad; los rebeldes habían aguantado la carga impidiendo la ocupación del casco urbano. Sin embargo, éste fue un enfrentamiento decisivo y pocos días más tarde los contendientes negociaron un acuerdo de paz que constituyó, para los rebeldes, un acta de derrota.

Este episodio de confrontación violenta no es excepcional en la historia argentina del siglo XIX. Aun después de sellada la unión política con la Constitución de 1853, cientos de sublevaciones y rebeliones tuvieron lugar en distintas regiones del territorio a lo largo de varias décadas. La poderosa Buenos Aires no fue ajena a esta tendencia: la principal ciudad del país, núcleo del proceso de modernización política, social y cultural, fue sede de varios levantamientos armados, entre los cuales se cuenta éste de 1880 y varios otros que integran el "ciclo revolucionario" de la segunda mitad del XIX.[1]

Con frecuencia, la historiografía ha considerado estos episodios como interrupciones en el camino progresivo que debía desembocar en la consolidación del estado. Ésta implicaba la concentración de los medios coercitivos y el monopolio del uso de la fuerza por parte de una autoridad central, así como la expropiación de la violencia del territorio pacífico de la sociedad civil. Desde esta perspectiva, los levantamientos armados se han entendido como obstáculos en aquel camino, destinados, en última instancia, al fracaso.

Pero, ¿por qué esa obstinada recurrencia a las armas en la vida política del siglo XIX? Este interrogante no ha sido demasiado explorado y las razones que se atribuyen a la violencia han sido en general algo vagas o esencialistas: desde la que encuentra en los argentinos (y más general en los latinoamericanos) tendencias atávicas a la violencia sin freno, hasta la que, de manera algo tautológica, explica las rebeliones como resistencias de una sociedad tradicional a los procesos de modernización inevitables. Sólo en los últimos años se ha comenzado a revisar estos supuestos y a intentar otras respuestas.

En el caso particular de la revolución del 80, el énfasis se ha colocado en atender a sus resultados más que en estudiar sus causas y sus características. En ese marco, el levantamiento se analiza en relación con el proceso de afirmación del estado nacional, un estado cuya construcción había sido conducida inicialmente por una elite con base en Buenos Aires que no había sido capaz, sin embargo, de consolidar su poder y lo estaba perdiendo en manos de una nueva constelación política con base en los gobernadores del interior y centro en el propio estado. Cuando en el año 80 la decadencia de aquella elite se vio ratificada con la derrota en la elección presidencial, los perdedores emprendieron "el camino de la resistencia armada", camino sin salida que terminaría por confirmar su ocaso.[2]

Si bien esta interpretación permite trazar las coordenadas principales de un episodio particular, no se interroga en cambio por el hecho revolucionario mismo. ¿Por qué la pérdida del control político llevó al uso de las armas? ¿Qué empujó a personajes destacados de las elites políticas e intelectuales de la época a recurrir al uso de la fuerza como medio de acción política? ¿Cómo fue que cultivadísimos hombres de la principal ciudad del país estuvieron dispuestos a levantarse contra el gobierno y a matar y morir en enfrentamientos con otros miembros de su propia clase, con los cuales los unían fuertes lazos sociales? ¿Por qué no resolvieron sus conflictos en el terreno de la negociación, un recurso al que, por otra parte, estaban habituadísimos? Y, finalmente, ¿por qué una parte importante de la población los siguió en esas lides?

Este libro ensaya un camino para tratar de responder estas preguntas y para "dar sentido" a la revolución del 80 en tanto acontecimiento político marcado por la violencia. No fue un episodio anómalo ni excepcional, por lo que su estudio puede brindar algunas pistas para pensar el tema más general del lugar de la violencia en la vida política de la Argentina decimonónica. Pero me interesa sobre todo como acontecimiento singular, en el que se cruzaron y encadenaron de manera única condicionamientos estructurales y contingencias coyunturales, movimientos colectivos y acciones individuales, tradiciones e innovaciones políticas, para dar lugar a un desenlace que no estaba inscripto en el origen, sino que se fue generando en el tiempo, producto de las acciones humanas.

Mi propósito aquí es contar una historia. No es la única posible, ni siquiera la más completa, sino apenas la que logré construir a partir de una preocupación inicial por el lugar de la violencia en la vida política argentina, a partir de la convicción de que ese lugar ha variado profundamente a lo largo de la historia y de mi pasión por indagar allí donde no entiendo y, por lo tanto, en este caso, por tratar de explicarme una manera de hacer política (y usar la fuerza) que me resulta por completo ajena.

Conté para ello con varios textos que narran los hechos con bastante detalle, algunos de actores y observadores de la época, otros de escritores y ensayistas más contemporáneos. También, con los análisis e interpretaciones que los historiadores han propuesto de esa coyuntura tan decisiva para la historia de la República Argentina. Me inspiraron, además, trabajos realizados sobre otras revoluciones que tuvieron lugar aquí y en otros lugares del mundo, y sobre todo en América Latina, a lo largo del siglo XIX, así como las reflexiones sobre el tema más general de la violencia política en la modernidad.

Para armar esta historia tuve que sumergirme, literalmente, en los restos que quedan de aquella época: cartas, noticias de periódicos, fotografías, cuadros, telegramas, caricaturas, mapas, listados de hospital, partes de guerra, memorias y ensayos escritos por los protagonistas, discursos, actas de sesiones del Congreso y la Legislatura, leyes y decretos... Con estos materiales y aquellas obras construí lo que sigue: un ejercicio de interpretación.

VIOLENCIA

Es frecuente oír hablar de América Latina como un continente violento y de la violencia política como un rasgo característico de su historia. Guerras civiles, revoluciones, golpes de estado y crímenes políticos son evocados como evidencia de una trayectoria traumática para la gobernabilidad y para la consolidación de formas civilizadas de convivencia política. Para dar mayor impacto al diagnóstico, se tiende a generalizar, poniendo en la misma bolsa todo aquello que se asocie con el uso de la fuerza no estatal para la consecución de fines políticos, en cualquiera de sus manifestaciones y sin hacer distinciones temporales. Esa compactación tiene el mérito de la contundencia pero no sirve demasiado a la hora de reflexionar sobre el papel de la violencia en la política latinoamericana.[3]

Me interesa interrogarme sobre ese papel, sobre el rol de la violencia en las prácticas y en la cultura política de la Argentina y, más en general, de América Latina. Pertenezco a una generación que creyó profundamente en la violencia como "partera de la historia", que sufrió de manera devastadora sus efectos cuando era ejercida desde arriba por el terrorismo de estado, pero que también experimentó desde adentro su utilización como un medio de acción política en cuyo marco el oponente se convierte en un enemigo "otro" y la confrontación deviene en guerra. Esa experiencia traumática llevó a algunos de nosotros –a mí entre otros– a incubar un rechazo casi visceral hacia la violencia racionalizada, instrumental, como medio de acción política, y a entender su ejercicio como antipolítico, como sustituto de la política.[4] Esta convicción no debería obturar, sin embargo, el interrogante acerca de la relación entre política y violencia.

El desafío es complejo. En un libro reciente, *Reflexiones sobre la violencia*, John Keane señala, como una de las paradojas de este siglo de violencia, la escasez, en la teoría política contemporánea, de reflexiones sobre sus causas, efectos e implicaciones ético-políticas.[5] El historiador Arno Mayer, por su parte, en su provocativo libro *The Furies* sobre las revoluciones francesa y rusa, atribuye en parte esa carencia a "la dificultad ética y epistémica de conceptualizar la violencia y teorizar acerca de ella sin justificarla, absolverla o condenarla".[6] Lo mismo vale para el análisis histórico, lo que uno advierte no bien procura internarse en ese terreno.

¿Cómo entender o interpretar la violencia política pasada? Para abordar la cuestión, propongo desarmar aquel diagnóstico sobre una América Latina violenta para interrogar las diferentes formas de violencia política en distintos momentos y lugares. Una segunda precaución sería la de evitar leer el pasado sólo en función del presente, para rastrear en él el origen de problemas contemporáneos. En el tema que nos ocupa, esa operación ha llevado con frecuencia a trasladar anacrónicamente al siglo XIX conceptos y fenómenos propios de la violencia política del siglo XX.

En éste como en otros aspectos de la historia latinoamericana hubo también una tendencia a contrastar lo que fue ocurriendo en la región con un camino ideal o canónico, que habría de llevar de la sociedad tradicional a la sociedad moderna. A esa transformación debía corresponder el tránsito hacia la domesticación de la violencia, o mejor, hacia la apropiación y monopolización por parte del nuevo estado moderno del uso legítimo de la fuerza. En ese esquema, el hecho de que, luego de las revoluciones de independencia, se abriera un largo período de conflictos y ensayos de formación de naciones, durante los cuales no parece haber habido un poder estatal que lograra monopolizar el uso de la fuerza, en tanto que la violencia política colectiva no estatal era recurrente, se ha interpretado muchas veces como rémora, como resistencia anárquica a la modernidad liberal o como simple caos, que habría marcado la incapacidad de la región para transitar civilizadamente hacia el progreso.[7]

Si bien ha habido exploraciones más acotadas que buscaron indagar en la historia particular de rebeliones y guerras en lugares y tiempos específicos, ellas no alcanzaron a horadar aquellas interpretaciones globales. Sólo en los últimos años se ha generado un cuestionamiento hacia ellas, junto con intentos sistemáticos por estudiar las diferentes formas de violencia en el marco de las transformaciones más generales que experimentó la vida política en el siglo XIX.[8] Esta reacción pone en duda afirmaciones que forman parte del sentido común de nuestra época respecto al carácter especialmente violento de la historia latinoamericana: según las investigaciones recientes, la región no fue ni más ni menos "violenta" que otros rincones del mundo. Y más que tratar de medir la violencia política a partir de algún patrón universal, lo que ahora interesa es analizarla en contexto y tratar de entender sus características específicas y el porqué de su ocurrencia.[9]

REVOLUCIÓN DEL 80

Este libro se inscribe entonces en ese marco de debates sobre el pasado de América Latina, así como en el de las discusiones sobre la vida política de la Argentina decimonónica. También en este caso, en los últimos años se ha producido una importante renovación historiográfica cuyas indagaciones serán el punto de partida para mi exploración de la violencia política tal como se desplegó en un momento particular, el de la llamada revolución del 80.[10]

Ese episodio ha sido contado y analizado desde entonces por historiadores y ensayistas con lentes y estilos diversos. Lo narraron los contemporáneos, de uno y otro lado, con la pasión y el detalle propios de los protagonistas.[11] La toma de partido también está presente en muchas de las reconstrucciones posteriores, con la consiguiente asignación de responsabilidades por el estallido de la violencia y hasta la celebración de alguno de los dos bandos de la contienda.[12] Finalmente, están los estudios que descartan el alineamiento para indagar en la complejidad del suceso y que proponen interpretaciones diversas tanto de sus causas como de sus efectos.[13]

Todos coinciden, sin embargo, en considerar que ese episodio marca un momento decisivo en la historia de la Argentina. Una consecuencia inmediata y de largo alcance –la federalización de la ciudad de Buenos Aires, separada de la provincia y convertida en capital de la República– condensa mejor que ninguna otra el sentido de lo que había ocurrido: el estado nacional triunfaba sobre la última provincia con arrestos de autonomía y fortalecía decisivamente su organización y sus instituciones. Además, en términos políticos, lograba imponerse un nuevo régimen, que prometía poner fin a la gimnasia partidaria propia de los años anteriores y traer "paz y administración". Era la consigna adecuada para aprovechar al máximo las oportunidades que brindaba una creciente inserción en el mercado mundial, para garantizar el proceso de acumulación económico y para atraer inmigrantes y capitales. A continuación se inauguraría una etapa de crecimiento y expansión inéditos.

El 80 fue así una "divisoria de aguas"[14] que se ha explicado recurriendo a diferentes claves, no necesariamente excluyentes: desde la estructura económico-social hasta la dinámica partidaria, la organización institucional o la cultura política han figurado en el centro de las interpretaciones. En la mayoría de ellas, sin embargo, el hecho revolucionario mismo no ha sido interrogado. Y no es que los acontecimientos sean ignorados; por el contrario, en general se los describe –o se los menciona– con el objeto de dar cuenta del triunfo del ejército y del gobierno nacionales y de la derrota de las fuerzas y autoridades de Buenos Aires. Pero el hecho de que el conflicto terminara dirimiéndose en el terreno de las armas no ha despertado la curiosidad de los estudiosos.[15] El despliegue de violencia se toma como un dato que no requiere explicación, pues se considera ya como el resultado "natural" de un enfrentamiento político que se agudiza sin retorno, ya como la consecuencia del empecinamiento de algunos personajes de la dirigencia porteña (según algunas versiones) o de los cuadros nacionales (según otras), pero en ningún caso como un problema que merezca ser indagado.

En cambio, esa cuestión es la materia principal de este libro. Mi pregunta central es, en suma, ¿por qué hubo una "revolución"? La búsqueda de respuestas me ha llevado a tratar de entender el acontecimiento mismo, es decir, a seguir las vicisitudes del episodio que desembocó en el uso de violencia. Esa reconstrucción me obligó también a explorar las principales bases sobre las cuales funcionaba la vida política de esos años. He volcado aquí los resultados de esta indagación, que, si no responden definitivamente al interrogante inicial, al menos ofrecen pistas para entender el papel de la violencia política en una coyuntura clave de la historia argentina.

RELATO

Para abordar esta historia elegí el camino de la narración cronológica. Me parece la mejor forma para rastrear los avatares y las contingencias de la vida política, a la vez que para dar cuenta del ritmo con que ésta se desenvolvió en los meses que precedieron al enfrentamiento armado. Por cierto que esa estrategia implicó una selección: cuáles fueron los momentos clave, cuáles los hechos relevantes a analizar y cuáles los actores a quienes debía seguir fueron decisiones que tuve que tomar a cada paso. A partir de la materia prima encontrada en las fuentes y con los límites que ellas me fueron imponiendo, di forma al presente relato que constituye, como siempre ocurre en la historiografía, una interpretación entre otras posibles.

La narración empieza el año anterior a 1880, momento que elegí algo arbitrariamente como punto de partida pero que pone en foco la coyuntura de la sucesión presidencial que dará origen al conflicto. A partir de entonces, el ritmo del relato busca recrear los tiempos de la política. Los capítulos que siguen refieren a períodos cada vez más cortos en sentido cronológico pero más intensos en acontecimientos, hasta llegar al 21 de junio, punto de mayor densidad en términos tanto de la vivencia de los contemporáneos como de las preocupaciones de este libro. Luego los tiempos vuelven a estirarse, hasta llegar al desenlace del conflicto, que se cierra con la definitiva derrota política de los porteñistas.

Este relato en nueve capítulos se ve interrumpido por ocho entreactos, textos cortos que preferí no insertar en los capítulos para no interrumpir innecesariamente la narración. Se trata de algunos análisis y reflexiones que ofrecen perspectivas de largo plazo y dan cuenta de debates que son pertinentes para nuestra interpretación. Finalmente, un epílogo busca retomar los interrogantes iniciales para aventurar algunas respuestas.

* * *

Hace casi una década que comencé a explorar un terreno que hasta entonces había esquivado casi sin darme cuenta, el de la violencia política en la Argentina del siglo XIX. Por ese camino llegué al tema de la revolución del 80 y a la producción de este libro, el resultado de varios años de trabajo personal pero también de colaboraciones, influencias, intercambios y préstamos intelectuales, así como de apoyos institucionales, que lo hicieron posible. Muchos de mis interrogantes centrales surgieron del debate historiográfico y de la discusión política compartida con colegas y amigos, en el clima de libertad por fin vigente en la Argentina desde 1983. En consecuencia, mis deudas son múltiples y difíciles de enumerar, por lo que a continuación sólo haré referencia a las más específicas e inmediatas.

Empiezo por las instituciones, que brindaron soporte material, apoyo financiero y un marco colectivo para mi quehacer. Con base laboral en la Universidad de Buenos Aires y el CONICET, tengo en el Programa PEHESA y en su sede, el Instituto Ravignani de la Facultad de Filosofía y Letras, mi principal espacio de trabajo y de interlocución. En 2003 fui invitada al Wissenschaftskolleg zu Berlin, en Alemania, ámbito privilegiado para la creación y el debate intelectuales, donde disfruté durante siete meses de condiciones ideales de trabajo e hice mi primera presentación pública sobre la revolución del 80. Estadías posteriores como profesora visitante en las universidades de Illinois (2005) y de Stanford (2007) resultaron estimulantes y productivas. Tuve, además, la oportunidad de exponer adelantos parciales de la investigación en reuniones y seminarios diversos, donde recibí comentarios, críticas y sugerencias invalorables. Finalmente, conté con apoyos financieros del programa UBACyT de la Universidad de Buenos Aires; del CONICET, a través de un proyecto PIP coordinado por Elías Palti, y de la ANPCyT, a través de un PICT dirigido por Luis Alberto Romero.

Mis colaboradores más inmediatos en la investigación han sido Graciela Bonet y Juan José Santos, quienes participaron de manera eficiente y entusiasta en la búsqueda, selección, recolección y procesamiento de materiales de diversos repositorios documentales. A Juan José quiero agradecerle especialmente sus sugerencias a lo largo de todo el trabajo y su lectura crítica del manuscrito. Por otra parte, debo a Laura Nowydwor los mapas y croquis, a Guillermina Oliveto y Federico García Blaya la transcripción de diversos manuscritos, y a Silvia Badoza el apoyo que me brindó en diferentes planos.

He tenido la suerte, además, de contar con interlocutores de privilegio. Agradezco en particular a José Murilo de Carvalho, Pilar González Bernaldo, Tulio Halperin Donghi, Nils Jacobsen, Cecilia

Méndez, Elías Palti –quien también comentó el manuscrito–, Marcela Ternavasio y Ariel Yablón –con quien descubrimos interrogantes comunes e intercambiamos ideas y borradores–. Con mis compañeros del PEHESA, del proyecto sobre "La violencia política en la Argentina, 1852-1890" y de la cátedra de Historia Argentina II, el diálogo ha sido constante y siempre inspirador. Recibí, en diferentes oportunidades, sugerentes comentarios de Natalio Botana, Beatriz Bragoni, María Celia Bravo, Raúl Fradkin, Ezequiel Gallo, Sandra Gayol, Tamar Herzog, Marta Irurozqui, Flavia Macías, Carmen McEvoy, Laura Malosetti –quien me ayudó con la interpretación de imágenes–, Ofelia Pianetto, Mónica Quijada y Abdul Sheriff. Finalmente, debo a la confianza, la paciencia y la insistencia de Luis Alberto Romero, amigo y editor, el haber llevado a término este libro.

En la exploración y consulta de bibliotecas y archivos, conté con la colaboración inestimable del personal del Archivo General de la Nación (en especial de Alejandro Jankowsky), el Archivo Histórico de la Provincia de Buenos Aires, el Departamento Histórico Judicial de la Suprema Corte de Justicia de la Provincia de Buenos Aires, el Archivo y Museo Histórico del Banco Provincia de Buenos Aires, el Archivo Histórico de la Cancillería Argentina, el Archivo de la Gran Logia Argentina, la Biblioteca Nacional (de Hemeroteca y Sala de publicaciones periódicas antiguas –en especial José Luis Boquete y Jorge Paduano– y del Tesoro), la Biblioteca Tornquist, el Museo Mitre, el Museo Sarmiento, el Servicio Histórico del Ejército (en particular de Fabián Brown), la Biblioteca y Museo Popular "Juan N. Madero" de San Fernando, el Museo, Biblioteca y Archivo histórico municipal de San Isidro y las bibliotecas del Instituto Ravignani (en especial de Violeta Antinarelli y Abel Roth), de la Academia Nacional de la Historia, del Congreso de la Nación, de la Facultad de Derecho y Ciencias Sociales de la UBA, del Jockey Club (a la que accedimos gracias a la generosa intermediación del señor José Patricio Murphy), del Ejército y del diario *La Prensa*.

En mi familia encontré el refugio de siempre, afectos, buen humor y frescura: en Charly, en mis hijos Julián y Andrés y sus compañeras Loli y Laura, y ahora también en mi nieta Renata.

CORTADERAS, FEBRERO DE 2008

1. 1879. Las vísperas

Se acercaba la elección presidencial. En el año 1880, los argentinos debían elegir al sucesor de Nicolás Avellaneda.[16] Desde tiempo antes habían comenzado las negociaciones y las disputas en torno a las candidaturas, pero fue a mediados de 1879 cuando finalmente se concretaron dos candidatos, Julio A. Roca y Carlos Tejedor, quienes protagonizarían la lucha política en los meses siguientes. El camino desde esa nominación hasta la definitiva confirmación del vencedor fue largo y accidentado, e incluyó no sólo las movilizaciones habituales en tiempos de elección, sino también conflictos violentos en varios lugares del país y una última confrontación armada en Buenos Aires. Y si bien a mediados de 1879 ese final no era previsible, fue por entonces que se aceleró la carrera hacia el poder que desembocaría en la revolución. En los meses que siguieron aparecieron en escena todos los actores de la vida política.

CANDIDATOS Y PARTIDOS

Si bien la "danza de las candidaturas" había comenzado bastante antes, el 1º de junio de 1879, en una asamblea reunida en Buenos Aires, los partidos conciliados proclamaron públicamente la fórmula Carlos Tejedor-Saturnino Laspiur. Por su parte, la candidatura de Roca había sido lanzada primero en Córdoba, el 14 de mayo, luego confirmada en Rosario, Tucumán, Salta, Mendoza y San Luis, y finalmente proclamada por el Partido Autonomista de Buenos Aires el 27 de julio, en una gran reunión celebrada en el Teatro Variedades.[17]

Tejedor y Roca integraban las huestes de la dirigencia política del país. El primero era un jurista prestigioso que tenía, además, una larga trayectoria de relación con el estado. En febrero de 1878, a los sesenta años, había sido electo gobernador de la provincia de Buenos Aires y desde allí inició sus trabajos para llegar a la presidencia de la República. Roca era mucho más joven. Nacido en 1843, había seguido la carrera militar y ascendido a partir de sus sucesivos éxitos en la guerra. Convocado por el presidente Avellaneda, en enero de 1878 se puso al frente del Ministerio de Guerra y Marina, a la vez que se embarcaba en la ofensiva final contra las sociedades indígenas de la Patagonia y el Chaco. Y operaba por su candidatura.

Los dos nombres surgieron luego de muchas idas y vueltas, y por cierto que su proclamación no agotó las postulaciones de otros personajes, algunos tan encumbrados como Domingo F. Sarmiento y Bernardo de Irigoyen. Por entonces no existía un método prescripto para designar a los candidatos; no había organizaciones partidarias formalmente constituidas a escala nacional ni tampoco normas o mecanismos establecidos de preselección. Ya desde comienzos de la experiencia republicana, se habían ensayado diferentes métodos para producir candidaturas y para tratar de evitar la disputa descontrolada dentro de las elites por la imposición de uno u otro nombre, y sólo hacia finales de la década del 70 la figura del "partido político" comenzó a considerarse un ámbito apropiado para esa definición. Aunque se mantuvieron los "clubes" –institución típica de los años anteriores– para realizar los trabajos electorales, ahora el partido aparecía como referencia última de cualquier candidatura. Esos partidos eran agrupaciones bastante laxas, que operaban sobre todo en el nivel provincial, como espacios de aglutinación y acción de dirigentes políticos y aspirantes a serlo, y de conformación de redes materiales para la actuación en la escena política y electoral. También se fueron convirtiendo en ámbitos de referencia simbólica en torno a los cuales se constituyeron tradiciones e identidades, tanto entre las dirigencias como entre los seguidores, y aun entre quienes, sin participar de las actividades partidarias, se identificaban con sus líderes y sus banderas.[18]

En los años 70, la escena política nacional estaba cambiando. El asesinato del último gran dirigente federal, Justo José de Urquiza, en 1870, había terminado de disgregar una fuerza que siempre había sido heterogénea y dispersa. Pero muchos de sus dirigentes y las redes que ellos habían tejido sin duda siguieron vigentes y con arraigo en varias provincias. Mientras tanto, del seno del original Partido Liberal de Buenos Aires, forjado al calor de la secesión del Estado bonaerense durante la década del 50, habían surgido dos agrupaciones, inicialmente enfrentadas en torno al problema de la autonomía de la provincia y que luego cristalizarían en dos partidos: el Nacionalista, liderado por Bartolomé Mitre, y el Autonomista, bajo la batuta de Adolfo Alsina. Los límites entre uno y otro eran bastante lábiles, los pases de dirigentes y las alianzas entre grupos resultaron frecuentes, pero, al mismo tiempo, se mantuvieron como ámbitos de acción y de referencia durante varias décadas. Ambos contaban con dirigencias prestigiosas en la vida pública y militantes activos en los trabajos electorales, pero además tenían arraigo entre sectores más amplios de la población de la provincia, que si bien en general no se hacían presentes a la hora de votar, manifestaban por otros medios su adhesión a uno u otro de los partidos. En Buenos Aires, ser "mitrista" o ser "alsinista" llegó a constituir una marca política fundamental.[19]

Los nacionalistas buscaron hacer base en el interior y lograron establecer núcleos afines en varias provincias. Los autonomistas, en cambio, se hicieron fuertes en Buenos Aires, y desde allí tejieron alianzas con dirigentes de las demás provincias que estaban, a su vez, buscando armar un nuevo espacio para luchar por el poder. Para ganar las elecciones era decisivo asegurar, como se decía entonces, "las situaciones provinciales". Gobernadores y legislaturas eran las piezas institucionales clave de las maquinarias electorales, y las provincias, los ámbitos propios del juego político, que sólo en una segunda instancia, a partir de acuerdos entre los grupos locales, adquiría dimensión nacional.[20] Así fue como se integró la fuerza que llevó a Nicolás Avellaneda a la presidencia en 1874.

Esa elección presidencial fue, sin embargo, muy conflictiva y también tuvo su revolución, protagonizada por los nacionalistas, quienes habían perdido en comicios previos para diputados y acusaban a los vencedores de burlar la voluntad ciudadana por medio del fraude. El gobierno los derrotó, pero la situación política quedó muy inestable, y en los años que siguieron hubo abstención electoral del nacionalismo y nuevas amenazas revolucionarias. La salida ideada por Avellaneda fue la de forjar una "conciliación" de partidos, que incluyó desde el permiso para que los revolucionarios exiliados regresaran al país y la reincorporación de los militares dados de baja por participar en la rebelión, hasta la incorporación al gabinete de conocidos dirigentes mitristas y, finalmente, la presentación de listas comunes para las elecciones legislativas y una fórmula acordada para la gobernación de Buenos Aires. Todo coronado por una manifestación multitudinaria que recorrió las calles porteñas hasta la Plaza de la Victoria, el corazón cívico de la ciudad, donde se realizó el acto central. Para concluir, los manifestantes marcharon a las casas de los dirigentes y por último a la Casa de Gobierno. En todo el trayecto, desde los balcones las mujeres arrojaban flores, había música y banderas, y en cada parada hubo discursos, aplausos, "vivas" y un entusiasmo que parecía generalizado. No obstante, los ahora llamados "partidos conciliados" no habían logrado disciplinar a todas las huestes originarias de sus respectivas agrupaciones y mientras alsinistas rebeldes formaban el Partido Republicano, en el mitrismo se producía la escisión de un grupo que permanecería crítico de la propuesta conciliada.[21]

Esa política no llevó, entonces, a la paz que Avellaneda pretendía. Por el contrario, las elecciones siguieron siendo conflictivas, pues a los conciliados se les opusieron los republicanos y otros grupos que impugnaban el acuerdo de cúpulas. Unos y otros volvieron a desplegar en los comicios la batería de acciones habituales destinadas a ganar.[22] La muerte de Alsina a fines de 1877 complicó aún más el panorama, pues dejó al autonomismo no sólo sin su líder máximo sino también sin el candidato seguro a la presidencia para 1880.

Así se llegó a 1878, con Avellaneda en la presidencia, un gabinete "conciliado", los dos principales partidos unidos por un acuerdo pero a la vez afectados por fracturas internas y escisiones, y la dirigencia en pleno que operaba para definir la candidatura al premio mayor, la presidencia de la República. Fueron meses de intensos intercambios políticos, públicos, privados y hasta secretos, a través de conversaciones, cartas, telegramas, artículos en los diarios, encuentros en casas particulares, reuniones en salones y teatros, manifestaciones callejeras, combinaciones en la Legislatura y el Congreso, viajes de negociación y una movilización generalizada que tuvo como principales protagonistas a los personajes más conspicuos, pero en la que participó activamente la segunda línea de la dirigencia y aun sus escalones inferiores. Todos estos movimientos tenían, además, una repercusión pública más o menos amplia según los momentos, pero que siempre alcanzaba a sectores de la población que no pertenecían a la clase política ni a su entorno.

Todo ese año fue, también, de incertidumbre. El tablero político se modificaba. Eran tiempos de recomposición, y si bien el núcleo del nacionalismo con Mitre como figura central se mantuvo fiel a sus banderas y a sus tradiciones, hubo pases de dirigentes conocidos hacia la nueva constelación autonomista. Ésta era bastante heterogénea. Volvieron a su seno los republicanos; albergaba todavía a los llamados "líricos", quienes insistían en la política conciliada con los mitristas, y –muerto Alsina– estaba atravesada por la disputa entre diversos referentes nacionales y provinciales por el liderazgo. Un manifiesto hecho público en septiembre proponía la reorganización del Partido Autonomista Nacional; para promoverla se creó una Comisión Nacional, presidida por Sarmiento, y una Comisión Provincial en Buenos Aires a cargo de Dardo Rocha y Antonino Cambaceres. En ese marco, se abrió paso Roca, que tenía conexiones en todo el país y desde el Ministerio de Guerra del gabinete de Avellaneda había fortalecido su poder. Contaba en principio con el apoyo del propio presidente y, con la ayuda directa del dirigente cordobés y cuñado suyo, Miguel Juárez Celman, y de sus subordinados en el ejército, comenzó a armar una trama de alianzas en todas las provincias, favoreciendo en cada una de ellas el avance político de sus amigos. Y para coronar su prestigio, en 1879 emprendió personalmente la última etapa de la campaña militar de sometimiento de las sociedades indígenas y de ocupación de las tierras bajo su control.

Mientras estaba en campaña (entre abril y julio), se aceleró la definición de las candidaturas para la presidencia. El nacionalismo unido al sector "lírico" del autonomismo proclamó en firme a Tejedor, dirigente lírico que por entonces era gobernador de Buenos Aires, electo por la fórmula conciliada, junto al mitrista Saturnino Laspiur, ministro del Interior de Avellaneda, como candidato a la vicepresidencia (en algunas provincias éste era propuesto como primero en la fórmula). El resto del Partido Autonomista, después de varias candidaturas abortadas, se decidió por la del general Roca, sin nombres para la vicepresidencia. A partir de ese momento se desató la gimnasia electoral. El primer acto fue el de la propia proclamación, que se hizo con el habitual despliegue público. Luego, la carrera por los recursos electorales se aceleró.

LA CARRERA ELECTORAL

En primer lugar, estaban las "situaciones provinciales". Desde tiempo antes, los diferentes grupos que se disputaban el poder operaban en ese terreno. En cada una de las catorce provincias se desenvolvía el conflicto entre sectores de las elites políticas que buscaban controlar el poder institucional, encarnado sobre todo en las legislaturas y en la gobernación. Esos espacios se ganaban en elecciones realizadas según las prácticas de la época pero también a través del uso directo de la fuerza, en rebeliones encabezadas por integrantes de las mismas elites pero que movilizaban a grupos más amplios. Asimismo, se podía recurrir al gobierno nacional, que actuaba indirectamente, a través de su influencia y hasta de su poder militar, o en forma directa, mediante el mecanismo constitucional de la intervención.[23]

A lo largo de 1879, todos estos recursos fueron puestos en escena en varias provincias, que vivieron meses de conflicto e incertidumbre. En La Rioja y Tucumán se enfrentaron el gobernador y la Legislatura, lo que generó una crisis institucional; en Jujuy y Córdoba hubo revolución; en Corrientes un poco de cada cosa y, en la mayoría, se produjo la intervención del gobierno nacional. Salvo en Corrientes, donde el mitrismo logró hacerse de la gobernación, todos los casos se resolvieron a favor de los sectores que apoyaban a Roca. En buena medida, ese resultado tuvo que ver con la actitud del gobierno nacional, y en particular del Presidente, que llegó a enfrentarse con algunos de sus ministros por esa cuestión. También estuvieron involucradas las cámaras del Congreso, a las que correspondía votar las intervenciones.[24]

Después de la proclamación de las candidaturas, las disputas por las situaciones provinciales se agudizaron. La posición del ministro del Interior Laspiur se complicaba. En julio protagonizó un conflicto serio con su colega en el gabinete, ministro de Guerra y candidato autonomista, Roca, quien desde su cartera despachaba armas y hombres a las provincias para apoyar a los gobiernos amigos. Laspiur intentó frenar con la policía uno de esos envíos, pero no tuvo éxito. Tampoco logró que el Congreso aprobara la continuación de la intervención en La Rioja, donde se afirmó el control del autonomismo. Laspiur envió entonces su dimisión al cargo, acompañada de una carta muy dura al Presidente, que circuló en la prensa y alcanzó gran repercusión pública, sobre todo en Buenos Aires. Allí lo acusaba de abandonar su política de conciliación para apoyar de lleno a un candidato, y ponía por escrito los argumentos de la oposición:

> Nunca le perdonará la República Argentina que Ud. no haya querido salvar sus libertades, y el país entero en medio de la lucha a que Ud. lo lleva protegiendo una candidatura que no tiene otros sostenedores que las armas de la Nación y gobernadores de provincias que se han alzado contra el poder.*[25]

Para reemplazar a Laspiur, Avellaneda convocó a Sarmiento.[26] Si bien por su trayectoria y su personalidad Sarmiento era único y, por lo tanto, difícil de encasillar en las filas de partido alguno, se consideraba una figura del autonomismo. Con su designación y las subsiguientes renuncias de otros dos ministros conciliados (Bonifacio Lastra y Manuel Montes de Oca), concluyó la experiencia del gabinete conjunto.

EN BUENOS AIRES

Mientras la mayoría de las provincias se teñían con los colores del autonomismo devenido roquista, Buenos Aires estaba partida por el conflicto. El gobernador Tejedor había sido elegido en 1878 gracias al triunfo de los partidos conciliados en las elecciones del año anterior, pero tenía una oposición firme en los republicanos y en algunos grupos nacionalistas. Los primeros habían logrado mayoría en la Legislatura y los cortocircuitos entre ésta y la gobernación fueron frecuentes. Y cuando Tejedor aceptó la proclamación de candidato

* Se ha decidido respetar la ortografía original de todos los testimonios incluidos a lo largo de este trabajo, incluso cuando los textos citados se apartan de las convenciones gráficas vigentes en el siglo XIX, por considerar que las particularidades de la escritura presentan un indudable valor histórico y a la vez permiten leer la diversidad social y cultural de los actores involucrados y la urgencia que solían tener los intercambios en el curso del período analizado. [N. del E.]

Julio A. Roca, 1879.
Fuente: AGN, Departamento de
Documentos Fotográficos.

Carlos Tejedor, 1880.
Fuente: AGN, Departamento de
Documentos Fotográficos.

a presidente recibió de inmediato un voto de censura de la Cámara de Senadores provincial a raíz de la "actitud apasionada y violenta que había asumido, afiliándose, por acto público, a un partido político, y prometiéndole todo su concurso para hacer triunfar su propia candidatura".[27]

La confrontación se aceleraba.[28] Inicialmente, Tejedor había contado con apoyos limitados. No era un caudillo político como lo había sido Alsina y lo seguía siendo Mitre. Tampoco un operador como Rocha, ni un orador como Del Valle, ni un organizador como Roca. Era un funcionario, un hombre con experiencia de estado y capacidades jurídicas probadas, pero que no despertaba pasiones ni cautivaba audiencias. Necesitaba, por lo tanto, de quienes podían arrimarle recursos electorales e influencias en la opinión, así como apoyos entre los cuadros militares, todos aspectos fundamentales a la hora de conquistar y preservar el poder en la Argentina de entonces.

En los meses que siguieron a su candidatura, sus amigos políticos lo apoyaron pero muchas veces con reticencia. Tampoco tenía demasiados aliados en la prensa, ese instrumento decisivo de la vida política porteña.[29] Desde tiempo antes, Roca llevaba la delantera en ese plano y así se lo hacía saber a Juárez Celman en diciembre de 1878: "Sea por habilidad o por suerte, la verdad es que hasta ahora no ha habido ningún porteño que disponga o pueda disponer de tantos diarios como yo, en un momento dado. Y Ud. sabe que este pueblo se gobierna y tiraniza con los diarios".[30] Todavía en julio del año siguiente eran pocos los que apoyaban a Tejedor, aunque buena parte de los demás tampoco sostenían ya a Roca y estaban, más bien, buscando imponer otros candidatos.

La afirmación de la candidatura de Roca en el interior con apoyo oficial, el desplazamiento de Laspiur del ministerio y el fin del gabinete conciliado despertaron reacciones negativas en Buenos Aires. En palabras posteriores de Adolfo Saldías, quien fue parte de esta historia: "La renuncia del ministro Laspiur presentó la situación a los más indiferentes bajo este dilema fatal: o someterse a la imposición gubernativa, o resistirla. El consenso popular se pronunció por lo último. En los diarios, en los centros sociales, en los colegios, en todas partes se propagaba la necesidad de resistir con las armas una imposición vergonzante".[31] Cuán amplio era ese consenso y hasta

Bartolomé Mitre, 1882.
Fuente: AGN, Departamento de
Documentos Fotográficos.

Nicolás Avellaneda, s/f
(entre 1874 y 1880).
Fuente: AGN, Departamento de
Documentos Fotográficos.

dónde llegaba lo popular son cuestiones que no se desprenden de esta cita, pero sí se sugiere que la situación política ya no concernía sólo a los involucrados directamente y que comenzaba a generarse un clima de opinión y de movilización más allá de los estrechos círculos de los dirigentes.

Algo de ese clima se hizo evidente a pocos días de la renuncia de Laspiur. Los opositores en el Congreso pidieron una interpelación a Roca para que rindiera cuentas de los gastos de la última campaña militar. El general sorteó la prueba con éxito, pero a la salida un grupo atacó el carruaje en el que presumiblemente se retiraba. Según la versión del diario roquista *El Porteño*: "Atropellaron [el] carruaje […]; cortaron las riendas, apuñalaron un caballo, hicieron fuego con trabucos sobre la volanta y el cochero", todo ello al grito de "Viva Tejedor" y "Muera Roca". Roca no estaba en ese coche, ocupado por el ministro Victorino de la Plaza y por Antonino Cambaceres, quienes resultaron ilesos. Los roquistas acusaron al tejedorismo por el atentado, a la policía y a su jefe Garmendia por no reprimir a los asaltantes, y aun al presidente Avellaneda por su "actitud cobarde".[32]

Buenos Aires se caldeaba. El 28 de agosto, el Regimiento 8 del ejército de línea realizaba ejercicios en la ciudad. De inmediato, el día 30, Tejedor protestó: las calles "no eran una plaza de armas". Desde el gobierno nacional, el 1° de septiembre, Sarmiento remitió una circular a todos los gobernadores, donde les comunicaba su designación como ministro del Interior, para extenderse a continuación en consideraciones referidas a las elecciones que se avecinaban. La agitación, advertía, estaba tomando caracteres "alarmantes" y encerraba "un peligro para la tranquilidad pública". Las elecciones eran actos nacionales y, por lo tanto, las autoridades provinciales debían actuar como agentes del gobierno central, absteniéndose de "abrazar como agitadores" cualquier candidatura y de emplear los recursos administrativos en su favor. La prosperidad económica exigía conservar la tranquilidad. "Es preciso evitar –decía– que en ese lapso de tiempo en lugar de las auras que hacen sonreír la vegetación, las tempestades de la guerra civil la destruyan dejándola viuda de sus frutos".[33]

En una segunda nota, insistía en el carácter de los gobernadores como funcionarios del Poder Ejecutivo, encargados de hacer cumplir la legislación nacional en las provincias. Incluía, además, un tema espinoso, el de las milicias, haciendo referencia explícita a un episodio de 1872, cuando el gobierno había fijado posición respecto de quién tenía el poder de movilizarlas: la administración y el gobierno de la Guardia Nacional, o parte de ella, "incumbe exclusivamente a los poderes nacionales". La Guardia integraba las fuerzas armadas junto con el ejército de línea, pero mientras que éste era de índole profesional y dependía directamente del poder central, la Guardia funcionaba como una reserva miliciana de aquél, integrada por todos los ciudadanos argentinos adultos, que debían enrolarse y estar disponibles en caso de movilización. Lo que ahora se ponía en juego era quién tenía potestad para convocarla, si las autoridades de provincia o el gobierno nacional (véase el Entreacto 1).[34]

Al día siguiente, Tejedor firmó cinco decretos. Para "velar por la paz pública" y prever por si fuera "necesario aumentar los elementos" disponibles, convocaba a alistarse voluntariamente en la Guardia Nacional a 600 hombres para realizar ejercicios doctrinales; procedía a la organización de la Guardia activa en los doce distritos de la campaña (53 regimientos de caballería y 22 de infantería), designando a sus respectivos jefes, y creaba la Comandancia General a cargo del general Martín de Gainza, y un Estado Mayor, a cargo del coronel Edelmiro Mayer.[35] Otras provincias no se quedaron atrás: Entre Ríos, Corrientes y Santa Fe convocaron a sus propias guardias provinciales.[36]

La respuesta fue inmediata. Sarmiento volvió a la carga el día 4 con una dura nota al gobernador, exigiéndole que revelara los motivos que tenía para pensar que la paz sería perturbada. Y luego afirmaba: "La organización de la Guardia Nacional y su reglamentación pertenecen solamente al Congreso"; impugnaba la convocatoria a "voluntarios" pues la institución no admitía esa figura, dado que su formación era forzosa para todos los ciudadanos; trasmitía la orden del Presidente de suspender los decretos y anunciaba que el gobierno se abocaría a legislar sobre las milicias y también sobre la policía, pues "por una corruptela deplorable, se ha cambiado el espíritu de la institución puramente municipal en un régimen militar".[37]

Lo que siguió en rápida sucesión fue una escalada de medidas por ambas partes. El gobernador de Buenos Aires contestaba rechazando punto por punto las consideraciones de Sarmiento, así como la orden del gobierno de suprimir los decretos, a la vez que reafirmaba las atribuciones de los poderes legislativo y ejecutivo de las provincias para movilizar a la milicia "en caso de conmoción interior que ponga en peligro la seguridad de la provincia", atribuciones de que habían gozado desde la sanción de la Constitución Nacional. La situación reinante ameritaba esa medida: "La provincia de Buenos Aires ve acercarse […] una época de desórdenes nacionales […] y lo que es peor, los ve acercarse bajo los terrores de una candidatura militar que tiene en sus manos el Ejército". Ante ello y dada la lucha interna de los partidos, el gobierno consideraba que tenía "el derecho y el deber de tranquilizar el ánimo de sus habitantes, encargando a ellos mismos la vigilancia de sus libertades. El pueblo de Buenos Aires, aunque desarmado, es grande y heroico".[38]

Esta circular fue enviada a los gobernadores de las demás provincias, con una nota donde el de Buenos Aires llamaba la atención de sus pares sobre los "avances" del poder nacional en menoscabo de los derechos y la soberanía de las provincias. Sarmiento retrucó y Tejedor volvió a replicar en los mismos términos, aunque los tonos eran cada vez más ásperos. Se desplegaban así dos concepciones diferentes acerca de la organización y el control sobre los recursos militares y del papel que el estado central y las provincias tenían en relación con el uso legítimo de la fuerza. Desde Buenos Aires se hacía, además, referencia al lugar heroico de su pueblo en la defensa de sus libertades, y al deber de sus ciudadanos en ese terreno. Esa posición encontraba eco público: los diarios amigos como *La Nación* y *La Libertad* alentaban al gobernador mientras convocaban a una reunión popular a realizarse en la Plaza Lorea.[39]

El gobierno nacional, en cambio, reclamaba para sí el monopolio de la fuerza. Tomó la iniciativa de elevar un proyecto de ley al Congreso referido a la Guardia Nacional. Allí se establecía que ésta "no podrá ser convocada por las autoridades provinciales, ni aún para ejercicios doctrinales, sino por órden del P.E. de la Nación" y se ordenaba licenciar inmediatamente todos los batallones provinciales. En el gabinete hubo desacuerdos. Los ministros conciliados Lastra y Montes de Oca estaban dispuestos a suscribir la medida pero exigían la renuncia de Roca al ministerio, como prueba de la imparcialidad del gobierno frente a las candidaturas. Pero Roca quedó y ellos se fueron, terminando así, como dijimos, con los últimos restos del gobierno conciliado. Y el proyecto pasó al Congreso, con un mensaje presidencial donde se afirmaba que el régimen federal no admitía otras fuerzas que no fueran las de la Nación.[40]

EL PODER MILITAR DEL ESTADO

De esta manera, se ponía en escena la disputa acerca del poder militar del estado. Desde el principio, se presentaron dos posturas contrapuestas, la de Tejedor y la del Ejecutivo nacional, representada por la palabra vehemente de Sarmiento. Se podrá pensar que estas posiciones correspondían a los lugares que cada uno de ellos ocupaba en el momento del conflicto: era lógico que el gobernador bregara por controlar esas fuerzas y que el representante del gobierno nacional buscara impedirlo. Sin embargo, la disputa no era sólo coyuntural, pues reflejaba dos concepciones sobre el estado y su aparato de coerción que trascendían los alineamientos partidarios. Tampoco era nueva, pero en este caso el debate alcanzó mayor envergadura que en ocasiones anteriores.

Se desplegaron argumentos diversos para sostener las dos posiciones principales: a favor y en contra de la centralización del poder militar. Tejedor recurrió al ejemplo de los Estados Unidos para justificar su pretensión del control provincial de la Guardia Nacional. Allí "[e]l derecho de los ciudadanos de cargar y ejercitarse en las armas, está considerado con razón como el *palladium* de las libertades de una República; porque sólo una milicia bien organizada se escapa al peligro de los grandes ejércitos, y pueden resistirse las usurpaciones y los poderes arbitrarios". Además, "[e]n Estados Unidos nunca se ha dudado que la milicia es de los estados", y así debía ser también en la Argentina. En este caso, ese derecho tenía, asimismo, raíces históricas, pues los gobiernos provinciales conservaban todo el poder no delegado explícitamente al gobierno federal.[41]

Tejedor planteaba así el núcleo de una concepción del estado que no buscaba la centralización del poder de fuego en el ejército profesional, sino que abogaba por una distribución de ese poder entre éste y las milicias, institución que representaba a la vez a los poderes provinciales y a la ciudadanía en armas (véase el Entreacto 1). Esta posición no sólo era sostenida por los amigos políticos del gobernador sino también por muchos de sus adversarios. Aunque estos últimos se opusieran a las medidas de Tejedor, no coincidían con el argumento clave de los centralizadores, para quienes la convocatoria a la Guardia era una prerrogativa del gobierno nacional.[42]

El debate más largo y fundamentado entre ambas posiciones tuvo lugar entre el 9 y el 17 de septiembre en la Cámara de Diputados de la Legislatura porteña, donde los tejedoristas estaban en minoría.[43] Al presentar una iniciativa para "prohibir toda reunion o movilización de milicias de la Provincia, bajo cualquiera forma ó denominación, sin prévia autorización legislativa", el diputado Lucio V. López afirmó categóricamente que, según la Constitución, la organización de las milicias correspondía exclusivamente al Congreso. La diferencia con la Constitución de los Estados Unidos era indiscutible, y recurrir a ese ejemplo, como lo habían hecho los tejedoristas, era ignorar los orígenes de ambas federaciones, pues mientras "las antiguas posesiones españolas de la América Meridional [...] emanaban del despotismo militar que habían establecido los reyes de la casa de Austria en España y en todas las colonias españolas, las [antiguas posesiones inglesas del Norte] emanaban de las libertades inglesas promulgadas en la magna carta y observadas por los Parlamentos de la Gran Bretaña desde tiempos remotos". Según López, la Guardia Nacional se asemejaba más a la Garde Nationale francesa que a las milicias norteamericanas, en el marco de un régimen centralista. "Seremos siempre mas unitarios que los yankees", afirmaba.[44]

Estos argumentos buscaban desmontar el razonamiento de Tejedor y de otros que entendían a la Argentina como el resultado de una unión de provincias más que como la heredera del poder centralizado del rey, representado en el Virreinato. Para éstos, al confederarse, las provincias argentinas (como los estados norteamericanos) se habían desprendido de parte de su soberanía, que delegaron en el gobierno central. Pero como en ese acto inicial nada se había dicho sobre las milicias, éstas seguían bajo la autoridad provincial. En palabras de Leandro Alem: "Las milicias son de los Estados, así lo declaran y lo aceptan todos".[45]

Aunque era adversario del gobernador, Alem defendía este principio, y apoyaba al diputado tejedorista Luis Varela, quien tuvo a su cargo la refutación de los planteos de López. Con erudición equivalente a la de éste, cuestionó sus argumentos históricos para afirmar que, aun antes de denominar a las milicias con el neologismo francés de "Guardia Nacional", "ya nosotros entregábamos legalmente á los gobiernos locales la organizacion y el mando de nuestras fuerzas cívicas".[46] Varela llevó la discusión al terreno constitucional y avanzó sobre el concepto mismo de ciudadanía armada: "El derecho de tener armas, es un derecho colectivo de todo el pueblo no es un derecho individual. El arma que el ciudadano puede llevar y puede tener, es el arma del miliciano". Y como "Milicia no es soldado armado [...] es *un cuerpo* de ciudadanos armados, puestos en ejercicio durante cierta época", para que el Congreso pudiera movilizarla tenía que estar previamente organizada. Esa organización correspondía precisamente a las provincias: "[...] no es siquiera un derecho del Estado [provincia] organizar su milicia, darle gefes, hacerla hacer ejercicios; es un *deber nacional de cada provincia*".[47]

Como ese principio era compartido por varios antitejedoristas, para lograr los votos necesarios, López puso un segundo tema en el centro del debate: en caso de aceptarse que el gobierno provincial podía movilizar las milicias, a cuál de los poderes correspondía esa potestad. En ese punto consideraba válido el ejemplo norteamericano y recorría una a una las constituciones de los estados de la Unión para mostrar que la facultad de convocar las milicias correspondía siempre a la Legislatura. Para Varela, en cambio, en ese caso la legislación argentina difería de la norteamericana pues, entre nosotros, "[e]s el poder ejecutivo [...] quien *moviliza* y son las camaras las que le *autorizan* a movilizar".[48]

En esta discusión, Varela no encontró eco en Alem, quien se alineó con su compañero de bancada López, al sostener que la organización de las milicias no correspondía al Ejecutivo provincial sino al Legislativo, "donde reside y está siempre presente la soberanía del pueblo". En consecuencia, se aprobó una ley que prohibía la movilización de las milicias si no se contaba con aprobación de la Legislatura. Sin embargo, cuando pasó al Ejecutivo para su sanción, Tejedor la vetó porque, sostenía, ésta invadía sus facultades.[49]

También el Congreso nacional discutió el tema. Pero allí el proyecto de Sarmiento encontró dificultades. La Cámara de Diputados demoró su tratamiento y sólo cuando el ministro reclamó una resolución, se pasó a considerar los dictámenes de las comisiones que lo habían analizado y proponían reformas. El texto aprobado modificaba profundamente los términos originales, pues sólo hacía referencia a la prohibición de los ejercicios doctrinales de la Guardia Nacional durante el período preelectoral. Los senadores extendieron esa prohibición hasta tres meses después de la consagración presidencial. Estaba claro que, al igual que la Legislatura provincial, el Congreso no estaba dispuesto a suscribir la doctrina del Ejecutivo, que retaceaba la potestad de las provincias y sus gobernadores en relación con las milicias.[50]

UNA LIGA DE GOBERNADORES

Pocos días después de modificar sustantivamente el proyecto del Ejecutivo, el Congreso volvía a resistir las políticas de Sarmiento. Esta vez fue en relación con una revuelta política ocurrida en Jujuy, episodio que también involucraba al gobierno de la vecina Salta. Ante los gravísimos hechos, el ministro propuso la intervención, pero las Cámaras revisaron y cambiaron ese proyecto revirtiendo sus términos. Tanta oposición proveniente de diferentes sectores lo llevó a presentar su renuncia ante el presidente Avellaneda. Al día siguiente, 7 de octubre, con la dimisión todavía sin aceptar, Sarmiento entró en el Senado y se hizo escuchar en un discurso durísimo acerca de la situación del país. Se proponía "decir lo que necesito, en honor de la verdad, de la virtud, de la justicia y para salvar al país de una trampa en que ha caído".

Fue un discurso apasionado, dramático, con muchos argumentos que giraban en torno a un núcleo central: la necesidad de fortalecer el poder del gobierno nacional, el único que "puede dar garantías" y asegurar la libertad del pueblo. Ese principio estaba en peligro y, para denunciar sus causas, habló de Tejedor y sus pretensiones de "levantar ejércitos" y, sobre todo, de la cuestión de Jujuy. Fue al exponer el caso que formuló su principal denuncia: "¡Hay una liga de Gobernadores! Tengo en mis manos las pruebas… Sí señor, hay una liga de gobernadores que ha hecho fracasar la acción honrada y legítima del Ministro del Interior". Ésa era la acción que le había encomendado el Presidente: responder por la seguridad pública y asegurar la libertad de elección en el país. En consecuencia, acusaba a la Liga, encabezada por los gobernadores de Córdoba y Tucumán, de desconocer al gobierno nacional y sus poderes constitucionales. También, aunque no figura en la versión taquigráfica del discurso, Sarmiento involucró al ministro Roca, por conspirar "contra la Nación [...] contra el Presidente de la República [...] contra mí, que soy el Ministro de Gobierno de la Nación". Y pedía a los senadores que hicieran caso a sus recomendaciones "a fin de salvar al país" y evitar la guerra civil. Las revoluciones, sentenciaba, "no hacen sino alejar más y más el día de la paz y la tranquilidad; porque se crea el elemento militar, que es la fuerza".[51]

Con este gesto potente y desbordado, Sarmiento dejaba el gobierno. Y parecía también que debía dejar de lado una aspiración que se había afianzado en los meses anteriores, la de convertirse en el candidato a presidente que reuniera el apoyo de las partes en pugna. Así lo entendía Roca: "Rodó el coloso Sarmiento como un muñeco –escribía el 10 de octubre–. Creyó que todo el mundo se le iba a inclinar ante su soberbia [...] lo que ha visto burlado por su inmensa vanidad; su rabia y despecho no tienen límites y está vomitando sapos y culebras contra la 'liga de gobernadores', contra mí, contra el diablo". Sigue más adelante: "En el Senado [...] ha quedado como un energúmeno, como un verdadero demente, tanto que todo el mundo creía que había perdido la razón [...] Yo soy el blanco de sus iras; pero nada me importa".[52]

El tono de esta carta no es menos exaltado que el de aquel discurso y transmite bien la intensidad de las pasiones políticas del momento. No era cuestión de partidos o de proyectos. Roca y Sarmiento eran afines en uno y en otro terreno, y se encontraban del mismo lado en una materia que por entonces dividía aguas, la de la relación entre el gobierno nacional y las provincias. Ambos estaban convencidos de la necesidad de fortalecer al estado central por sobre todas las cosas. Pero diferían en cuanto a los métodos y, sobre todo, eran rivales en la lucha por el poder.

El clima político que se había creado en esos primeros días de octubre llevó también a Roca a renunciar al ministerio. Confesaba a su cuñado: "Mi resolución [de renunciar] fue obra del mismo momento", lo que muestra hasta qué punto la situación era fluida y los acontecimientos signados por la contingencia. Avellaneda nombró entonces a su nuevo gabinete, donde Benjamín Zorrilla reemplazaba a Sarmiento en Interior y Carlos Pellegrini a Roca. Los otros ministros designados eran Lucas González en Relaciones Exteriores, Miguel Goyena en Justicia e Instrucción Pública y Victorino de la Plaza en Hacienda. Ya no quedaban rastros de la política conciliada.[53]

CIUDADANOS EN ARMAS

En la provincia de Buenos Aires, mientras tanto, en esos mismos días se aceleraba la organización militar. Frente a la prohibición de movilizar la Guardia tres meses antes de la elección, los partidarios de Tejedor encontraron una alternativa: la creación del Tiro Nacional de Buenos Aires, asociación civil para la práctica de ese deporte. No era por cierto la primera organización de ese tipo en la Argentina. Ya desde la década de 1860, por iniciativa de inmigrantes de origen suizo, habían comenzado a fundarse sociedades para el ejercicio del tiro de carabina en varias localidades del litoral.[54]

No obstante, la convocatoria del 4 de octubre de 1879 tenía otro carácter. Participaron de la iniciativa militares activos y civiles de conocidas simpatías tejedoristas, como Julio Campos, José María Arredondo, Delfín Huergo, Ángel Plaza Montero, Máximo Paz, entre otros. El diario mitrista *La Nación* explicaba muy bien el sentido de esa movida:

> No se puede fiar sólo en la fuerza del derecho, y cuando los poderes protectores del derecho y del órden se convierten en cabeza de bandos ó clubs electorales opresores de las libertades públicas, hay que pensar en que se necesitan medios eficaces para mantener el derecho. La ciudad de Buenos Aires tiene un número de electores, […] que pueden formar un poder, tan grande, que no se han de atrever á impedir el libre ejercicio del voto. Pero para esto *se necesita que cada elector sea un brazo armado*, que sepa usar de su arma convenientemente.

Para ello se creaba la sociedad y el campo de ejercicios en Palermo.[55] Se estableció también el cuerpo de Bomberos Voluntarios, bajo la forma, nada novedosa, de una asociación civil. En varias ciudades de América Latina, las compañías de bomberos voluntarios eran sobre todo espacios de sociabilidad masculina que llegaron a tener prestigio social e influencia política. Sus fines trascendían los específicos referidos a la misión de combatir el fuego, ya que en general llevaban a cabo tareas filantrópicas más amplias, desarrollaban actividades sociales e intervenían activamente en la vida cívica de la época. En este caso, el cuerpo recién creado tendría organización militar. Se puso a cargo de una comisión presidida por Enrique O'Gorman, quien había sido jefe de Policía de Buenos Aires entre 1867 y 1874, y pertenecía a las huestes del gobernador.[56]

Esta estrategia dio resultado y, si al principio estos regimientos probablemente reprodujeron la organización que tenía la Guardia, con sus mismos jefes y seguidores, pronto los "voluntarios" comenzaron a atraer a otros porteños que se sumaron a la "política de defensa y resistencia", tal como la definió Tejedor. Los ejercicios del Tiro en Palermo reunían a la juventud de las clases acomodadas de la ciudad, muchos de ellos estudiantes; además, un creciente número de espectadores y espectadoras se hacía presente para vivar a los incorporados. "Cada joven –describe entusiasmado Gutiérrez– había adquirido un arma de precisión, a su costa [...] De entre ellos mismos eligieron los jefes de cuerpo y oficiales instructores [...] de entre [...] [los] que habían prestado ya sus servicios a la patria en el ejército de línea". En poco tiempo, testimonia Saldías, "marchaban por las calles de Buenos Aires más de doce batallones de voluntarios, perfectamente organizados". Empezaron, también, a crearse asociaciones semejantes en el interior de la provincia.[57]

Finalmente, Tejedor recurrió a la policía. En la campaña, fue clave el batallón Guardia Provincial, creado en 1870 con el fin de reforzar las fuerzas policiales de la provincia y que desde entonces estuvo bajo el mando del coronel José Ignacio Garmendia. A principios de 1879, éste fue designado jefe de Policía de Buenos Aires. Y luego dispuso la reorganización militar de la fuerza en la ciudad, con la formación de cinco batallones de infantería de cuatro compañías cada uno, así como de un escuadrón de caballería para los suburbios.[58] Los roquistas de Buenos Aires, mientras tanto, empezaban a preocuparse. José Guesalaga, en carta confidencial, informaba a su amigo y dirigente Dardo Rocha acerca del "estado de aletargamiento en que se encuentra nuestro partido" luego de la aceptación de la renuncia de Roca al Ministerio de Guerra, y acusaba a Avellaneda de terminar así "de dividir nuestro partido, ayudando directamente a Tejedor y á los Mitristas". Roca, en cambio, se mantenía optimista: "Estamos mejor que nunca –le decía a Juárez Celman–. [...] Todos los amigos de aquí están contentos y entusiastas. Hay un estanciero [...] que ha remitido al Comité dos mil patacones para los trabajos de mi candidatura. Hace cuatro días que mi casa es un verdadero jubileo". Pero esa evaluación se diluiría pronto. En noviembre, para justificar por qué no le era posible juntar dinero para enviar al partido en Córdoba, confesaba: "Hasta ahora no hemos podido instalar los clubs parroquiales, que son de gran importancia, por falta de fondos", y agregaba: "Ud. se olvida que esta Provincia no es mi campamento, como lo es de Tejedor y de los mitristas, que disponen del elemento oficial".[59]

En realidad, desde hacía varios meses una y otra parte buscaban fortalecerse en el interior de la provincia a través de todo tipo de acciones, institucionales y de las otras, destinadas a colocar amigos políticos en los cargos clave para la distribución de puestos hacia abajo y para la manipulación electoral. Tejedor operaba desde el Ejecutivo en esa dirección y los autonomistas intentaban contrarrestarlo. Los dirigentes locales insistían ante sus superiores del partido sobre la gravedad de la situación. Así, en agosto del 79, desde Dolores, E. Recavarren le escribía a Rocha: "Por aquí no tenemos nada, todos los empleos son tejedoristas y responden a las proximas elecciones, pero algo hemos de hacer para contrarrestar tanto poder", y en septiembre, desde San Nicolás, Domingo Ballestero le advertía: "Todo el departamento norte de la Provincia está hoy dominado por autoridades esclusivamente Tejedoristas [...] Por el momento tenemos aquí en contra, una compania del Guardia Provincial [...], la Guardia Nacional, juzgado de Paz y las partidas de las Comisarías Rurales vien armadas, mientras que nosotros no tenemos nada en que apoyarnos". La correspondencia a Rocha abunda en este tipo de informes y pedidos, que muestran la preocupación que había en las filas autonomistas por la debilidad relativa del partido frente al oficialismo tejedorista de mitristas y líricos.[60]

Para intentar revertir esa situación, a mediados de noviembre y por sugerencia de Roca se propuso la creación del Tiro Autonomista Argentino, con resultados bastante menos visibles que los obtenidos por sus antagonistas. En cambio, el roquismo seguía conquistando espacios en el interior. A mediados de noviembre triunfaba Juárez Celman para la gobernación de Córdoba y poco después también vencían sus amigos en Catamarca, La Rioja y Santiago del Estero. Se aseguraban así las "situaciones provinciales" antes de las elecciones.[61]

DANZA DE CANDIDATURAS

Ante tanta agitación, y con el objeto de desactivar la escalada que todos temían desembocara en la guerra, en las esferas de la dirigencia política nacional comenzaron a circular nombres alternativos para la candidatura a presidente. El 6 de diciembre, Tejedor envió una carta abierta a Mariano Varela, redactor del popular diario *La Tribuna,* en la cual se manifestaba dispuesto a abandonar su candidatura en beneficio de la paz, siempre y cuando también lo hiciera su adversario. "Hoy, como ántes, sépalo el pueblo todo de la República, si el general Roca desiste de su candidatura, mi campaña ha terminado".[62]

La respuesta la dio Roca en un reportaje publicado en el influyente *Le Courrier de la Plata* (periódico dirigido por Paul Groussac y de simpatías roquistas). Entre otras consideraciones, descartaba el gesto de Tejedor como "un ardid de abogado" y aseguraba: "Ya no hay transacción posible [...] Tejedor puede dar sus votos a quien le plazca. Yo no puedo disponer de los míos. Pertenezco a los electores, pero ellos no me pertenecen". Por otra parte, seguía Roca, no había que temer revoluciones pues "para levantar a las masas se necesita una bandera: Carecen de ella". Tampoco un golpe de estado, pues "sólo puede ser intentado por el gobernador de Buenos Aires, y creo al doctor Tejedor incapaz de pensar seriamente tales propósitos". En sus cartas privadas era, en cambio, menos cauto:

La carta de Tejedor no puede ser más estúpida, desde la cruz a la cola. Ni gramática, ni cultura, ni pensamiento, ni elevación de miras, ni claridad siquiera... Ud. puede imaginarse el efecto que ha provocado en este pueblo (de un gusto literario tan exquisito) la prosa de cuartel o bodegón del doctor Tejedor... ¡Con otra carta así, no queda ni para taco de escopeta!... ¡Yo he de ser Presidente y no ha de arder la República![63]

El presidente Avellaneda confiaba menos en el poder disuasivo de una carta mal escrita que en el de las armas. Dispuso entonces el traslado de varios cuerpos del ejército de línea desde el interior a Buenos Aires. Los regimientos de infantería 7, 8 y 11 y un batallón del 1°, los de caballería 1, 9, 11 y 12 y una unidad de artillería se acuartelaron en la ciudad. Y por orden del coronel Luis María Campos se dispuso realizar ejercicios doctrinales de los cuerpos de guarnición en los campos de Chacarita.[64]

El 17 de diciembre, los conciliados dieron a conocer un documento intransigente. Declaraban que la candidatura de Tejedor era, para ellos, indeclinable y que no reconocerían como presidente a Roca mientras no se devolviera el armamento en poder de los gobernadores "para oprimir a los pueblos". Jugaban la carta revolucionaria: "[...] apoyarán moral y materialmente todo movimiento revolucionario que se produzca en las provincias oprimidas para recuperar sus derechos". Finalmente, amenazaban con la secesión: "Los partidos políticos de Buenos Aires declaran [...] que trabajarán por que la provincia reasuma temporalmente su soberanía de Estado independiente si, a pesar de sus esfuerzos, la violencia imperase, para constituir en oportunidad la unión nacional bajo las bases de la ley".[65]

En sintonía con el espíritu de esa declaración, el gobierno de Buenos Aires pedía permiso al ministro de Guerra para desembarcar por la aduana 63 cajones de 20 carabinas cada uno. Y en el presupuesto provincial incluía las partidas necesarias a fin de financiar armamentos y milicias para 1880. Tejedor no podía sancionarlo sin la aprobación de la Legislatura. Las relaciones entre los dos poderes estaban, sin embargo, muy deterioradas, y las impugnaciones de uno y otro lado iban y venían. Finalmente, la mayoría en las Cámaras decidió suprimir del presupuesto las partidas para financiar la guardia provincial, la policía y la compra de equipamiento bélico, así como eliminar el Batallón Provincial y el Cuerpo de Bomberos. Con el propósito de evitar la aprobación de esas medidas, el oficialismo provincial operaba haciendo fracasar las reuniones por falta de quórum. Así se llegó al último día del año sin sanción. Tejedor entonces prorrogó para el año entrante el presupuesto anterior y las leyes impositivas, sin modificaciones y sin la anuencia, claro está, de la Legislatura.

Terminaba 1879 pero el conflicto seguía abierto y se agudizaba cada día. La palabra "revolución" estaba en boca de todos. "Aquí los mitristas y los líricos no hablan más que de lanzarse á la revuelta porque cuentan con un inmenso poder (según ellos)", escribía un roquista de Dolores en carta del 23 de diciembre a Dardo Rocha. En la provincia de Buenos Aires no era sólo una cuestión de palabras: "[...] creo que algo práctico debe hacerse –sigue la carta– para evitar que estos locos hagan una calaverada que comprometa la paz pública". Procedía a informar acerca de los movimientos de los conciliados en esa zona: el posible desembarco de armamento que llegaría por mar a los puertos del sur, la reunión de gentes sospechosas, la formación del cuerpo de Bomberos Voluntarios, la movilización de vigilantes y de la policía rural en Balcarce, Maipú y Pila. También la realización de reuniones "con el objeto aparente de carreras, etc. Para el 1º de Enero –cuenta– en el Establecimiento de los señores Osiniry y Zarragoitia 'La Victoria Grande', Partido del Vecino, hay grandes carreras y una importante reunion promovida por el Coronel Machado, á la cual trae él todos sus paregeros para asi llamar mas la concurrencia del paisanaje". La opinión del corresponsal era que "no pudiendo hacer la revuelta en la capital por lo numeroso de las fuerzas de línea que hay en ella, darán comienzo á hacerla en la campaña". Y la solución que proponía era, decía, "bien sencilla": mandar al sur de la provincia compañías del ejército nacional y abrir oficinas de enganche para reclutar soldados, pues "con esto basta y sobra para desbaratar todos los planes revolucionarios". Al día siguiente, 24 de diciembre, mandaba otra carta para "asegurarle que la chirinada o revolución [...] tendrá lugar el 1º de enero en esta parte de la campaña [...] Esta gente anda que se le sale la revolución por el cuerpo y creo que es muy prudente que se le ataje a tiempo".[66]

Entreacto 1. Fuerzas Armadas

En estas páginas hemos hablado de ejército, milicias, guardias nacionales, soldados y ciudadanos en armas. ¿A qué se referían los contemporáneos con esas palabras? ¿Cómo se organizaba la fuerza militar en esos años? ¿Quién (o quiénes) ejercía (ejercían) el control institucional sobre la violencia? ¿Qué papel cumplía el estado nacional en ese terreno? Intentaremos aquí una aproximación a estas preguntas, que son parte del nudo problemático que nos plantea la revolución de 1880.[67]

La organización militar en la Argentina de esos años había sido consagrada por la Constitución de 1853 y reglamentada por leyes y decretos posteriores. Se apoyaba sobre dos pilares principales: el Ejército de Línea y la Guardia Nacional, que juntos conformaban el Ejército Nacional. El primero era de índole profesional y operaba bajo la comandancia suprema del presidente de la República. La Guardia, en cambio, reclutaba ciudadanos y, aunque en última instancia debía responder al mismo comando nacional, estuvo en general controlada por los gobiernos provinciales. Ambas instituciones tenían funciones diferentes y, sobre todo, representaban dos formas distintas de entender el poder de coerción del estado.

Esta dicotomía no era una novedad argentina ni latinoamericana. La convicción de que la defensa de la república tanto de los enemigos externos como internos correspondía a los propios ciudadanos, y que encomendarla a un ejército profesional abría las puertas a la corrupción y la tiranía se remonta a las repúblicas clásicas. Ese principio, sin embargo, se vio con frecuencia impugnado por quienes sostenían la conveniencia y mayor eficiencia de los ejércitos profesionales. Esta diferencia de criterios dio lugar a distintas soluciones. En la América Latina del siglo XIX, muchas veces se recurrió a una combinación de los dos sistemas, dando lugar a una coexistencia generalmente conflictiva. Sólo a fines del siglo, el predominio de las posturas centralistas llevó a privilegiar el fortalecimiento del ejército regular en detrimento de las milicias, para asegurar así el monopolio del estado en el uso de la fuerza.

En la mayoría de las historias nacionales, este último paso ha sido considerado decisivo para el proceso de modernización estatal, asociado así a la consolidación del ejército como institución clave. Éste concitó, por lo tanto, mucha mayor atención que las milicias (y la Guardia), consideradas instancias subordinadas y destinadas a desaparecer.[68] En los últimos años, esta tendencia ha comenzado a revertirse, dando lugar a una exploración de las formas milicianas de organización militar, que ha servido de inspiración para estas páginas.[69]

EJÉRCITO Y MILICIAS

En Hispanoamérica, la institución de la milicia se remonta a los tiempos de la colonia, cuando la Corona, que mantenía fuerzas regulares en sus territorios –los "cuerpos veteranos"– también fomentó la creación de batallones integrados por los habitantes de cada lugar para la defensa local. Con el ascenso de los Borbones al trono, estas milicias se organizaron de manera más sistemática; así, en el Río de la Plata, en 1801 se estableció que todos los varones adultos con domicilio establecido debían integrarlas. Apenas unos años más tarde, en 1806 y 1807, sus batallones –engrosados por miles de voluntarios– jugaron un papel clave en la derrota de los ingleses en su intento de ocupar Buenos Aires. Esas huestes volvieron a tener un rol protagónico en las jornadas revolucionarias de mayo de 1810, y, aunque más tarde las necesidades que impuso la guerra llevaron a privilegiar la formación de fuerzas regulares –con soldados pagos, oficiales convertidos en profesionales y estructura jerárquica–, las milicias subsistieron con un nuevo carácter. Pues con la instauración de formas republicanas de gobierno, la institución pasó a considerarse un pilar de la comunidad política fundada sobre la soberanía popular.[70]

Así es como, cuando después de Caseros Urquiza procedió a dar forma a una organización militar a escala nacional, sobre el mismo principio de la ciudadanía en armas fundó la Guardia.[71] La creación de ésta daba carácter nacional a una institución que, como la milicia, había sido hasta entonces netamente local. De acuerdo con la nueva legislación, si bien la organización de sus cuerpos quedaba a cargo de los gobiernos provinciales, estos cuerpos dependían del poder central y debían auxiliar al Ejército de Línea cuando les fuera requerido por las autoridades nacionales. Sin embargo, como veremos, con frecuencia las provincias manejaron esos recursos militares con bastante autonomía.[72]

Las fuerzas regulares también tenían su historia. Como hemos dicho, las hubo durante la colonia y las guerras de Independencia. Más tarde, cuando las provincias del Río de la Plata se constituyeron en espacios soberanos, unidos por vínculos de tipo confederal, cada una organizó su defensa, usando las milicias y creando además sus propios cuerpos profesionales. En la década del 50, Urquiza propuso un ejército para la Confederación, pero apenas contó con el que había formado en Entre Ríos para dotar sus filas. Y cuando Mitre llegó a la presidencia de la República en 1862, hizo algo parecido: a partir de la estructura militar de Buenos Aires sentó las bases del Ejército de Línea. En las décadas siguientes, ese nuevo ejército, ampliado para incorporar reclutas y oficiales de diferentes lugares del país, actuó en distintos frentes, desde la defensa de las fronteras y la represión de levantamientos armados contra el poder central, hasta la guerra de la Triple Alianza contra el Paraguay y la campaña de ocupación de la Patagonia y el Chaco. Desde el gobierno nacional se hicieron esfuerzos por reglamentar la carrera militar y formar a los oficiales, así como por dotar de recursos y equipar a las fuerzas. Para 1880, este ejército contaba con una dotación regular de cerca de 10 000 hombres, con una estructura jerárquica establecida, con una organización que cubría todo el territorio, y con equipamiento a la altura de los tiempos.[73]

En casi todas las instancias en que intervino el Ejército de Línea, también lo hizo la Guardia Nacional. Pero la coexistencia entre ambas instituciones no fue fácil, pues si bien cada una tenía fines específicos definidos por la legislación, en la práctica ambas se superponían. Representaban, además, dos modelos diferentes de organización militar –en términos de su composición, estructura y funcionamiento– y de concebir la defensa y el poder del estado.[74]

LA GUARDIA

Por principio, como vimos, la milicia constituía la ciudadanía en armas; estaba integrada por los mismos ciudadanos que formaban el electorado. Todos los hombres adultos argentinos debían enrolarse en la Guardia, asistir al entrenamiento militar periódico (los "ejercicios doctrinales") y acudir a sus filas cuando se los convocaba. El reclutamiento efectivo no involucraba, sin embargo, a todos los habilitados, pues abundaban las excepciones y las dispensas, y aun el pago de reemplazantes, los "personeros". En términos de su perfil social, predominó el elemento popular de ciudad y campaña. Como ocurría en las elecciones, también aquí había mayoría de jornaleros, peones y trabajadores poco calificados, con una representación menor de otros sectores.

Si bien el mayor peso del servicio de las armas recaía sobre los de abajo, que no podían evadirlo fácilmente, no todos los que tenían recursos y contactos para evitarlo lo hacían. Jóvenes de posición aspirantes a integrar las dirigencias políticas se sentían atraídos por un espacio institucional que ocupaba un lugar simbólico destacado en la República, a la vez que brindaba una plataforma no despreciable para la construcción de redes político-electorales.

Las milicias eran un ámbito clave de la vida política. Las redes militares y políticas tejidas en torno a ellas desempeñaron papeles destacados en las luchas por el poder, tanto en tiempos electorales como de revolución. Las milicias disponían de recursos fundamentales en el terreno electoral. Por un lado, había una asociación concreta entre ciudadano votante y ciudadano armado: hasta la década de 1870, el enrolamiento en la Guardia era un requisito para empadronarse y votar. Esto daba a los comandantes no sólo poder de habilitación sino también la posibilidad de "fabricar" papeletas falsas. Por otro lado, dadas las formas de reclutamiento y organización de los votantes, las milicias resultaban un instrumento ideal para poner en juego en los comicios. Finalmente, allí se gestaban y se consolidaban liderazgos que se ejercían más allá del ámbito militar y se proyectaban en la vida política.[75] Además, en las revoluciones, las milicias jugaron un rol protagónico, no sólo debido a su poder de fuego sino a su carácter de ciudadanía en armas (véase el Entreacto 5).

Desde muy temprano, las milicias ocuparon un lugar en el discurso patriótico argentino. La actuación de los regimientos coloniales de Buenos Aires contra los ingleses primero y algo más tarde en la Revolución de Mayo se convirtió en una referencia mítica en la historia de la República. La virtuosa milicia estaba integrada por ciudadanos libres con la obligación de portar armas en defensa de su patria, una obligación que era a su vez un derecho, un deber y hasta un privilegio. Tal era la retórica oficial en torno a las milicias, y más tarde a la Guardia Nacional, pero también fue parte del imaginario colectivo de amplios sectores de la población que se identificaban con el papel del ciudadano armado y conocían las diferencias entre esa figura y la del soldado de línea.

CIUDADANOS O SOLDADOS

Las diferencias simbólicas y prácticas entre los milicianos o guardias y los soldados profesionales eran conocidas. Mientras la figura del soldado pago se asociaba con frecuencia a la del mercenario, la del miliciano, en cambio, portaba el aura del ciudadano. A esa distinción clásica de resonancias republicanas, se sumaba una connotación de índole social o sociocultural. El soldado profesional se asimilaba al pobre que se alistaba porque no tenía otro medio posible de vida o, aún peor, al delincuente, "vago y malentretenido" –en los términos de la época– reclutado por la fuerza, "destinado". Milicianos eran, en cambio, todos los ciudadanos, lo que jerarquizaba en principio a la propia fuerza y a sus integrantes.

La ley también fijaba diferentes derechos y obligaciones. El soldado, que hacía de la vida militar su profesión, se incorporaba a una estructura jerárquica en cuya definición no tenía influencia alguna; debía cumplir órdenes e ir adonde lo mandaran en cumplimiento de sus funciones. Los milicianos, en cambio, sólo tenían la obligación de estar enrolados, asistir a los ejercicios militares regulares, e incorporarse efectivamente a los regimientos cuando les fuera requerido. Tenían, además, alguna participación en la elección de sus superiores. Al mismo tiempo, dado que la Guardia era una reserva del Ejército de Línea, sólo podía movilizarse ante circunstancias graves, de conmoción interna o guerra exterior, y aun entonces había plazos máximos estipulados para la permanencia en el frente.[76]

Estas diferencias en varios planos no necesariamente se correspondían con clivajes efectivos. En términos de su composición social, las milicias también reclutaban mayoritariamente, aunque no de manera exclusiva, a varones provenientes de las capas populares de la población. Sus derechos eran con frecuencia violados. La arbitrariedad en el reclutamiento, la falta de paga, el servicio extendido mucho más allá de los plazos estipulados, las privaciones materiales, los castigos físicos y el traslado fuera de la región daban lugar a protestas personales y motines colectivos. Inspiraron, además, toda una literatura de denuncia de las iniquidades del "contingente" y, en particular, del servicio de frontera. En cuanto a sus funciones, con mucha frecuencia se superponían con las de los soldados y entonces era difícil distinguir entre una y otra fuerza.

Aun así, Guardia Nacional y Ejército de Línea respondían a principios diferentes, que resultaban claros para los contemporáneos. Quienes defendían a los milicianos de los abusos del sistema lo hacían señalando la violación de los principios sobre los cuales éste debía fundarse. Por su parte, la retórica de la ciudadanía en armas cumplía un papel importante en la vida política, y las milicias funcionaban, además, como redes concretas de organización política. Y, sobre todo, eran una fuerza parcialmente descentralizada, que fragmentaba el poder militar. Las disputas del 80 ilustran hasta qué punto esa fragmentación resultó problemática y, finalmente, se dirimió por la fuerza.

2. Enero y febrero.
Verano turbulento

El año 80 se inició turbulento. Aunque no se produjo la revolución que los corresponsales de Rocha presagiaban que estallaría el 1º de enero de 1880, la escalada política siguió su curso. Los calores del verano no alcanzaron para aplacar los ánimos de los contendientes; por el contrario, la disputa se agudizaba día a día. Sufragio y revolución estaban en el centro del debate público.

LA CONFRONTACIÓN POR LAS PALABRAS

La cuestión que tiene conmovida a la República y que dá motivo para que muchos la consideren como causa de una guerra civil –decía el 6 de enero el diario mitrista *La Nación*– no es una cuestión de candidaturas. Es una gran cuestión política que afecta profundamente nuestro órden legal; es la cuestión electoral, base de la organización constitucional que nos hemos dado.

Libertad y legalidad del sufragio, reclamaba el diario, mientras acusaba al presidente Avellaneda de haber llegado al poder a través del abuso y el fraude. La respuesta en 1874 había sido "la protesta armada", derrotada en los hechos pero seguida de una "promesa [oficial] solemne de respetar el libre sufragio". Sin embargo, llegado el momento de la sucesión, el Presidente "burló sus seguridades" e impuso al general Roca, que "es la negación de sufragio y el pueblo argentino en su gran mayoría no se deja despojar de ese derecho". *La Nación* terminaba exhortando: "Un pueblo no se somete á perder el mas primordial de sus derechos, sin resistir. Seremos libres ó esclavos. El General Roca será Dictador, nunca Presidente constitucional".[77]

El argumento del diario mitrista era muy claro y se fundaba en el derecho del pueblo a defender la libertad de sufragio. En este caso, aseguraba, la candidatura de Roca venía impuesta desde arriba y había que resistirla. Desde el campo contrario, *La República* contraatacaba y acusaba a los conciliados de haber "hecho un pacto con el Gobernador de Buenos Aires para falsificar elecciones, para perseguir á sus adversarios políticos, para imponer la candidatura del gobernador aliado y para repartirse los empleos". Buenos Aires se había convertido así en una provincia esclavizada, pues "ha perdido las libertades y vive bajo el régimen de una dictadura, de la imposición y de amenaza".[78] La libertad de sufragio era reclamada retóricamente por todos, mientras en la práctica –como veremos más abajo– se desplegaban los métodos habituales de "producción" del voto, que permitían a los contendientes organizar y controlar sus recursos electorales.

El derecho a la resistencia armada, en cambio, no tenía el mismo consenso, pues, mientras que los conciliados lo sostenían, el oficialismo se pronunciaba en contra. Estas posiciones pueden parecer lógicas, dados los lugares que ocupaba cada uno en la ocasión; sin embargo, no es fácil reducir las diferencias al puro oportunismo. En todo caso, por convicción o por conveniencia, los actores recurrían a concepciones diversas acerca del derecho del pueblo a armarse. Ya desde enero los diarios cruzaban palabras en torno a esta cuestión.

"'Todo ciudadano argentino está obligado á armarse en defensa de la patria y de esta Constitución', ha dicho en su artículo 21 nuestra ley fundamental", recordaba *La Libertad*, y cuestionaba las disposiciones que limitaban ese precepto: "¿A qué queda entonces reducida la obligación y á la vez la garantía constitucional? Queda reducida a cero. Buenos Aires lo ha comprendido así y de ahí que espontáneamente sus hijos hayan corrido presurosos a tomar su lugar en las filas de los cuerpos voluntarios que se han organizado en salvaguardia de sus derechos. Se han armado en defensa de la Constitución".[79] Evocaba así un derecho muy viejo, que remontaba sus raíces tanto a la neoescolástica como a la tradición republicana, y que se manifestaba en el siglo XIX en toda América Latina en la reivindicación de la ciudadanía armada y de la revolución como práctica de recuperación de las libertades usurpadas (véase el Entreacto 5).

Contra la convicción que ponía de manifiesto aquel diario, se levantaban tres razones diferentes. Estaban quienes, sin cuestionar en principio el derecho de resistencia, negaban el carácter popular de lo que estaba ocurriendo. No era Buenos Aires la que se levantaba, sino apenas "*una fracción, un círculo, una agrupación del pueblo*", señalaba *La República*, y agregaba: "No se engañen los agitadores. La escitacion que domina sus cerebros les hace *ver un pueblo en masa, donde sólo existe un círculo* anárquico, envalentonado por su alianza transitoria con el Poder". Un poco más tarde, volvía a la carga: "No hay tal provincia de Buenos Aires *rebelde*. No hay mas *rebeldes* que un bando político, que ha hecho ya profesión de la revuelta".[80]

Otros apuntaban a la segura derrota de cualquier intento "revolucionario". "Si llegase un conflicto –advertía *La Pampa*–, los tiradores nacionales y los bomberos tendrían que batirse con la fuerza de línea. Ahora bien, ¿tienen probabilidades de vencer á los elementos de fuerza Nacional? Esa es la cuestion que tiene que hacerse cada ciudadano á quien los exaltados le ponen un remington en la mano. En primer lugar, no hay ejemplo de que en nuestro país la Guardia Nacional venza á la tropa de línea... Todo esto requiere un poco de reflexion, como lo requiere esto otro: Paris, la ciudad de las revoluciones populares, el pueblo de las barricadas, es siempre vencido en las calles por la tropa de línea".[81]

Y finalmente estaba el fundamento doctrinario. En un manifiesto a sus "conciudadanos", que precedía al decreto de prohibición de cualquier reunión de ciudadanos armados, el presidente Avellaneda exponía: "En toda la Nación hay un ejército para el mantenimiento de la paz pública [...] No hay así otro portador de armas, bajo una organización pública, sino el soldado". Y el guardia nacional movilizado se convierte en soldado, "se pone bajo la misma ley". Por lo tanto: "Esta es la regla universal que los pueblos han erigido para no caer víctimas de la fuerza... [¿]hay un lugar en la tierra donde exista una sociedad organizada y sea permitida la reunión de fuerzas armadas, sin ley, sin disciplina, sin el precepto de la obediencia y sin jefes que la impongan con un mandato público, responsable y reconocido[?]".[82]

Avellaneda enunciaba así un principio que terminaría imponiéndose, pero que en 1880 no tenía consenso ni aun entre las elites oficialistas. Las opositoras, por su parte, redoblaban su discurso rebelde. Fue otra vez el diario *La Nación* el que proclamó sin ambages "la necesidad de la resistencia armada, en defensa de los derechos agredidos y en salvaguardia de las libertades ultrajadas".[83]

Si ésta era la guerra de palabras, en el terreno de los hechos las cosas no estaban más tranquilas. Primero, fueron las elecciones a diputados nacionales del 1º de febrero y luego, a mediados de mes, el despliegue de tropas de un lado y del otro, que muchos pensaron que desembocaría en un enfrentamiento inmediato.

"¡A LAS URNAS!" (I)

Con esas palabras, *La Libertad* exhortaba a sus lectores en la víspera de las elecciones del 1º de febrero: "Dentro de algunas horas, las urnas de los comicios traducirán en hechos prácticos la protesta viril y pacífica que la provincia de Buenos Aires viene formulando contra sus enemigos... Nadie debe faltar á los atrios... Que se vea que Buenos Aires está como un sólo hombre en esta cuestion".[84]

No es que los resultados de esas elecciones fueran inciertos. Después de un mes de intensa actividad electoral, los conciliados llegaron al comicio sin oposición, pues el autonomismo decidió abstenerse en Buenos Aires. La opción de no presentar listas era una salida relativamente frecuente y tenía antecedentes muy frescos en la abstención reiterada del mitrismo en los años que siguieron a la revolución del 74, hasta que Avellaneda convocó a la conciliación. El gesto iba siempre acompañado de fuertes denuncias contra la manipulación electoral oficialista, la que –según sus impugnadores– habría de impedir cualquier triunfo que no fuera el propio. Nuestro caso no fue una excepción, pero antes de concluir que la derrota era inevitable, los autonomistas intentaron poner en marcha los mecanismos habituales destinados a producir el sufragio y competir.

Ya desde el año anterior se preparaba el terreno. Un paso indispensable era la inscripción en el Registro Cívico Nacional, que operaba como el padrón de habilitados para votar. Aunque por ley de 1877, la renovación total de éste debía hacerse cada cuatro años, los padrones se abrían a nuevas inscripciones y cambios en octubre y noviembre del año anterior a cualquier elección nacional. La primera táctica de los partidos fue, entonces, en esos meses de 1879, lograr inscribir la mayor cantidad posible de simpatizantes propios, a la vez que tratar de bloquear los ajenos. En ese aspecto, los autonomistas se encontraron en dificultades, y la correspondencia de Dardo Rocha abunda en cartas de sus amigos políticos que, desde diferentes lugares de la provincia, se quejaban por no contar con medios suficientes para esa tarea.[85]

Esos problemas se vinculaban con un dato fundamental: los conciliados habían ocupado lugares clave del aparato estatal, lo que les permitía controlar y manipular el proceso electoral. "Mientras yo tube el juzgado del partido –se quejaba Dionisio Recavarren a Rocha desde Pila–, el partido conciliador se puede decir estaba desecho y ubieran perdido las elecciones", pero "con la mudanza de el juzgado an sido destituidos todos los empleados que no heran conciliadores principiando por el oficial de policía, secretario municipal, Alcaldes y tenientes". Advertía así que "si no consiguen en este partido dos o tres personas influyentes no se podrá aser nada". Lo mismo pasaba en Dolores: "Ya sabrá que todos nuestros amigos han sido destituidos del Juzgado de Paz, de la Policía… de la Municipalidad, pues un sólo teniente de alcalde nuestro nos han dejado. Todos, todos han sido destituidos y separados".[86]

Los autonomistas sabían lo que se requería para ganar. Estanislao Alday, desde Ayacucho, le hace "saber a presente la necesidad fuerte que hace falta a nuestro partido el cambio de autoridades de este partido. Los que hoy tenemos, tanto el Juez de Paz como las demás autoridades, son 'Mitristas' y por consiguiente 'Tejedoristas'". Otros contaban con algunos medios, como Joaquín García, teniente primero de artillería en Bahía Blanca, quien se ponía a disposición de Rocha: "[…] me en cuentro… como oficial 1º de la Comisaria de Guerra de este puerto y apesar de no dever [a] mi partido ningun servicio siempre estoy pronto hacerle util por estos pagos, como dicen nuestros paisanos, se preparan mucho para la futura precidencia, yo soy amigo de todos los guasos… Doctor tengo amis ordenes el Telegrafo, puede hablar con migo cuando guste y sea necesidad".[87]

Todos sabían que para ganar era imprescindible tener el control de ciertas funciones clave, como las de juez de paz o comisario de policía, y hacían todo lo posible para colocar a sus partidarios en esos puestos. Además de esos lugares estratégicos, los grupos políticos buscaban ocupar espacios más amplios de la administración estatal. Dado que el empleo operaba como un incentivo decisivo para conseguir votantes, aun ocupaciones menores eran codiciadas por los partidos en tiempos de comicios. Los operadores políticos entonces intensificaban sus reclamos. Eran momentos propicios para recordarles a los dirigentes cuánto les debían y para pedirles empleo liso y llano, recomendaciones para algún cargo propio o en beneficio de algún allegado, o simplemente, ser tenido en cuenta a la hora del reparto.[88]

Todo este movimiento se observaba ya desde fines de 1879 y continuó durante enero del 80, cuando la actividad partidaria comenzó a acelerarse. Había que proponer los candidatos, movilizar a las bases y prepararse para la acción.

LAS LISTAS

Había que elegir catorce diputados nacionales. Los grupos políticos procedieron a definir sus preferencias y a preparar las listas de candidatos. El mecanismo era doble: por una parte, las dirigencias partidarias, en negociaciones no siempre fáciles y en consulta con sus círculos de principales operadores, acordaban los nombres que luego harían circular formal e informalmente para generar apoyos; por otra parte, se procedía a convocar a las bases electorales simpatizantes de un partido para reunirse en sus respectivos distritos (las parroquias en la ciudad, los partidos en la campaña) a fin de conformar y aprobar las listas de candidatos, que a su vez elevarían al comité central del partido, donde finalmente se producía la lista definitiva. La relación entre ambas instancias era estrecha. En general, los nombres que surgían en las reuniones eran los generados en el seno de las dirigencias, aunque no siempre su aprobación era un mero trámite y en más de una ocasión hubo discusiones agitadas y hasta cambios de candidatos.

En enero de 1880 los partidos más activos eran el nacionalista y el autonomismo "lírico" (tejedorista), que luego harían confluir sus candidatos en una sola lista conciliada. A principios de mes, los nacionalistas ya habían realizado todos los pasos previstos para el acto final: la reunión de la convención de 61 delegados de las parroquias de la ciudad y de los partidos de la campaña, que se realizó en "los salones altos de Club Argentino" el 4 de enero. Luego de las formalidades del caso y de la designación de una comisión para proponer un programa, los presentes votaron. Hubo 23 nombres propuestos, de los cuales quedaron los 7 primeros para integrar la lista conjunta con los conciliados. Como se ve, no hubo un mandato unánime y, aunque el círculo no era demasiado amplio, existían variantes que se resolvieron por votación.[89]

Los líricos, por su parte, convocaron a sus clubes parroquiales. Los diarios publicaban todos los días invitaciones como ésta: "Partido autonomista conciliador de la parroquia del Pilar: Los vecinos que suscriben autonomistas-tejedoristas invitan á sus convecinos á una reunión general que tendrá lugar el lunes 5 del corriente, a las 8 de la noche, en la calle Callao No. 479, á fin de proceder al nombramiento de la Comisión Directiva del Club y de los delegados al Comité Central". Seguían 31 nombres.[90] En San Cristóbal firmaban 40, y así en todas las parroquias de la ciudad. El procedimiento terminó cuando las secciones mandaron sus delegados con mandato al Comité y éste designó a los 7 candidatos autonomistas líricos para integrar la lista conciliada.[91]

Mientras tanto, corrían rumores de la abstención del autonomismo roquista y no aparecía ninguna lista por ese lado. Circulaba, en cambio, una que provenía del Club General Brown. Creado el año anterior por iniciativa de varios miembros notables de la colectividad irlandesa y del capellán Patrick Dillon, editor del periódico *The Southern Cross*, se definió inicialmente como una asociación "independiente" para intervenir en los debates públicos locales. No obstante, pronto adquirió un claro perfil político, se acercó a dirigentes católicos criollos con los que tenía afinidad ideológica y logró que algunos de sus miembros fueran designados como jueces de paz en los distritos de la campaña, donde los inmigrantes irlandeses eran numerosos y, por lo tanto, constituían bases potenciales no despreciables para la acción política. A medida que la situación

en Buenos Aires se caldeaba, el Club fue muy crítico del tejedorismo y para las elecciones de febrero decidió presentar candidatos
con hombres de sus filas y también con prestigiosos católicos locales, como Félix Frías, quien fue puesto como cabeza de lista.[92]

Ante las dificultades que evidenciaba el autonomismo, el Club
Brown despertó el interés de Carlos Pellegrini, que veía la posibilidad de conquistar algunos lugares en la lista para sus propios candidatos. Le decía a Roca: "Creo que aquí se nos presenta la oportunidad de asegurar sin mayor esfuerzo algunos candidatos [...] Los
mitristas han hecho lista; es buena y será apoyada por la mayoría del
partido. Los líricos han hecho la suya –es pesima– [...] Los irlandeces [el Club Brown] han presentado la suya y en ella figuran varios
amigos nuestros. Lo que hay que hacer, para mi, es lo siguiente: formar una lista sobre la base de los amigos que figuran en la lista de
los irlandeces". La lista en cuestión fue modificada varias veces y, finalmente, luego de proclamada en el Teatro Variedades, en una
reunión muy concurrida, se disolvió antes de las elecciones.[93]

TRABAJOS ELECTORALES

Los conciliados seguían avanzando en sus "trabajos electorales".
Para ganar una elección había que reunir fuerzas propias, que se reclutaban y organizaban en torno de dirigentes de distinto rango
para actuar colectivamente en los diferentes momentos en que se
requería del número. Se formaban así organizaciones de estructura
piramidal con una base relativamente amplia de militantes y sucesivos escalones de caudillos, que culminaba en los referentes políticos
más altos.[94] Estas redes estaban muy reforzadas en el caso de los
conciliados del 80, pues a los mecanismos habituales de reclutamiento y organización sumaban la movilización generada por lo
que sus opositores llamaban "el espíritu de localismo" y por la propia actividad en torno de los cuerpos armados.

Ante esa realidad evidente, el partido autonomista medía sus
fuerzas. Cuando a mediados de mes, y de acuerdo con los mecanismos establecidos, se procedió a la designación de las mesas escruta-
doras, Pedro Bravo le remitió a Rocha la nómina de los integrantes

en la parroquia de Monserrat, con la simpatía partidaria de cada uno para que pudiera evaluar el panorama.[95] En esa misma carta le pintaba la situación en su parroquia, donde los tejedoristas tenían dos compañías militarizadas, que hacían ejercicios doctrinales dos veces por semana y realizaban reuniones diarias de organización. "Lamentando de mi parte el no encontrarnos nosotros en iguales condiciones para poder escarmentar con la descarada audacia con que estos proceden en sus trabajos electorales, mientras que nosotros nos encontramos metidos en el rincon de nuestras casas por falta de negligencia he independencia de nuestros hombres que dirijen la política. En la parroquia, señor doctor, no se hace nada, nada se ha hecho, nada harán para levantar el espíritu y el patriotismo de nuestros amigos".[96]

Igualmente enfático era José Fernández, caudillo de La Boca (parroquia de San Juan Evangelista), en carta a Roca, en la que daba cuenta de varias reuniones realizadas para resolver si se presentaban o no a los comicios. "Para ir a la lucha, dice, se precisaba dinero; pero los amigos *ricos* que tenemos *cerraron hermeticamente* sus *bolsillos. Esto a obligado a la astension*". Además, mientras los tejedoristas se organizaban, "nuestros amigos veo que se *sustraen* a las *reuniones*". La decisión de abstenerse estaba tomada, pero muchos dentro del partido la resistían. El día mismo de los comicios, el roquista *El Pueblo Argentino* reprodujo una circular del 29 de enero de la Junta Ejecutiva del Comité Electoral Roca, en la cual convocaba a sus partidarios al teatro de Variedades para el domingo 1° a las 11 de la mañana, pues "Es probable que la Junta Ejecutiva resuelva que, á pesar de todo, concurramos á los átrios". Esa reunión se hizo, pero varios de los integrantes del Comité "brillaron por su ausencia" y, según un partidario allí presente, los demás "se encerraron a deliberar en sesion secreta y no abrieron sesion para el Club, ni aportaron por el salon". Varias horas más tarde repartieron un manifiesto que "nos pone poco menos que en la condición de gallinas".[97] Allí afirmaban que Buenos Aires no estaba "en condiciones electorales". ¿Cómo ir a la lucha electoral contra un opositor que no era un partido sino un gobierno "que abusaba de todos los medios oficiales, de la fuerza, de los dineros públicos, de sus atribuciones"? Sólo usando a su vez la fuerza, y no era ése el camino que defendía el Partido Autonomista, que "representa el orden".[98] Sólo quedaba, entonces, optar por la abstención.

EL COMICIO

La abstención autonomista dejó a los conciliados dueños del terreno. De todas maneras, los diarios amigos exhortaban a la población a ir a las urnas, pues Buenos Aires debía acudir a "la patriótica cita" para dar su voto y mostrar así al resto del país que "si dejamos por un momento el arma con que nos preparamos á defender las libertades y derechos [...] [es] para cumplir con otro deber no menos imperioso: el de sacar triunfantes [...] [a] los candidatos del partido liberal, presentando a los de la liga federal-roquista tales como son: un cero a la izquierda en la opinión del pueblo".[99]

De acuerdo con la ley, todos los hombres adultos nacidos o naturalizados argentinos estaban facultados para votar, pero no tenían la obligación de hacerlo. Y muchos no lo hacían. Por estos años, una proporción menor y siempre variable de los votantes potenciales ejercía su derecho. Lo hacían quienes estaban encuadrados en una organización electoral y pertenecían a las clientelas o seguidores regulares de un grupo político. Pocas veces una elección atraía a votantes individuales –"independientes" diríamos hoy– y aun quienes tenían simpatías claras por un partido con frecuencia elegían no asistir a los comicios. Ése era, en cambio, el terreno de los grupos organizados, que participaban colectivamente del acto de votar. Cuando una elección prometía ser reñida, las dirigencias ponían todo su esfuerzo en movilizar sus huestes para intervenir no sólo emitiendo su voto sino desplegando su presencia física grupal y su potencial de violencia. Para ganar no sólo hacía falta sumar votos propios sino también impedir los ajenos, lo que desembocaba con frecuencia en el uso de la fuerza en combates que tenían mucho de ritual. Cuando no había competencia, en cambio, la movilización era menor, los votantes más escasos y la jornada pacífica.[100]

El 1º de febrero de 1880 la elección no dio sorpresas. Sin oposición, el triunfo de la lista conciliada fue aplastante en toda la provincia. Los votantes fluyeron sin demasiadas estridencias. Los números fueron algo superiores a los habituales: cerca de 30 000 votantes, casi 5000 de los cuales correspondían a la ciudad. Los ganadores se felicitaban. "Buenos Aires ha respondido uniforme al llamado del patriotismo", proclamaba *La Libertad*. "¡Treinta y tantos mil votos en favor de una causa! [...] son la expresión unísona de un pueblo". Los opositores, en cambio, pintaban un panorama desolador: "La ciudad era ayer un cementerio de vivos: era un día de difuntos". La gente en sus casas, las tropas por la calle, los atrios desiertos... y una suma "miserable" de votos. "El pueblo ha huido de los comicios, se ha encerrado en los hogares con doble vuelta de llave". Y los perdedores, como era habitual, hablaban de fraude y del voto de empleados y policías, mientras ponían sus esperanzas en el escrutinio definitivo.[101]

En casi todo el país habían triunfado los partidarios de Roca, pero en Buenos Aires la jornada había dado a los conciliados 14 diputados electos al Congreso. Para entonces, el general se había instalado en Córdoba, donde permanecería –salvo algunos intervalos en Rosario– hasta poco antes de su asunción como presidente. A lo largo de esos tensos meses, en distintas ocasiones varios de sus partidarios le insistieron en que debía bajar a Buenos Aires, pero sin éxito. Desde allá, a través del telégrafo, del correo y de los viajeros que iban y venían, controlaba los hilos de su operación política. Y se mantenía alejado de la ciudad, cada vez más movilizada en su contra.[102]

TIRADORES Y BOMBEROS

La actividad electoral de enero no había mermado el fervor de los conciliados y sus amigos por la organización armada. Por el contrario, las reuniones del Tiro los domingos en Palermo se convirtieron en cita obligada para muchos porteños y porteñas que respondían a la convocatoria festivamente. Para reforzar su presencia, el 6 de enero se preparó lo que *La Nación* llamó "una gran fiesta cívica". "Bajo un cielo purísimo y con una temperatura agradable –reportaba *La Libertad*– agrupáronse ayer [al mediodía] en las estaciones del Paseo de Julio y del Retiro miles de ciudadanos, armados unos, sin armas otros", a la espera de los trenes que los llevarían a Palermo. "Allí estaban todos... el hombre de posición... y el hombre del pueblo... Allí estaban el rico y el pobre, el anciano y el jóven, confundidos en fraternal armonía... Y como para alentarlos... estaba también allí la mujer argentina", se entusiasmaba *La Nación*.[103]

Las compañías de tiro de las diferentes parroquias llegaban a la estación; había bandas de música y "salvas de aplausos y […] gritos de entusiasmo […] partían de la inmensa concurrencia". Los trenes y otros vehículos llevaron a la gente al local del Tiro y Gimnasia en Palermo, donde entraron en orden las compañías armadas, "colocándose en dos alas en línea de batalla", a cuya retaguardia seguía el público, que *La Nación* estimaba en unas 8000 personas. A las tres de la tarde llegó el gobernador Tejedor, se tocó el Himno Nacional y "con su última nota partieron […] aclamaciones al Gobernador […], á la Conciliación, á la República Argentina, á Buenos Aires, al General Mitre y al partido liberal". Hubo entrega de premios a los tiradores, desfile de tropas ante el palco oficial y ejercicios en el campo de maniobras. Terminada la "fiesta", muchos de los que volvían a la ciudad por tren descendieron en Retiro y desfilaron por las calles hasta la Plaza de la Victoria (actual Plaza de Mayo).[104]

Reuniones semejantes se repitieron en las semanas y meses siguientes. Destinadas a alentar a los tiradores, a generar entusiasmo colectivo en torno de ellos, a atraer nuevos miembros y a realizar demostración de fuerza y de apoyo ciudadano, lograban en buena medida esos objetivos. Las compañías crecían y la concurrencia a sus actos, también. Los diarios amigos, con su retórica cívica, la insistencia en el número y la diversidad del público y el énfasis en el orden de las marchas, amplificaban el impacto de las reuniones y las colocaban en serie con la tradición porteña de movilizaciones callejeras. Informaban sobre esos actos pero a la vez formaban opinión sobre ellos.[105]

La convocatoria a las armas era exitosa. Cada parroquia organizaba su compañía. A principios de enero, un nuevo grupo de ciudadanos –encabezados por el comandante Joaquín Montaña– creó la de "Rifleros", en Catedral al Norte, que reunía a "la juventud distinguida de la parroquia". A los pocos días unos 200 de esos jóvenes se entrenaban en un local de la calle Corrientes, entre Florida y Maipú, perteneciente a Cornelia Pizarro, quien había ofrecido el lugar gratuitamente. Muy pronto fue seguida por Dorotea Piñero, que cedió un corralón de su propiedad para el batallón Tiradores del Sur, en la parroquia de la Concepción. Mientras los diarios amigos saludaban este "rasgo altamente patriótico" de las señoras, y los

Tiradores regalaban a la segunda un "rico album, con una dedicatoria apropiada suscrita por los trescientos y tantos ciudadanos que componen ese batallón", la prensa contraria aprovechaba para burlarse tanto de los tiradores como de sus benefactoras.[106]

"No habiéndose dictado en la República la ley Sálica que prohibe el gobierno por mujeres, varios entusiastas rifleros tienen el proyecto de subir a Dña. Juana de Arco a la Presidencia. En el próximo número publicaremos su programa." *El Mosquito*, 9/5/1880.
[La caricatura refiere satíricamente al homenaje que los Rifleros hicieron a Cornelia Pizarro en agradecimiento por haberles cedido un local para sus reuniones.]

Esa prensa, sin embargo, también manifestaba preocupación. El avellanedista *La República* denunciaba: "[…] el Estado es un campamento. En las oprimidas campañas resuena el sable del mandon. En las ciudades cruzan las calles grupos de hombres con trajes estraños, con estandartes y fusiles, en son de guerra […] La atmósfera es de pólvora. La palabra es de sangre". Los conciliados redoblaban la apuesta y el Partido Autonomista lírico proponía una "suscripción popular" a levantarse en toda la provincia para "comprar armas (remingtons) y vestuario para el uso de las compañías de Tiro y Gimnasio Nacional y los Bomberos".[107] Esta propuesta se puso en marcha; se nombraron comisiones para organizar la colecta en cada localidad y se procedió a juntar las contribuciones, fijadas en un máximo de $ 5 m/c (pesos moneda corriente) por persona, una cifra relativamente modesta.[108] De nuevo, sus opositores criticaron duramente la idea, como lo hicieron también con la apelación de los tejedoristas a los extranjeros para unirse a sus filas.[109]

Pasada la elección del 1° de febrero, la alarma no hizo sino aumentar. "Por aquí –reportaba Gregorio Torres a Roca– se va dejando tomar demasiado cuerpo a los bomberos y mucho me temo que si el Gobierno Nacional no declara la Provincia en estado de sitio tendremos desgracias que lamentar... El espíritu de localismo se está esplotando habilmente". Desde Dolores, Santiago Pilotto informaba a Rocha: "Aqui... vuelven á hablar de revuelta como de la cosa mas natural".[110] El gobernador procedió a establecer la forma de organización de la Guardia Nacional de la campaña y de designación de los oficiales.[111] *La Pampa* atacaba:

> Empezamos con la jarana de los tiradores y de los bomberos, y vamos concluyendo por el hecho gravísimo de que á cualquier Perico de los palotes que se le ocurra, levanta un batallón en cada barrio, en cada manzana, reune candidatos á servir de carne de cañon, pide suscriciones y compra uniformes y remingtons y los hace sus soldados.[112]

La situación preocupaba a muchos. Un grupo de dirigentes, varios de ellos del tronco republicano del Partido Autonomista, lanzaron un nuevo nombre para la presidencia de la República, el de Bernardo de Irigoyen. Frente a los peligros que se cernían sobre el país en vista del conflicto entre los dos candidatos ya proclamados, y que podían "envolvernos en los trastornos de la discordia y de la guerra civil", este grupo –entre cuyos promotores se encontraban figuras de peso como Leandro Alem y Luis Saénz Peña, entre otros– creó el Club de la Paz para levantar la nueva candidatura y, como era habitual en esos casos, para tener una voz pública fundó un diario, también llamado *La Paz*.[113]

Había rumores de una reunión posible entre Avellaneda y Tejedor, que no se concretó. "Tejedor acaba de hacerle un nuevo desaire á Avellaneda, mal digo, al Presidente de la República... con lo que queda todo terminado; asi que [...] cosas muy graves tienen que suceder en estos días", anticipaba a Juárez Celman un roquista desde Buenos Aires.[114] En ese clima, el Carnaval no podía sino ser "un fiambre atroz, un velorio, con relación a los años anteriores".[115] No es que faltaran las comparsas; como todos los años, hubo unas cuantas, incluidas las que hacían de la situación su tema. Así, la comparsa femenina "Tiro Nacional" vestía a sus integrantes con "chaqueta punzó, un kepi de visera [...], pollera corta, escopeta al flanco, cartuchera a la cintura, botas granaderas, pomito en la mano" y entonaba un "canto guerrero", cuya última estrofa decía: "Si algún tirano/ Quiere humillarnos/ Hasta quitarnos/ El Carnaval,/ como porteñas/ morir sabremos/ sin que temblemos/ sin implorar".[116] Un humor autocelebratorio marcaba el tono de estos despliegues que fueron frecuentes entre los porteños, aún en plena guerra.

LA ESCALADA

No acababan aún los pálidos festejos cuando la ciudad se vio sacudida por un manifiesto con la firma presidencial. Fechado el 13 de febrero, debía ser publicado en la imprenta del oficialista *La República*, pero el conciliado *La Patria Argentina* se adelantó y lo dio a conocer, sin autorización oficial, el día anterior. Allí, Avellaneda hacía un llamamiento a sus "conciudadanos" para que "las armas sean depuestas". Argumentaba que no había cuestiones "fatales ó irrevocables" que no dejaran otra vía de solución que la del enfrentamiento armado. "No hay sinó una cuestión electoral", afirmaba, que debe resolverse por los métodos previstos en cualquier "Nación constituida". Pasaba luego a reflexionar sobre las fuerzas armadas, destinadas al "mantenimiento de la paz pública y con los debidos controles". No había otro camino: "Establézcase que los individuos pueden armarse colectivamente [...] y quedará proclamado el gobierno de la fuerza", y terminaba con una apelación: "Conciudadanos: Os invito a cumplir las leyes, á mantener el órden, á respetar el derecho de cada uno para que tengamos comicios libres y á suprimir las armas en presencia de la urna electoral". Daba, a continuación, un decreto prohibiendo "las reuniones de ciudadanos armados, sea cual fuese el nombre que adopten", y encargaba a los gobernadores de provincia su ejecución.[117]

Lo que siguió fue una escalada de palabras y de acciones que aceleraron la confrontación. El oficialismo ponía el grito en el cielo porque *La Patria Argentina* había "robado" los documentos y los había publicado sin autorización. Al mismo tiempo, la prensa amiga aplaudía las medidas anunciadas y convocaba a una movilización en favor del Presidente. *La Pampa* quería "llenar si es posible de pueblo la gran Plaza 25 de Mayo" y proponía: "Guerra a muerte á la guerra civil y á la anarquía debe ser la divisa de esa gran asamblea".[118] Los conciliados, en cambio, reaccionaban contra el decreto. *La Nación* declaró: "El pueblo de Buenos Aires no debe desarmarse y no se desarmará mientras el presidente no dé el noble y patriótico ejemplo de iniciar el desarme".[119]

La noche del 12, centenares de voluntarios de diferentes compañías se juntaron en sus locales habituales y de allí salieron en manifestación hacia la casa del gobernador. Muchos quedaron toda la noche acuartelados. Sus comandantes llamaban a no deponer las armas y a realizar el día 15 la reunión habitual de los domingos en Palermo.[120] El ministro de Guerra, Pellegrini, convocó a varios de esos jefes, que eran también oficiales del Ejército nacional, para ordenarles que se abstuvieran de presidir y participar en las reuniones de las sociedades armadas. Acto seguido, estos y otros jefes pidieron la baja; no estaban dispuestos a obedecer esa orden.[121]

Por su parte, Tejedor dirigió a las cabezas del partido conciliado –el nacionalista Emilio Mitre y el autonomista lírico Martín de Gainza, recién electos diputados– una carta de renuncia a su candidatura a presidente, para poder sostener como gobernador "las instituciones y libertades" de la provincia. Sarmiento también salió a la palestra, con una carta pública dirigida a Eduardo Madero y publicada en su diario *El Nacional*, para señalar que "los decretos no se discuten cuando emanan de una autoridad legal", por lo cual los argentinos que se armaran estarían violando la ley. Refutaba a quienes denunciaban la presencia del ejército en la ciudad, pues el gobierno tenía derecho a defenderse con esas fuerzas. "El Gobierno –afirmaba– puede ser malo, pero el ejército es la honra y la seguridad de la Nación".[122] Sarmiento se colocaba así nuevamente en carrera.

Importantes dirigentes autonomistas se reunieron para buscar salidas pacíficas a la situación, mediar entre el gobierno nacional y el de la provincia, pedir la renuncia de Roca a su candidatura y convocar a un *meeting* en favor de la paz. Algunos promovieron allí el nombre de Sarmiento; otros mencionaban a Gorostiaga, presidente de la Corte Suprema.[123] Seguía en pie, por otra parte, el Club de la Paz, con Bernardo de Irigoyen como presidenciable.

La Comisión del Tiro Nacional, mientras tanto, confirmaba la convocatoria a sus integrantes para el día siguiente, 15 de febrero. La movilización crecía. Delfina de Mitre escribió a su esposo, ausente de la ciudad: "Mi querido Mitre: Te supongo en viaje anticipado á tu proposito a consecuencia de los sucesos que se están produciendo en Buenos Ayres... nuestra casa es un laberinto desde la 6 de la mañana a causa de los boletines".[124]

La casa del Presidente y la Rosada también eran un hervidero. "Hacen ya dos dias que no duermo –le informaba Bernardino Acosta a Juárez Celman– por pasarlo en casa del Presidente adonde concurrimos muchos amigos". Después de una reunión del comité autonomista a la que "asistieron todos los principales caudillos y como 800 a 1000 personas [éstas] se distribuyeron entre el cuartel del 8, casa de Govierno y casa del Presidente donde pasaron la noche". De día, por la Casa Rosada pasaron todos los jefes militares, varios ministros y hubo una reunión de Avellaneda con miembros de la comisión de paz. Entre otros temas, Félix Frías manifestó la buena disposición de Tejedor a entrevistarse con Avellaneda para buscar una solución pacífica. Pero el Presidente estaba firme en su decisión de desarmar a los voluntarios con la fuerza de línea si éstos aparecían por el Tiro Nacional el domingo.[125]

El ejército se preparaba. Desde la Chacarita, el 7º de línea había marchado a instalarse junto al 8º cerca del Parque de Artillería (actual Plaza Lavalle), donde había, a su vez, una guarnición fija. Desde Azul, por tren expreso llegaría el 5º bajo las órdenes del coronel Levalle. Pronto, se ordenaría también el traslado del 2° y del 3° de caballería y otros cuerpos se encontraban ya en los alrededores.[126]

La ciudad estaba agitada: "Hay tanta escitacion en el vecindario –reportaba *La Pampa*– que ayer por el hecho de ver galopar por las calles a cuatro soldados, todos salían a las puertas". Un episodio de rebeldía de algunos marineros en la Capitanía del Puerto generó mucho alboroto, aunque fue rápidamente controlado por sus oficiales. "[E]sta situación [...] por todos lados despide olor á polvora", comentaba Acosta a Juárez Celman. "El espiritu localista lo abarca todo."[127]

EL DESAFÍO DEL 15

A las seis de la mañana del domingo 15, tres batallones de infantería, dos regimientos de caballería y uno de artillería con doce cañones Krupp y dos ametralladoras tomaron posesión del Tiro Nacional en Palermo. El ministro Pellegrini comandaba la operación.[128]

Era el día fijado para los ejercicios de tiradores y bomberos en ese predio, ejercicios prohibidos luego del decreto presidencial del 13. Las compañías estaban reunidas en sus respectivos locales. También el batallón Guardia Provincial se había acuartelado en el Cabildo y la policía tenía cuatro batallones en sus cuarteles. Ante la noticia de que el ejército ya ocupaba el Tiro, en medio de una tensión creciente, se reunieron los dirigentes en el Club Argentino. La discusión fue intensa, hasta que se tomó la decisión: no irían a Palermo; en cambio, desplegarían su presencia en un paseo por las calles de la ciudad, partiendo de la Plaza Lorea al mediodía.[129]

Así se hizo. Formaron en la plaza catorce batallones y compañías de tiradores, rifleros y bomberos voluntarios acompañados por un público que, según el conciliado *La Libertad,* era inmenso. Como a las tres de la tarde comenzó el desfile: unos 2000 hombres armados encabezados por el coronel Julio Campos, de a caballo, y todos seguidos por "la concurrencia que puesta en marcha ocupaba mas de seis cuadras". "De los balcones y azoteas –reportaba *La Nación*–, coronadas de familias, se arrojaban flores sobre los defensores de Buenos Aires, y las damas los saludaban con sus aplausos, agitando en sus manos la bandera de la patria". Tomaron Victoria (hoy H. Yrigoyen), doblaron por Florida hasta Cuyo (hoy Sarmiento) y por ésta hasta San Martín, luego Bolívar, y desembocaron en Moreno, donde se detuvieron frente a la casa de gobierno provincial para saludar a Tejedor y a las personalidades políticas que lo acompañaban. Finalmente, entre aplausos y vivas de participantes y vecinos, volvieron por Rivadavia a la Plaza Lorea y luego a sus respectivas sedes. *La Nación* arriesgaba una cifra: 20 000 personas habrían tomado parte de esta marcha por "el recinto sagrado" de la ciudad.[130]

Para sus partidarios, la movilización había sido un éxito. "Acaba de hacerse la mas franca y leal protesta contra el presidente Avellaneda y la liga inmoral que acaudilla para imponer la candidatura Roca. Buenos Aires se presentaba unido, Buenos Aires estaba invencible". Años más tarde, ya historiador, Adolfo Saldías, quien había tomado parte en los sucesos del lado de Buenos Aires, recordaba así la jornada:

> De todos los puntos de la ciudad acudían á la cita los ciudadanos armados y listos como para entrar en combate [...] A la puerta de calle de muchísimas casas las madres, las hermanas o las novias prendían en el pecho á los jóvenes la escarapela con los colores de la patria que distinguía á los miembros del Tiro Nacional. Viejos patriotas encanecidos en lides guerreras acreditaban los fecundos entusiasmos porteños [...] Epifanio Martínez, un jacobino por Buenos Aires, honesto y puro como el que más, convidó á otros jóvenes y al que esto escribe, que íbamos con nuestro remington y nuestro cinto lleno de balas, á tocar arrebato en la iglesia de Monserrat [...] Cuando bajamos a la calle levantando los remington, gran gentío se había aglomerado [...] Nosotros no pudimos penetrar entre aquella multitud compacta.[131]

Otro militante proclamaba eufórico: "He aquí una fecha que Buenos Aires no borrará nunca de su memoria. ¡Fue en ese día memorable que todos sus hijos, sin distinción de edades ni sexos, ofrecieron el espectáculo más grandioso y la manifestación más imponente que haya presenciado jamás!". Y veía en esa marcha al "pueblo de Buenos Aires, que se había lanzado a las calles [...] para protestar

[...] la conculcación de sus libertades". Y para que no quedara duda acerca de esa unanimidad, tan central en el imaginario porteño, agregaba: "Buenos Aires, unido y compacto, uno e indivisible [...] se presentaba resuelto a morir o a vencer, por sus libertades y sus leyes amenazadas de muerte".[132]

Los contrarios no veían lo mismo, claro está. Sus diarios calificaron la marcha de un "verdadero paseo carnavalesco", y a los tiradores de "comparsas tejeringuistas", que no habrían llegado a reunir ni 1000 hombres armados, unos 300 sin armas y "una cola de curiosos que nunca faltan". Una visión crispada transmitía un roquista en carta a su jefe político: "Yo presencie el desfile General desde la esquina de mi casa con el corason lleno de indignacion y el rostro de vergüenza", y describía la reunión "a banderas desplegadas y tambor batiente, con bandas de musica y clarines en la Plaza Lorea" y el desfile, "con inaudita insolencia [...] A la cabeza de este ejercito revelde, venía Julio Campos, montado en un tordillo Chileno, vestido a la Compadrito, con un sombrerito de paja y traje de brin plomo que es el uniforme de los bomberos".[133]

El mismo informante contrastaba esa muestra de "insolente ostentacion" con la manifestación en favor del Presidente que había convocado el Comité autonomista para esa misma tarde. Allí, decía, se habían reunido unas 2000 personas. "Cuando llegué hablaba el Presidente desde sus balcones y era escuchado con entusiasmo que rayaba en el delirio; los hurras, los vivas y los sombreros [...] presentaban una exena verdaderamente conmovedora". Esa manifestación, decía *La República*, "fue imponente por su número y por la *clase de gente* que la compuso", mientras que *El Pueblo Argentino* era aún más enfático: "Mas de siete mil individuos, ciudadanos y extrangeros concurrieron a hacer acto de presencia al pie de los balcones de la casa de gobierno nacional".[134] Mientras tanto se escuchaba "el tambor de la revelion [...] en las inmediciones de la Plaza de la Victoria".[135] Avellaneda aseguraba a sus seguidores que cumpliría con su deber y haría respetar la Constitución, cuando "¡derrepente se oye una voz que dice, *se vienen en batalla*, y se produce un desorden que arrastra las corrientes de la multitud hacia las puertas y las galerias de la casa de Gobierno". Pero era falsa alarma. El episodio despertó la burla de los diarios opositores, que aprovecharon para desmerecer todo el acto.[136]

La prensa partidaria, actora central de la vida política, construía así diferentes versiones de los sucesos que agitaban a Buenos Aires, a la medida de los grupos que disputaban la escena. En sus evaluaciones de los actos y manifestaciones, los diarios diferían en el cómo pero coincidían en el qué. Importaba el público: cuanto más gente y más diversa, mejor, aunque la "calidad" era a veces ponderada. El apoyo de las mujeres y de los extranjeros siempre contaba, mientras que el entusiasmo cívico se medía por los "vivas", los aplausos y las flores arrojadas desde terrazas y balcones. Y el orden era clave.

Esta manera de construir imágenes propias y ajenas no era para nada nueva en la prensa argentina. Lo novedoso eran las circunstancias: se vivían momentos muy inciertos, con las tropas en las calles y el grito de revolución en el aire. Ese clima crispaba los ánimos y, mientras los diarios explotaban sus dotes retóricas para construir y alimentar la opinión en favor de sus posturas, las cartas personales expresaban de manera más cruda las presiones y urgencias partidarias.

ARMISTICIO

Con el desfile y la manifestación, la tarde recién comenzaba. El Presidente entró a la Casa de Gobierno y se reunió con los ministros, mientras decenas de partidarios se arracimaban en los salones a la espera de alguna resolución. Corría el rumor, tornado casi en exigencia, de que se declararía el estado de sitio en Buenos Aires. Algunos integrantes de la comisión de paz iban y venían tratando de lograr algún acuerdo que evitara el enfrentamiento. Félix Frías había enviado a Roca un telegrama pidiéndole, "en obsequio de la paz de la República", que renunciara a su candidatura.[137] Las comisiones del Tiro y los Bomberos Voluntarios emitían un comunicado, explicando que habían decidido suspender la reunión que de costumbre realizaban los domingos en Palermo para no "provocar un conflicto armado". En cambio, "[e]l paseo [...] por las calles de la ciudad [...] mostrará a los que pretenden [...] humillar á Buenos Aires, que este pueblo que es el mismo que luchó desde 1852 a 1861 por la libertad de la República, hoy como entónces defenderá hasta el último estremo sus derechos".[138]

El ejército, por su parte, abandonaba el Tiro y se estacionaba en la ciudad, en el Paseo de Julio. "¡Que bello espectaculo, General, el que presentaba la formacion de los soldados de la ley!", le contaba a Roca un partidario. "El ejercito, formado en columna [...] entre las calles Rivadavia y Cordoba trayendo su artilleria al centro y formando su retaguardia, y Regimientos de Caballeria, montada, cuyas banderolas, [flotaban] velozmente al viento". Aunque no dejaba de notar "su uniforme raido que trae a la imaginacion lo mal que son tratados", sentía que la agitación "debia conmover el corazon de aquellos nobles defensores de la Patria". Y describía también una "[i]nmensa concurrencia de nacionales y extranjeros [que] formaba estensa linea paralela en toda la estencion indicada [...] las bandas de mucica y los clarines [...] se hacian oir constantemente".[139] *La Libertad*, en cambio, en lugar de nobles soldados, veía "una tercera parte de indios [...] hombres que de soldados no tienen aún mas que el traje" y que, dado que no estaban acostumbrados a marchar, caían rendidos en el camino. *La Nación* contaba otra historia, la de cientos de porteños que vivaban al pueblo de Buenos Aires, a Tejedor y aun a los propios soldados y se metían entre las filas de éstos, a punto tal que al entrar el ejército en la Plaza de la Victoria, el coronel tejedorista Julio Campos intervino para disuadir a la gente y permitir que el desfile siguiera su camino.[140] Del lado opuesto, otro Campos, el general Luis María, hermano de Julio, a la cabeza de los soldados nacionales, dirigió al conjunto a la casa de Sarmiento para saludarlo en su cumpleaños.

A puertas cerradas, las conversaciones continuaban. Finalmente, el Presidente acordó lo que le pedían varios miembros de la Comisión de Paz: un armisticio hasta las nueve de la mañana siguiente. Ordenó a las tropas retirarse a sus cuarteles y decidió pernoctar, una vez más, en la Casa de Gobierno.

Los días siguientes fueron de negociaciones y conciliábulos. El lunes 16 Frías volvió a la Rosada para insistir en la posibilidad de una reunión entre Avellaneda y Tejedor. Pasaron también Rocha, varios ministros, otros personajes. Para las tres de la tarde se había convocado un Comité de Notables:[141] figuras muy importantes de la escena política y de diferentes filiaciones partidarias se reunirían con el Presidente para buscar soluciones. La gravedad de la situación puso en movimiento los resortes políticos disponibles. Los partidos y grupos eran muchos pero la dirigencia en Buenos Aires era una sola. Existía un elenco de primeras figuras que tenía un papel decisivo no sólo en la vida política sino también en el quehacer público. Buena parte de las decisiones de partido y de gobierno pasaban por sus manos. Y aunque pudieran disputar poder y competir por él en diferentes trincheras, se reconocían como cabezas del mismo juego y mantenían entre sí un diálogo no siempre explícito al que se recurría con frecuencia. En esta ocasión, ante el peligro de enfrentamiento, se desplegaron esos mecanismos que, por un tiempo, funcionaron para evitarlo.

De todas maneras, las discusiones fueron arduas pues había distintas posiciones y también agendas ocultas, con varias candidaturas en danza. No hubo acuerdo de fondo y sólo se convino gestionar la reunión entre Tejedor y Avellaneda. Se designó una comisión que inmediatamente salió a conversar con el primero; luego de un largo intercambio, éste accedió a concurrir a la Casa de Gobierno no bien lo convocara el Presidente.[142]

Así se llegó al martes 17. La ciudad estaba casi paralizada. "Hay un malestar, una inquietud que mortifica", reportaba el roquista *El Pueblo Argentino*. "Las calles centrales de la ciudad [...] poco menos que desiertas –informaba *La Pampa*– [e]l tráfico está reducido, los carros de comercio [son] escasos".[143] Sólo había movimiento en los cuarteles. En los diarios conciliados aparecían avisos de las compañías de tiro llamando a reuniones y ejercicios doctrinales. Estudiantes de medicina proponían crear un cuerpo médico de voluntarios. *La Tribuna* aseguraba que "las fuerzas de la Provincia tomaban posiciones en diversos puntos aparentes de la ciudad". Seguían arribando tropas de línea: el 10º de infantería, procedente de Río Cuarto, a las órdenes de Racedo ya estaba en Palermo; Levalle, con el 5º y el 6º de infantería, se ponía en marcha desde Azul, y así siguiendo.[144]

Hacia el mediodía, un grupo del Comité de Paz visitó otra vez a Avellaneda. Roca había respondido al pedido de Frías del día anterior: no renunciaría a su candidatura. Con acuerdo del Presidente, el Comité decidió entonces insistir ante el general con un hombre que gozaba de su confianza, Luis María Campos, que partió enseguida para Córdoba.[145]

Poco después, citado por Avellaneda, llegaba Tejedor a la Rosada y se reunía con el Presidente durante una hora. "De qué han hablado? De qué no han hablado?", se preguntaba *El Pueblo Argentino*. El gobernador se había retirado pero, luego de consultar con sus ministros, regresó a las seis y media para continuar con el encuentro. A las ocho de la noche ambos se despidieron con un apretón de manos mientras "una banda de música de la casa rosada y otra de la Policía dicen con sus voces metálicas que la autoridad nacional se ha salvado sin desdoro y sin que una sola gota de sangre haya manchado el pavimento de las calles de la primera ciudad de sud América".[146]

Los resultados fueron inmediatamente visibles. Según nota del Presidente a su ministro del Interior, el gobernador había asegurado que se cumpliría la ley de octubre de 1879 respecto a la movilización de la Guardia, y por lo tanto esa misma noche el gobierno nacional ordenó a la infantería y la caballería suspender su marcha hacia la ciudad. En cuanto a Buenos Aires, "el pueblo y Gobierno –informaba *La Nación*– depondrán la actitud militar de resistencia [...] volviendo las fuerzas [...] a su servicio anterior y retirándose el pueblo a sus ocupaciones [...] [el] Tiro Nacional y Bomberos Voluntarios [...] quedan reconocidas como legales [...] en la situación anterior á la organización militar", es decir, como asociaciones civiles.[147]

DESARME ARMADO

Los diarios del día siguiente mostraron que no todos estaban satisfechos con este arreglo. Entre los que aplaudían se encontraban varios periódicos de las colectividades extranjeras (*The Standard*, *La Patria degli Italiani*, parcialmente *El Correo Español*); los autonomistas *El Porteño* –que proclamaba eufórico: "[...] la alegría nos rebosa [...] la misma alegría [...] [que] reinaba anoche en toda la población"–, *La Tribuna* y *La República*, y el proconciliado *La Nación*. En cambio, *La Libertad* no veía ventajas en el arreglo, *La Patria Argentina* desconfiaba, y el *Buenos Aires* reiteraba su postura radical: "No retiramos una palabra de lo dicho. El pueblo debe salvarse por si solo. TRINCHERAS Y BARRICADAS CONTRA TODOS. UN COMITÉ DE SALUD PUBLICA!!". Del otro lado, *La Pampa* despotricaba en particular contra

Avellaneda, a quien venía hostigando desde antes por sus indecisiones y duplicidades. "Sus adversarios lo tratan de falso. Sus amigos, de veleta. Los republicanos, de flojo. Los roquistas, de balancin de volatines. Los extranjeros, de incapaz de gobernar".[148]

La desconfianza de los roquistas hacia el Presidente crecía. Se decía que estaba operando para imponer algún candidato de transacción, como el presidente de la Corte y primo suyo, Gorostiaga, o el propio Sarmiento. También, lo acusaban de cobarde, pusilánime, poco confiable, falto de programa.[149] El autonomismo tenía problemas. Una carta de Rocha a Roca del 20 de febrero da cuenta de cómo veía las cosas ese importante dirigente porteño: "La situación del partido autonomista aquí es mala: sólo quedan en la lucha, casi raras y honrosas escepciones, el grupo de mis amigos mas decididos. [...] no se puede luchar contra un Gobierno como el de Tejedor sin un apoyo oficial ó sin grandes medios pecuniarios y no contamos ni con lo uno ni con lo otro".[150]

Una derrota en un episodio de armas menor en Bragado contribuiría al desánimo de los autonomistas. Con instrucciones de sus jefes de partido, el 15 de febrero Guillermo Doll movilizó a sectores de la Guardia Nacional de esa localidad para rebelarse contra el gobernador. Pero Doll tenía armas escasas y le fue imposible conseguir más del Ministerio de Guerra. Recibió entonces instrucciones de esperar el decreto del estado de sitio que se creía inminente y de unirse al 2º de caballería que iba en esa dirección. Sin embargo, no hubo estado de sitio y la caballería nunca llegó. En cambio, en las cercanías se hallaba el comisario Pedro Duval y un grupo de unos treinta policías, quienes con el apoyo de veinticinco socios del Tiro Nacional, rindieron a los rebeldes.[151]

Mientras tanto, en la ciudad, un partidario reportaba a Juárez Celman: "[...] la situación es atrós, todo está desquisiado, no hay respeto por nada ni nadie, enfin esto es un caos", pues "a pesar del arreglo de antenoche [...] siguen sobre las armas los Bomberos, Rifleros, Tiro Nacional, Defensores de B. Ayres y lo que es peor, el Guardia Provincial con sus armas en pabellón en la Plaza de la Victoria". *La República* daba cuenta de que los bomberos de la Concepción no habían querido entregar las armas y que los rifleros continuaban con su organización militar y acuartelamiento.[152] En cambio, observaban unos y otros, Avellaneda había detenido la marcha de tropas de línea hacia Buenos Aires y se proponía llevar los regimientos de la Chacarita.

Según la prensa tejedorista, los porteños continuaban alentando a sus fuerzas. Había donaciones "patrióticas" de víveres y otros artículos por parte de almaceneros y comerciantes. Se levantaban suscripciones para dar banquetes a los "servidores" de Buenos Aires. Comisiones de damas recibían la gratitud de diversos batallones por las atenciones recibidas. Y la colecta para la compra de armas avanzaba con éxito en toda la provincia.[153]

El 20 de febrero, el comienzo de la disolución de las fuerzas porteñas fue ocasión para un gran despliegue público. A inicios de la tarde "desfilaron por la calle de Bolívar, Moreno, Perú y Florida el batallón Guardia Provincial y el cuerpo de vijilantes", encabezados por el coronel Garmendia. Pasaron frente a la Casa de Gobierno y, en camino hacia sus cuarteles, fueron "objeto de numerosas demostraciones de simpatía de parte del pueblo".[154] Algo más tarde, Tejedor pasó revista a las diferentes compañías de voluntarios en sus sedes respectivas. Salió de su casa "en carruaje descubierto acompañado de los ministros Balbín y Alcorta y el Gefe de Policía Coronel Garmendia". En un segundo carruaje iban otros personajes del gobierno, seguidos a caballo por los coroneles Arias y Campos, entre otros. La revista empezó por el batallón Maipú, que formó en Florida entre Rivadavia y Piedad (hoy B. Mitre), y siguió por Rifleros, en la calle Corrientes. Allí, según *La República*, 400 hombres formaron y escucharon la palabra del gobernador: "Ser guardia nacional es un honor. Vosotros sois mas: sois los voluntarios de la República, armados para defender sus instituciones". "El espectáculo fue imponente; gritos de viva Tejedor, viva la Provincia de Buenos Aires! resonaban en los aires". La ceremonia se repitió frente a dieciocho de los cuerpos de tiradores y rifleros, y también frente a los bomberos voluntarios, hasta las ocho y media de la noche, en que el gobernador se retiró a su casa. En esa cuadra "se habían reunido como 500 personas" para saludarlo y dar vivas "al defensor del pueblo".[155] "¡Este es el desarme!", exclamaba con ironía *El Pueblo Argentino*. "Qué buena es la palabra pero como la desmienten los hechos".[156]

En contraposición, las fuerzas nacionales tuvieron, dos días después, su propia revista. A las nueve de la mañana del domingo formaron en Palermo las tropas de línea del 1°, 7°, 8°, 10° y 11° de infantería y el 1° y 12° de caballería. Según la prensa oficialista: "Desde las primeras horas de la mañana comenzó á afluir la gente en los tramways, coches y caballos". El día era propicio, pues el cielo nublado y el aire fresco "hicieron sumamente agradable la fiesta". Así es que "personas distinguidas de ambos sexos asistieron a Palermo en sus coches; miles fueron conducidos por los tramways y por el tren del Norte. Todas ellas imprimieron el sello de popular a la Revista militar". La oposición, en cambio, habló de una concurrencia "escasa".[157]

A eso de las diez, "anunciaron los clarines [...] la llegada del señor Presidente de la República"; el ejército "le presentó las armas y todas las bandas ejecutaron el Himno Nacional". Avellaneda y demás personalidades entraron al Colegio Militar y desde la azotea presenciaron el imponente desfile. Al terminar, un banquete se ofreció a las autoridades, amenizado con música, a cargo de las bandas del ejército, mientras los soldados vivaqueaban en el bosque y encendían "mas de mil fogones, pues les habían repartido carne y pan "en abundancia" para el asado.[158]

Por la tarde, hubo desfile por la ciudad. Las tropas se dirigieron al centro por Santa Fe hasta la Plaza San Martín, y de allí por Florida, cuyos balcones y veredas "estaban llenas de una multitud de gente". "Los vítores y las aclamaciones atronaban los aires al paso de esos bravos", se entusiasmaba *El Pueblo Argentino*. Pero no todo fue fiesta, pues en varios puntos se oyeron gritos de "Viva Buenos Aires!" y "Viva el Dr. Tejedor!", hasta que, al llegar a Rivadavia y Florida el batallón al mando del coronel Donovan, algunos de sus integrantes arremetieron contra los provocadores y se produjo una refriega violenta, que terminó pronto, no sin dejar algunos heridos y, sobre todo, la evidencia de que el conflicto seguía muy presente para todos.[159]

Entreacto 2. Una imagen

"Modo de hacer elecciones en la República Argentina. *¡¡¡Oh!!! Libertad, igualdad, fraternidad, ¿dónde estáis?" La Cotorra*, 23/11/1879.

El periódico satírico *La Cotorra* representaba así la campaña electoral de Roca a fines de 1879, en plena confrontación por la elección presidencial del año siguiente.[160] El dibujo-caricatura reúne en un solo cuadro un conjunto de imágenes vibrantes que resumen el mensaje del periódico: para imponer su candidatura y atravesar el arco triunfal que lo llevaría a gozar de los "dineros públicos", Roca no titubeaba en aplastar la Constitución, el comercio y el crédito, celebrado por la prensa amiga. La composición no es jocosa, como ocurría en otras caricaturas de la misma publicación, sino más bien dramática. ¿Qué verían los contemporáneos en este dibujo? Especulemos...

La figura protagónica, ubicada en el centro mismo del cuadro, era muy conocida por el público, no sólo por haber conquistado la candidatura sino sobre todo por haber "conquistado" el "desierto". Su imagen era, pues, fácilmente reconocible. Pero la caricatura deforma sus rasgos y sus celebrados atributos. Roca está retratado con su ropa militar, sus flamantes charreteras amarillas de general desproporcionadamente visibles y su kepi rojo levantado para dejar ver una enorme cara y su mirada hacia adelante, indiferente a lo que ocurría a su paso, sobre un cuerpo pequeño, en pose napoleónica (no tan diferente de la que lucía el Emperador en retratos muy difundidos en la época). Su espada sin hoja recuerda más a una figura de baraja que a un militar de verdad. Y monta en un caballo que más que un corcel digno del celebrado "Héroe del Desierto" es un jamelgo cansado y viejo. Éste carga una alforja rebosante de "empleos para sus familiares", alusión directa a la colocación que venía haciendo el candidato de sus hermanos y parientes en cargos del estado, que los opositores criticaban y el público conocía.

En el piso, se ven en primerísimo plano y en tonos oscuros sobre charcos rojos de sangre, las figuras masculinas derribadas (¿muertas?), entre las que se destacan los símbolos del crédito y del comercio. Este último parece haber caído de las manos de un joven herido y desfalleciente, a quien la única figura femenina del cuadro, una Marianne republicana vigorosa de gorro frigio rojo y actitud desafiante, también a medio derribar, sostiene en su regazo. La mujer mira a Roca y de su boca sin duda salen las palabras que se reproducen en el epígrafe del dibujo, una evocación de los valores republicanos predicados por la Revolución Francesa y caros al imaginario porteño. Imagen y texto eran muy conocidos por el público local, pues referían a un repertorio iconográfico familiar tanto por su relación con el humor gráfico ya establecido en la Argentina como con la tradición pictórica europea, de gran difusión en estas latitudes.[161] El arco triunfal también remite a esos referentes, pero a la vez se conecta con las costumbres porteñas, ya que su forma y su ornamentación recuerdan la arquitectura efímera que se levantaba todos los años en la Plaza de la Victoria, en ocasión de las fiestas mayas y otras celebraciones patrióticas.

En cuanto al último plano, a la izquierda, con la imagen de una vivienda rural en llamas, el dibujo vuelve a recurrir a lo que todos conocen: la devastación asociada a la guerra civil, que se desplegaba ya en varios lugares del país, donde se hacían y deshacían revoluciones para asegurar los resultados electorales. Finalmente, a la derecha, en esbozo, las trompetas al viento y un bombo que lleva la inscripción *Porteño*, nombre del diario por entonces roquista dirigido por una popular figura política de Buenos Aires, Héctor Varela, cuya cara asoma en esa escena. Varela y su bombo eran materia predilecta de los caricaturistas de la época y, por lo tanto, muy reconocibles para el público. La alusión al papel de la prensa roquista en la campaña electoral resultaba así evidente para los contemporáneos.

En el contexto del momento, el dibujo era, en consecuencia, muy elocuente en su crítica a Roca y sus maniobras electorales, a la meta que perseguía el candidato ("los dineros públicos" o "la pitanza", como denunciaba el mismo diario en otros espacios), al uso de la fuerza para triunfar y sus consecuencias tanto en términos del progreso material como de la vida republicana, y –finalmente– al lugar de la prensa partidaria. Se incluía, además, en un marco periodístico en el que la caricatura tenía un puesto ya consagrado, por lo que operaba en diálogo tanto con otras imágenes del mismo género como con la producción textual del conjunto de la prensa.[162]

3. Marzo y abril. Otoño electoral

La distensión que hacia mediados de febrero produjo el acuerdo entre Tejedor y Avellaneda tuvo corto alcance y su propia instrumentación estuvo, como vimos, acompañada de nuevas pendencias. La derrota de una revolución promovida por los conciliados en Córdoba fue un serio revés para la candidatura de Tejedor, pero sus partidarios en Buenos Aires no se desanimaron.[163] La parcial retirada de los regimientos de línea de la ciudad entusiasmó a los rebeldes, que redoblaron sus actividades de preparación para la resistencia. Los autonomistas, en cambio, a pesar de su resonante triunfo cordobés, estaban de capa caída. Así se lo hacía saber Bernardino Acosta a Juárez Celman: lo felicitaba calurosamente por "esta jornada [en Córdoba] la que ha retemplado un poco a nuestros amigos de esta, sinembargo aun no han salido de la postrasion en que están". Y daba cuenta de las deserciones de varios partidarios importantes; entre ellos, el tucumano Delfín Gallo. Manuel Icaza informaba lo mismo a Roca, y ponía en boca de Gallo un argumento cada vez más escuchado: "Roca no podrá gobernar sin Buenos Ayres".[164]

Mientras tanto, Roca seguía adelante. Le escribía por esos mismos días a Rocha:

> Somos una fuerza, mi Doctor... La sangre que ha corrido [en Córdoba] vá á ser fecunda para nuestra causa [...] Recibo por momentos las palpitaciones de toda la Republica, y puedo asegurarle que las amenazas de Tejedor [...] han despertado la mas profunda indignacion. Nos preparamos pues, franca y absolutamente para la guerra: este es el sentimiento unánime.[165]

También los conciliados se preparaban en Buenos Aires. El Tiro Nacional seguía movilizado y todos los domingos continuaban realizándose las reuniones en Palermo. A principios de marzo *La Nación* reportaba 7900 asociados al Tiro, de los cuales una tercera parte eran "ciudadanos armados". A través de los diarios se los convocaba a concurrir a los "ejercicios doctrinales" de sus respectivos batallones, que tenían lugar en días de semana por la noche o por la mañana. No sabemos cuántos respondían a esos llamados, pero lo cierto es que alarmaban a los roquistas locales. "Todas las sociedades ó mejor dicho los batallones, siguen en la misma forma o mejor por que hoy están armados, como no sucedía antes", se quejaba Acosta a Juárez Celman.[166] Y a juzgar por los anuncios de entrega de armas y uniformes, así era. La campaña para juntar fondos involucraba a mucha gente en toda la provincia, e incluía tanto la colecta por barrio, como la realización de conciertos y banquetes. También se hacían movilizaciones y reuniones públicas, una suerte de gimnasia cívica que parecía fascinar a muchos porteños.

PUEBLO PORTEÑO

No alcanzaba con el encuentro de cada domingo en Palermo y, no bien empezó marzo, se convocó a una "manifestación popular" para "ir a saludar a los dignos jefes de la Nación que han preferido perder los grados que habían ganado combatiendo por la patria antes que abandonar las filas de los que, defendiendo los derechos de Buenos Aires, defienden las libertades de toda la República". Se recordará que en febrero varios jefes militares, que a su vez comandaban batallones de voluntarios, habían pedido la baja del ejército porque no estaban dispuestos a cumplir las órdenes oficiales de desarmarlos. Ahora las agrupaciones del Tiro y de bomberos llamaban a reunirse el viernes 5 a las ocho de la noche, frente al Cabildo, para partir de allí en manifestación hasta la casa del coronel Julio Campos, donde se rendiría el homenaje.[167]

Al día siguiente, *La Nación* y *La Libertad* estaban exultantes. "10 000 ALMAS EN LAS CALLES" titulaba el primero una nota fechada "12 de la noche". *La Libertad* reportaba que "un pueblo inmenso se reunía en la Plaza [...] y calles adyacentes" que luego, puesto en marcha, "ocupaba un espacio no menor de seis cuadras". Encabezada por la banda del batallón Guardia Provincial, la manifestación "siguió en el mayor orden" por Florida hasta Lavalle, para dirigirse a la casa del coronel Campos, donde ya había una multitud. Se procedió entonces a la entrega de medallas a varios jefes allí presentes, con las siguientes inscripciones: en el anverso, "Honor á los defensores de las libertades de Buenos Aires", y en el reverso, "El pueblo agradecido. 15 de febrero de 1880". Hubo palabras de varios comandantes voluntarios, se leyó una carta de apoyo de Tejedor, y desde la azotea Luis Varela y otros hablaron a los presentes y recibieron aplausos fervorosos. Cuando terminó la ceremonia, la marcha siguió camino hasta la casa del coronel Arias. A la ovación del caso, siguió el Himno Nacional y luego la entrega de la medalla. Arias respondió con "una preciosa alocución", en la que volvía sobre una imagen recurrente: "El pueblo de Buenos Aires es siempre el mismo –decía–, grande, generoso, valiente y fiel a sus gloriosas tradiciones".[168]

La figura de un pueblo unido e identificado con su pasado heroico era parte fundamental del imaginario colectivo. Para sus promotores, la manifestación encarnaba a ese pueblo. "Diez mil ciudadanos congregados en las calles de Buenos Aires, con un solo propósito, con una sola aspiración... dan completa fé de que el pueblo de 1880 es el mismo pueblo de 1810, 1852 y 1861", sostenía *La Nación*. No era sólo una cuestión de número. Había que mostrar también calidad y diversidad. *La Libertad* mencionaba "un pueblo inmenso", y agregaba: "¡Y qué gente! [...] entre ellos habíamos de encontrar todo lo mas notable que política, militar y socialmente hablando cuenta en Buenos Aires". *La Nación* destacaba la variedad: "Se han confundido en esta fiesta hombres de toda posición social, desde la mas elevada hasta la mas humilde; pero todos... con un mismo sentimiento".[169]

También la prensa contraria recurría a esa figura pero para presentar una imagen diferente. Así, *El Pueblo Argentino*: "Tres mil bípedos (¡diez mil dice *La Nación*!)... en el apogeo del fandango. [...] Contar entre todos á unos cien jóvenes decentes entre rifleros, tiradores y bomberos y otros 100 curiosos decentes. Los demas todos eran mal entrazados [...] Una dosis de alcohol en el buche y el facon en la cintura... Y ese es el *pueblo* de Buenos Aires". Y en otro lugar advertía:

"Cualquier observador imparcial diria que es esto un comienzo de mazhorca". Contestando directamente a *La Nación*, *La República* afirmaba que "el número de ciudadanos congregados no pasaba de 2,000; que no había tal unidad de propósitos ni de aspiraciones puesto que [...] mas de cien de los mil manifestantes... pertenecían a la orden de los Vicentes, que van al ruido de las gentes". Y con respecto al pasado, decía: "[...] no era el pueblo de 1810, ni de 1852 ni de 1861 sino el de 1874, animado del mismo espíritu de entonces".[170]

La disputa pretendía, pues, dirimir quién encarnaba al pueblo porteño y sus tradiciones (véase el Entreacto 4). Pero ambos sectores partían de una misma concepción de ese pueblo, usaban los mismos criterios para detectarlo y evocaban idénticas fechas como hitos históricos gloriosos para la ciudad y la provincia: la Revolución de Mayo, la de septiembre de 1852 contra Urquiza y el triunfo de Pavón sobre la Confederación. En algunos casos, se iba aún más atrás, a 1806 y la reacción contra los ingleses. La fecha de 1874 era más controvertida porque refería al levantamiento de los nacionalistas contra el autonomismo oficial y no podía ser reivindicada por quienes, provenientes de ese tronco, ahora eran aliados de los primeros en la "defensa" de Buenos Aires. El repudio al rosismo era, en cambio, compartido por ambos bandos, que se acusaban mutuamente de encarnar la "mazhorca".

Entre los críticos a la manifestación, *La Tribuna* prefería otro registro. No negaba que hubiese sido numerosa, pero se indignaba porque: "*Ha sido una burla al Gobierno Nacional*, organizada con consentimiento del Gobernador Tejedor". Y *El Pueblo Argentino* calificaba el acto como "una verdadera bofetada para [el gobierno nacional]: una ofensa grave".[171] Se ponía en juego otra dimensión del problema, la relación entre nación y provincia, que ocuparía un lugar central en los sucesos de ese año.

FIESTAS PATRIÓTICAS

Los "defensores" de Buenos Aires no dudaban del derecho que la provincia tenía a "resistir la imposición" y organizaban las fiestas patrióticas para celebrar sus propias fuerzas y juntar fondos para la causa. Los diarios amigos amplificaban el alcance de estos eventos: difundían las convocatorias, anunciaban los programas y luego llevaban a sus lectores los detalles y los ecos de lo ocurrido en cada ocasión.

"La fiesta del batallón Ituzaingo", encabezaba *La Nación* su informe sobre un almuerzo de homenaje en la parroquia de Monserrat. Relataba cómo era el salón y cómo estaba engalanado, quiénes estaban presentes y quiénes se habían excusado (entre ellos el propio Mitre), cuántas horas duró y cuántas personas asistieron (unas 300, dice), para detenerse finalmente en los discursos. Para empezar, destacaba un gesto del comandante del batallón, señor Ramón Rivas, quien "tomó una bandera argentina de uno de los ramilletes que adornaban la mesa y se la presentó al coronel Garmendia en nombre del sentimiento unánime del pueblo de Buenos Aires". Respondió entonces el jefe de Policía y sus tres frases fueron elocuentes:

> He oído decir [...] que Bayo, el caciquillo del Rosario, ha jurado atar su caballo en la pirámide de Mayo. Eso sucederá, señores, cuando todos nosotros seamos cadáveres. (Aplausos). Los hijos de Buenos Aires saben derramar su sangre por la patria como derraman el champagne en sus grandes fiestas (Ruidosos aplausos). Por ahora, no olvideis, señores, necesitamos armarnos, armarnos precipitadamente para hacer respetar los derechos de Buenos Aires y con Buenos Aires los derechos de los demás pueblos de la República. (Aplausos y vivas al Jefe de Policía).[172]

La prepotencia de la primera frase y, en particular, la frivolidad de la referencia a la muerte y a la sangre, junto con las fiestas y el *champagne*, contrastan con la severidad de la exhortación a armarse en defensa de los derechos. Sin embargo, las tres actitudes combinaban muy bien en una misma retórica que, con cierto humor burlón y no carente de petulancia, muy propio de los porteños, refería a la vez a la disposición heroica de éstos a defender su libertad a costa de la vida, a la aristocrática proveniencia de sus milicianos (en este caso, de los voluntarios) y al lugar que la provincia se atribuía en la República. Al final de esas palabras, la banda prorrumpió con el

Himno Nacional, que todos escucharon de pie. Los discursos siguieron hasta tarde y fueron coronados por aplausos y vivas.[173]

Los nacionales no perdieron la oportunidad de burlarse del acto dando vuelta la imagen que de sí mismos presentaban estos porteños.

> El señor Rivas –aclaraba *La República*–, honorable comerciante al por mayor, en alquiler de caballos, coches de paseo y negros de librea, atacado de la enfermedad del día, la salvación de la patria, despide y agradece a sus compañeros de armas sus servicios, en un banquete al aire libre […] el batallón Ituzaingó […] [estuvo] condenado a un hartazgo intimo de carne con cuero, chancho adobado, y vino picado, que hasta ahora son los únicos proyectiles mortíferos que hayan cambiado con el enemigo, aquellos valientes veteranos.[174]

Estos sarcasmos no hacían mella en los aludidos. A mediados de mes hubo otro almuerzo en favor del batallón Resistencia de Balvanera, organizado por un grupo de vecinos y una comisión de damas.[175] Y a principios de abril tuvo lugar "la gran fiesta de los Rifleros" a fin de reunir fondos para armamentos. La fecha era la del aniversario de la batalla de Maipú; el lugar, el teatro Ópera. El programa estaría a cargo de los mismos rifleros, acompañados de "las distinguidas damas Rita Carbajo de Berenguer y su hija la señorita María Berenger [artistas conocidas] y el acreditado maestro señor Montenegro". E incluía:

> PRIMERA PARTE
> Sinfonia por la orquesta
> Himno Nacional, por los Rifleros
> Conferencia literaria…
> Asalto de florete…
> Asalto de sable…
>
> SEGUNDA PARTE
> Sinfonía por la orquesta
> La pieza dramática en un acto *De gustos nada hay escrito*

TERCERA PARTE
Coro guerrero del Trovador, por los Rifleros
Dúo de flautas sobre motivos de Guillermo Tell...
Romanza de la ópera *Mignon*...
Fantasía sobre motivos de *Rigoleto* para piano...
Scene et air de ballet para violín...
Romanza de *Un ballo in maschera*, para barítono... con
acompañamiento de orquesta

CUARTA PARTE
Sinfonía por la orquesta
La pieza dramática en un acto *Mas vale maña que fuerza*[176]

El teatro estaba lleno. "Todo lo que Buenos Aires tiene de espectable se hallaba allí", reportó *La Libertad*. Esta vez no faltaron ni Tejedor ni Mitre, además de otras figuras notables de la vida porteña. Entre los "cinco mil concurrentes" había "centenares de mujeres", según *La Nación*. Cuando el telón se abrió, estaban los Rifleros, con su abanderado al centro. El foro estaba decorado con un templo con columnas corintias y un frontón triangular coronado por rayos solares. Seguía *La Nación*:

En la plataforma de una escalinata que conducía al pie de las columnas, la República con sus anchas vestiduras helénicas y su simbólico gorro frigio, tremolaba en alto una flameante bandera argentina. A derecha e izquierda, grupos de guerreros de la Independencia, en trajes de época, permanecían de pie [...] Al pie de la escalinata, un grupo de europeos y otro de indios americanos arrojaban flores a la República.[177]

El público acompañó con entusiasmo, aplausos y vivas todo el espectáculo. El programa se cumplió como estaba previsto y, a poco de terminar, se hizo presente inesperadamente en el escenario la sociedad musical *Les Enfants de Beranguer*, de la colectividad francesa, que pasó a saludar a los Rifleros. Con la concurrencia de pie, tocaron la Marsellesa y el Himno Nacional. No podía haber sido más oportuna esta entrada, que culminó un programa y una escenografía donde se anudaban la república y la independencia, la tradición patria y la revolucionaria. Y que celebraba a una Buenos Aires patricia, que se quería a la vez aristocrática, culturalmente refinada y políticamente virtuosa. Los Rifleros representaban esa faceta de los porteños mejor que ninguno de los otros batallones de voluntarios, pues reunía a la juventud más aristocrática de la ciudad (véase el Entreacto 3).

SUSCRIPCIÓN POPULAR

La colecta de fondos incluía una movilización bastante más amplia que la que sugieren estos banquetes y funciones teatrales. Para marzo, la campaña de "suscripción popular para proveer de armas y vestuarios a los voluntarios de Buenos Aires", iniciada en enero, estaba en pleno auge. El presidente de la Comisión Directiva de la suscripción era el general Gainza. "Todavía esbelto y de aspecto juvenil a pesar de sus sesenta y tantos años", era un militar prestigioso, que había peleado en Pavón, había sido ministro de Guerra de Sarmiento, había militado en el autonomismo de Buenos Aires y ahora era uno de los más identificados con la causa conciliada. Recibía cartas de todos los partidos de la provincia y parroquias de la ciudad, donde se habían nombrado comisiones para recolectar fondos, en las que se daba cuenta de la marcha del operativo. Con mayor o menor celo, casi todos los designados habían aceptado el encargo.[178] En algunos casos, como en San Vicente, se organizaron espontáneamente "subcomisiones patrióticas" para colaborar en la tarea; en otros, ésta recaía en dos o tres personas. En la ciudad, en reuniones parroquiales se designaron uno o dos vecinos por manzana para hacer efectiva la suscripción.[179] Hubo, además, donaciones directas, hechas por familias o grupos particulares y voluntarios que se dedicaban a juntar por su cuenta.

En los registros parciales que han quedado de esta colecta, se cuentan más de 10 000 donantes de distintos puntos de la ciudad y la provincia que aportaron un total de más 70 000 pesos.[180] No en todos lados el éxito era el mismo. Variaban el número de suscriptos y los montos del aporte.[181] Y si bien hubo algunos grandes donantes, en varios lugares no se admitía más de los $ 5 m/c por persona establecidos por la convocatoria y ésa era la suma que aportaba la mayoría.

En las listas se reconocen familias enteras, muchos hombres sueltos y unas cuantas mujeres que no aparecen bajo dependencia masculina. Abundan los apellidos extranjeros: italianos, españoles de diversos orígenes, irlandeses, franceses. Y donantes que no dan su nombre: figuran como N.N. o, más frecuentemente, se identifican como "un (o una) patriota", "un francés", "un vasco", "cuatro gallegos", "una patriota de 80 años", "un amigo de Buenos Aires", "un ginete", "un marino", "un ciudadano", "un mitrista del 74", "una maestra". Se descubren también sirvientes y peones dentro de grupos familiares y el personal que trabajaba en algunas empresas, como las redacciones de los principales diarios conciliados.

Esta gran movida llevaba la agitación política a todos los rincones de la provincia. La colecta puso en marcha el aparato partidario y oficial y mostró su eficacia. No pocos se habrán visto en la obligación de aportar por presiones del juez de paz, del comisario local, o de su patrón. No obstante, había muchos simpatizantes de "la defensa de Buenos Aires", tanto entre las clases acomodadas como en sectores más amplios de la población. En las listas no faltan los Olivera, Casares, Zemborain y Videla Dorna, así como miles de otros que van desde "un domador" del partido de Tuyú o un "castellano viejo" de Ensenada hasta las seis mujeres de apellido Bocalandra, que "como hijas de este pueblo de nobles y gloriosas tradiciones" donaron $ 1000 a la causa.

DE NUEVO LAS CANDIDATURAS

La movilización política no era monopolio de los conciliados. Mientras los roquistas tenían dificultades para organizar y mantener a sus huestes, otras candidaturas volvían a la palestra. El domingo 7 de marzo el Club de la Paz proclamó en el teatro Variedades la de Bernardo de Irigoyen, auspiciada por Luis Sáenz Peña, Leandro Alem y otros autonomistas ex republicanos. A las dos de la tarde la sala estaba llena. Las bandas de música tocaron el Himno Nacional y luego vinieron los discursos, la presentación del programa y la proclamación del candidato, todo acompañado por el entusiasmo de la concurrencia. Mil, 2000 y hasta 5000 personas reportaron los diarios, según sus simpatías partidarias. Para *El Porteño* había sido un éxito total: "Era aquello un verdadero público", que luego se volcó a las calles para ir en manifestación a la casa del candidato con la música a la cabeza, las banderas en alto y explotando bombas de estruendo. Al llegar allí, Irigoyen les dirigió la palabra parado sobre una silla. Siguieron más discursos y aclamaciones. Hasta que apareció un grupo vivando a Tejedor, Mitre y el Partido Liberal, al grito de "Abajo el masorquero", en referencia al pasado de Irigoyen como funcionario de Rosas. "Empezaban ya a relucir facones y revolvers" cuando llegó el comisario coronel Gaudencio, que, aunque de simpatías conciliadas, logró evitar el choque. Así de tensas estaban las cosas.[182]

En Córdoba, Roca recibía información sobre los sucesos. "Los Yrigoyenistas se movieron –le escribía Manuel Icaza– y sucedió lo que sucede en esta Ciudad, siempre que se trata de una manifestación en la que se emplean cohetes, hombres y músicas, el teatro se llena de partidarios (mínima parte), de contrarios, de curiosos, y de casuales (los que pasan) de este modo no hay reunión que no obtenga *casa llena*". A pesar de los incidentes, seguía Icaza, "Los Yrigoyenistas están contentos y nosotros también, porque se ha probado que los *Antitejedoristas* abundan en esta ciudad y que su […] unanimidad es una ilusión".[183]

Por esos días, el propio Irigoyen escribía a Roca, para asegurarle que su candidatura "no tiene por objeto […] combatir la candidatura de Usted", sino apenas, ante las amenazas a la paz pública, "sugerir alguna solución pacífica en la cuestión electoral". Presentaba la propuesta de su nombre como un hecho que no lo implicaba, impulsada por otros y aceptada con reticencias, mientras proclamaba su reconocimiento de las "condiciones personales […] y los importantes servicios" que Roca había "prestado a la República" y buscaba mantener abiertos los canales de negociación. Entre tanto, presentaría listas en Buenos Aires para las elecciones de legisladores provinciales que se avecinaban.[184]

Irigoyen no era el único candidato que se comunicaba por esos días con el General. Agentes de Sarmiento y de Quintana se presentaron ante Rocha para sondear la posibilidad de establecer "combinaciones", lo que éste hizo saber a Roca de inmediato. La respuesta fue clara y en sintonía con las opiniones de su socio porteño: no habría de renunciar a su candidatura. "Si conviene o no engañar a esos señores dejo completamente a su criterio", pero "Es bueno que como quien no quiere la cosa [les] haga comprender [...] que antes de solicitar nuestro concurso vengan con los votos reales y positivos de Buenos Aires y el apoyo de la opinión de ese gran pueblo". "Es que quieren dividirnos", agrega. "No caigamos en la trampa como zonzos."[185]

Sarmiento siguió insistiendo. Contaba con buenos apoyos entre algunos notables y políticos locales, y se decía que hasta el propio Presidente veía su candidatura como posible solución a la crisis.[186] En las primeras semanas de marzo las jugadas se sucedían. Roca despachó un enviado para transmitir a Avellaneda un mensaje claro: sólo otorgaría su apoyo a Sarmiento si éste lograba los votos de Buenos Aires. Sarmiento, por su parte, escribió a Roca para convencerlo de que, aun legalmente electo, su gobierno sería "imposible", pues "Usted no se halla en condiciones personales de restablecer el equilibrio entre Buenos Aires y las Provincias". Le proponía elaborar listas conjuntas para la elección del 11 de abril y, pocos días más tarde, encargaba a Aristóbulo del Valle y Manuel Ocampo una misión ante el General, que estaba en Córdoba. En carta a Rocha, éste cuenta la conversación mantenida con los enviados y concluye:

> Pedirme que renuncia lisa y llanamente [...] es pedir un disparate, un absurdo, una humillación y en definitiva el triunfo de Tejedor. Que me descuarticen antes mil veces. Cuanto más parezca Sarmiento rechazado por los círculos conciliados, mas debemos aparecer nosotros dispuestos a apoyarlo [...] Enderecemos el elefante al campo enemigo que rabioso como esta ha de hacer estragos.[187]

Roca no andaba con rodeos a la hora de transmitir a sus socios instrucciones políticas. En un estilo directo, a veces cortante, otras veces campechano, sus cartas eran un instrumento clave de su táctica política. Si bien por esos años la correspondencia cumplía en general un papel decisivo en ese plano, Roca hizo un uso intensivo de ese medio para armar su red partidaria. A través de cientos de cartas y telegramas que intercambiaba con subordinados, socios, amigos y parientes, recibía información de todo el país, a la vez que despachaba órdenes, admoniciones, advertencias, retos y consejos. Por esos días, se quejaba ante Rocha: "Me lo llevo leyendo cartas de día y de noche y como no puedo distinguir á traves de la cascara las que traen comida de las que no tengo que escarbarlas a todas".[188] Es decir, no descuidaba una sola.

REPRESENTAR AL PUEBLO TODO

No sólo los partidarios escribían a Roca, también lo hicieron –como ya vimos– Irigoyen y Sarmiento. En la "danza de las candidaturas", como solía decirse, había mucho de conversación privada, reuniones secretas y otras no tan secretas, mensajes intercambiados y otras transacciones que involucraban a personajes políticos y sus entornos inmediatos, es decir, a un grupo relativamente reducido de gente que pertenecía a los mismos círculos familiares, sociales, culturales. Había, además, un espacio ampliado hacia abajo que incluía a las huestes electorales de los dirigentes, las que no sólo actuaban en los comicios sino también en ocasión de la nominación y proclamación de candidatos, y manejaban cuotas variables de poder en esas negociaciones.

Había, finalmente, una dimensión más general de la movilización por las candidaturas, que se daba a través del discurso público de sus promotores y que encontraba su principal soporte material en la prensa periódica. Un hito fundamental de ese discurso era el texto de proclamación del candidato, donde se proponía su nombre, se explicitaban los fundamentos de esa elección y se incluía la firma de sus principales apoyos. El 7 de marzo, en el acto del Variedades se leyó el Programa del Club de la Paz que proponía a Irigoyen; el programa político de los que apoyaban a Sarmiento se dio a conocer el 14, y el 19 los partidarios de Tejedor publicaron también su propio manifiesto.[189]

En todos ellos se defendía la libertad de sufragio, el imperio de la Constitución y la unión nacional y la paz tanto interior como exterior. La preocupación por los impuestos a la exportación, por el desarrollo del comercio y la inmigración y por cuestiones internacionales era explícita en el programa del Club de la Paz. Sarmientistas y tejedoristas, en cambio, ponían todo el énfasis en la situación política por la que atravesaba el país y en proponer soluciones. "No hay acto más difícil en la vida republicana que la renovación de los funcionarios públicos, por la elección del presidente", decían los primeros. Sólo en los Estados Unidos y en la Argentina ha podido sortearse esa dificultad a través del sistema de elección indirecta, con Colegio Electoral. "A falta de una nobleza o de una aristocracia que se trasmitiera de padres a hijos como en Roma, Venecia, Inglaterra, la *ciencia* y la *conciencia* del Gobierno, crearon dichas constituciones temporalmente, un cuerpo intermedio de hombre buenos, electos por el pueblo, para que señalasen [...] aquel que llenase mejor las condiciones de tan alto cargo". Los electores cumplían así un papel fundamental, por lo que debían ser "hombres de peso, ciudadanos probos, propietarios acaudalados y todas aquellas posiciones que representan el interés público, el saber público, la esperiencia pública y las esperanzas públicas. Esta es la *res publica* de los romanos".[190]

El programa de Sarmiento explicitaba una visión muy arraigada: la elección se entendía como selección, como un mecanismo para designar el mejor hombre posible para la presidencia. Este principio inspiró la introducción del Colegio Electoral en nuestra Constitución, un cuerpo elegido pero a la vez deliberativo y autónomo encargado de seleccionar al "mejor". Su vigencia, sin embargo, muy pronto se vio complicada por la aparición de candidaturas previas, promovidas por grupos que lanzaban un nombre, lo proponían en privado y en público, y comprometían a los electores a sostenerlo, los que entonces perdían su papel de notables dispuestos a la conversación y la negociación para convertirse en delegados de una candidatura. Se introducía así una competencia entre partes que fragmentaba la vida política, una fragmentación que los contemporáneos asociaban al faccionalismo y al peligro de disolución social, y que por lo tanto temían. Pues se aspiraba a que los electos representaran al conjunto social y no a una parte, por lo que la figura del "partido" resultaba bastante ambigua, como veremos enseguida.

"[...] como el pueblo no puede ponerse de acuerdo por sí mismo en la designación de candidatos de Electores –decía el programa de Sarmiento– los partidos los proponen para representar los principios, aspiraciones e ideas prevalecientes entre la parte del pueblo que los designó". Agregaba enseguida que esos electores, una vez en funciones, debían conservar "su independencia de opiniones", para lo cual era necesario nombrar un "Colegio Electoral que represent[ara] el buen sentido del país, la propiedad y la inteligencia", es decir, un grupo de notables que actuara en representación del pueblo todo, no de alguna de sus partes. Esta aspiración a la unanimidad está planteada desde el comienzo de este texto que aclaraba, desde el principio: "No formamos un *Club*, no tenemos un *Comité*, pero nuestro club lo forman *todos los argentinos* que se sientan responsables".

También los conciliados reclamaban ese lugar. Al reafirmar el nombre de Tejedor para la presidencia, rechazando la renuncia que había elevado el 14 de febrero, lo llamaban "candidato [...] de los partidos conciliados y de todos los demás pueblos libres de la Nación". A pesar de la aparición de otras candidaturas, "no han conseguido dividir la opinión que se mantenia y mantiene compacta a favor del Dr. D. Cárlos Tejedor, y que si no cuenta con el apoyo de los gobernadores, cuenta con la simpatía entusiasta del pueblo de la República", pues "no es caudillo de partido alguno". De nuevo aquí la pretensión de representar al conjunto, de encarnar al pueblo verdadero.[191]

"¡A LAS URNAS!" (II)[192]

Para las elecciones de electores a presidente y vice faltaban varias semanas. Pero en Buenos Aires se preparaban ya las del 28 de marzo para la renovación parcial de la Legislatura. Las dos Cámaras estaban bajo control autonomista y los conciliados estaban decididos a ganar ese espacio fundamental, por lo que pusieron todos sus recursos políticos e institucionales en marcha.

A principios de marzo, el Partido Nacionalista y el Comité Autonomista (tejedorista) convocaron a reuniones en las parroquias de la ciudad para designar sus respectivas comisiones directivas y las nóminas de candidatos propios, que luego serían incluidos en la lista conjunta conciliada. Esas asambleas tuvieron su cuota habitual de discusión y disputa, que los diarios roquistas se empeñaban en ventilar. A esas denuncias y burlas respondían los acusados reivindicando la posibilidad del debate interno y replicando la provocación: "El colega cree que todos los Comités son como el roquista, donde tres o cuatro *vivos* manejan a los demás *tontos*". Una vez producidas las listas, sin embargo, se les pedía a los votantes que no cambiaran ninguno de los nombres propuestos. La tacha y reemplazo de un candidato por otro era una práctica bastante frecuente a la hora de votar y sacaba a la luz las disidencias internas dentro de cada grupo. En este caso, como la lista definitiva había surgido del acuerdo entre dos partidos, era previsible que hubiera reemplazos, por lo que, tanto el Comité Autonomista como el Nacionalista, a la vez que exhortaban a sus seguidores a no faltar a los comicios, les advertían: "Es de todo punto indispensable que ni un sólo nombre sea variado en las urnas".[193]

También los opositores a Tejedor se organizaban y designaban las autoridades de sus clubes parroquiales, diseñaban sus listas y se preparaban para los "trabajos políticos". En la campaña, donde se votaba a un senador por la cuarta sección y por diputados en las demás, las cosas se les presentaban complicadas, pues el gobierno provincial estaba desplegando todo su poder para controlar la situación. "La Municipalidad, la Policía, los Alcaldes, todo en fin el aparato oficial responde a los nacionalistas", reclamaba a Rocha un dirigente de Chivilcoy. Desde Ayacucho, Hortensio Miguens le informaba: "Han reunido nuevos oficiales de G.N. y los han mandado a la campaña a reunir citando vervalmente. Les han mandado 20 remingtons del Tandil". Y se quejaba: "Yo no cuento sino con seis remington y algunas escopetas".[194]

A las quejas se sumaban, como siempre, los pedidos: "[…] necesito que me halluden aunque sea con 1500 pesos para los gastos que se han de originar en los tres o cuatro dias que tengo que permaneser en Las Heras […] para poder obsequiar a la fraccion de amigos que ami me pertenecen esclusivamente", reclamaba un partidario. Desde Dolores, otro corresponsal habitual pronosticaba: "Aquí va á ser un sacrificio inútil el ir á las elecciones pues no nos dejarán votar; nuestros amigos están muy fríos, el paisanaje asustado y nosotros perseguidos tenazmente por la autoridad", y pedía: "Para ir a la lucha con éxito sería menester que el Comité contribuyese por lo menos con diez mil pesos, pues aquí no hay quien quiera gastar un peso; esta es la pura verdad... habría que gastar también algunos pesos para disuadir á algunos de los contrarios á que no asistan".[195] A la intimidación y manipulación del oficialismo se sumaba la precariedad del aparato partidario autonomista, lo que impedía a los dirigentes locales desplegar los métodos usuales para conseguir votos propios y trabar los ajenos.

En la ciudad (donde se votaba sólo a senadores), Gregorio Torres era optimista: "Es esta lucha del 28 –escribía a Roca–. Usted verá que sus amigos aquí no somos tan insignificantes porque luchando contra todo el poder oficial y contra la mas brutal precion hemos de dar señales de vida". Otros, en cambio, se mostraban preocupados. Frente a sucesivos ataques a "cuchillo y rebolber" y agresiones de los "Bomberos de Alberto Segui", un tal Florentino le escribe a Rocha: "Le suplico me haga el fabor de proporcionarnos armas de cualquier clase, aunque no sea mas que para el amago. No se olvide a su pobre amigo". En La Boca (parroquia San Juan Evangelista), se denunciaban presiones y represiones para torcer la influencia del caudillo roquista José Fernández e impedir que dominara el escenario electoral.[196]

Así llegó el día. *La Nación* arengaba a sus lectores: "Elegir es gobernar por medio del voto activo. El elector que no sufraga abdica [...] hoy, no pueden ni deben faltar los que por medio de su voto tienen el deber de completar una obra patriótica". Se trataba de quebrar la supremacía de los opositores a Tejedor en la Legislatura, donde "se habían atrincherado", hostigando al gobernador. De acuerdo con la nueva constitución de la provincia, el sistema de cociente había sustituido al de lista completa, por lo que se descontaba que las dos listas tendrían acceso a los cargos en disputa, de manera relativamente proporcional a los votos obtenidos. Mientras los conciliados aspiraban a obtener un apoyo tal que les permitiese desplazar a los opositores de la mayoría en las dos Cámaras, los autonomistas estaban convencidos de que conservarían su predominio, pues, aunque perdieran parte de las bancas en juego, esperaban ganar algunas que se sumarían a las que ya tenían y no estaban en disputa.[197]

Su pronóstico no se cumplió: los conciliados ganaron en toda la provincia y obtuvieron mayoría en la Legislatura. De los casi 5000 votos para senadores en la ciudad, cerca del ochenta por ciento correspondió a sus candidatos, por lo que, de las nueve bancas en juego, ocho fueron para los tejedoristas y sólo una para sus opositores. No hubo, sin embargo, unanimidad y en algunas parroquias la elección fue reñida. En la provincia, triunfaron los conciliados en todas las secciones; en algunos partidos hubo competencia, en muy pocos, mayoría autonomista y en el resto, casi no se registraron votos opositores.[198]

Al triunfo oficialista siguieron las denuncias públicas y los lamentos privados de los perdedores: el resultado era producto del patoterismo y el fraude de los otros, aunque también de las faltas propias. "Los trabajos no han dado el resultado que se deseaba por la razon muy censilla de que *recien cinco dias antes* hemos empezado los trabajos", se lamentaba desde Navarro un corresponsal de Rocha. "Hubo jente –decía–, pero la mayor parte no estaban inscriptos... [P]ara luchar contra todas las autoridades, se necesita anticipacion en los trabajos y pesos... Yo no he recibido sinó la miseria de *dos mil* pesos con cuya suma es materialmente imposible hacer frente á esta clase de trabajos. Yo he gastado mucho mas".[199]

"Fraudes escandalosos - Violencias inauditas", titulaba el roquista *El Pueblo Argentino* su informe sobre la elección del 28. Y aunque denunciaba irregularidades en varios sitios, la información más precisa provenía de dos lugares: la parroquia de San Juan Evangelista y el partido de Ayacucho. Como se venía anunciando desde días antes, la Boca estaba en la mira del oficialismo, pues allí dominaba la situación un caudillo autonomista. Lo que pasó el 28 ha sido narrado por ambas partes, claro que de manera diferente. Según los diarios oficialistas, "Lo de la Boca es una farsa grosera, que no merece ni tomarse en cuenta". Allí, informaba *La Nación*, no hubo votación porque no se presentaron en hora los escrutadores, lo que dio por concluido el acto electoral. La versión contraria es bastante más elaborada. En primer lugar, afirmaban, en los días previos se había producido una sistemática persecución de opositores, que llevó a los del club roquista a alquilar dos buques para reunirse y escapar así "de las injustas pesquisas de la policía". El día del comicio, se presentaron "en número de mas de quinientos ciudadanos" pero la cuadra de la iglesia ya estaba ocupada por más de "cien soldados de la G.N. y una compañía de vigilantes armados á Remingtons". Cuando escrutadores y "algunos ciudadanos" pretendieron acercarse a la iglesia en cuyo atrio debía procederse a instalar las mesas, fueron hostigados por las fuerzas allí apostadas, se trasladaron a la plaza, emplazaron formalmente la mesa y abrieron la votación.[200] El comicio resultante fue impugnado; para el gobierno provincial no había tenido lugar, mientras que para la oposición se habían cumplido todos los requisitos legales prescriptos.[201]

El episodio de Ayacucho fue más violento. Recordemos que Hortensio Miguens reportaba la reunión de fuerzas gubernistas y se quejaba del escaso armamento con que contaban sus hombres. Lo cierto es que el día de la elección se produjo el enfrentamiento entre unos y otros, que desplegaron sus fuerzas y se pelearon a tiros. Miguens se parapetó en la iglesia, mientras "los hombres que estaban en la torre hicieron fuego en diresion a las mesas", y "los que las componian se ganaron en las piezas de la Preceptoría". Benito Machado, al frente de la Guardia Nacional, "ordenó tomar la casa de Alday [un roquista local] donde se hallaron los hombres [...] pertenecientes al Partido Autonomista". "[D]espues de hacer algunas descargas sobre los infelizes paisanos que estaban en el corralon", los llevaron presos, junto con algunos de los dirigentes. Así narraba los hechos un partidario a Dardo Rocha. El informe de un interventor electoral, en cambio, indicaba que todo había comenzado por una discusión en la mesa cuando Miguens pretendió "ser fiscal sin estar inscripto". También cuenta que encontraron "una cantidad de armas de fuego" en casa de Alday, muchas de las cuales llevaban la marca del Parque Nacional, es decir, provenían del gobierno nacional. Y que los primeros tiros salieron de esa casa. Hubo varios heridos, alguno de gravedad.[202]

Al día siguiente, *El Pueblo Argentino* reportaba indignado: "En Ayacucho las prisiones no se han limitado á ciudadanos humildes. Se han aprehendido los ciudadanos mas distinguidos de aquel partido, a los mas ricos y prestigiosos hacendados, a nuestro amigo el ciudadano Don Hortencio Miguens, que dirigía los trabajos autonomistas en ese Partido". *La Cotorra*, en cambio, aprovechaba para insertar sus humoradas:

> Por ser tejedorista y hacer gala
> A Machado le encajan una bala;
> Y á otros dos individuos infelices

Les rompen por roquistas las narices
Cuando una situación está tan crítica
Mejor es no meterse en la Política.[203]

El tinglado de los comicios mostraba así a todos los actores de la vida electoral en acción. En él se desplegaban las máquinas partidarias, con su estructura piramidal de dirigentes y bases (los "infelizes paisanos"), su disciplina y organización previa, preparadas y dispuestas tanto para la votación como para la confrontación armada. Una dosis de violencia acompañaba usualmente estos actos, violencia casi siempre ritual y controlada, pero no por ello menos real.[204]

El final de este acto tendría lugar algún tiempo más tarde, cuando se procediera a debatir los resultados en la Legislatura. Sin embargo, antes de ese final, Buenos Aires, junto con el resto del país, viviría una nueva elección, esta vez para electores de presidente y vice, realizadas el 11 de abril.

"Tejedor: De este modo queda asegurada la libertad del sufragio." *El Mosquito,* 7/12/1879. (El periódico era, por entonces, crítico de los conciliados y del gobernador y candidato a presidente Carlos Tejedor.)

"¡A LAS URNAS!" (III)

A fines de marzo la danza de las candidaturas presidenciales continuaba. El día 30, el Club Unión Nacional, presidido por Lucio V. López, organizó la proclamación de la de Sarmiento en el teatro Coliseo. Hubo, como siempre, un público entusiasta, que *La Nación* y *La República* estimaron entre 600 y 800 personas; un discurso de presentación del candidato, y luego habló Sarmiento con su elocuencia habitual, acompañada de "grandes aclamaciones, aplausos y risas del auditorio". Cuando el acto ya terminaba, se desató un tumulto en el vestíbulo del teatro, donde un grupo que ocupaba también las veredas adyacentes lanzó "mueras" al candidato y "vivas" a Tejedor, que fueron replicados por jóvenes del bando sarmientino. La cosa no pasó a mayores, pero contribuyó al clima de inquietud que seguía instalado en la ciudad.[205]

Poco duró esta candidatura y, en vista de las dificultades para lograr apoyos decisivos, sus partidarios la retiraron en la víspera de los comicios. Ni las conversaciones con Avellaneda y Roca, ni las adhesiones y actos públicos, ni la celebrada participación de Sarmiento como padrino de ceremonia en la bendición de la bandera del Batallón 11 de línea, realizada en la Catedral el 9 de abril, alcanzaron para sostener su candidatura.[206] Los roquistas, por su parte, decidieron no presentar lista propia, por lo que la oposición a los conciliados quedó reducida al irigoyenismo. El Comité de la Paz publicó su plataforma y exhortó a que sus "correligionarios se presenten á las urnas con tranquilidad y órden". Era, decían, una "candidatura verdaderamente de armonia y paz", y la lista de electores incluía "hombres notables de todos los partidos, de todos los círculos, de todos los gremios": patriotas, miembros del Partido Nacionalista como del Autonomista, propietarios y hacendados, comerciantes, abogados, hombres de ciencia.[207]

La prensa roquista acusaba a Tejedor de intimidar a sus contrarios "bajo la acción del militarismo, ó bajo la opresión del civismo armado y regimentado". *La Tribuna* advertía: "¡Cuidado con la mazorca!", y *El Pueblo Argentino* llamaba a la abstención. Presentarse, decía "sería hacerse mashorquear al cohete". Y agregaba al final: "Mejor es [...] dejarlos que hagan lo que quieran. A los dictadores no se los combate con el voto, se los combate con el sable".[208] La asociación de Tejedor (que había sido unitario reconocido) con Rosas volvía a ser un motivo predilecto de los diarios roquistas.

Los conciliados llamaban nuevamente al pueblo a votar. El Partido Nacionalista exhortaba a sus seguidores a usar el derecho de sufragio y a demostrar así "que rechazan las imposiciones arbitrarias de Avellaneda y que están dispuestos á sostener sus derechos en cumplimiento de su deber".[209]

El día 11 volvieron los porteños a las urnas. En la ciudad, con unos 6500 votantes, se superó la concurrencia a las elecciones anteriores de ese año, mientras que en la campaña la cifra se mantuvo arriba de los 20 000. El triunfo de la lista conciliada fue abrumador: menos del 10% de los votos en la ciudad y del 4% en la campaña fueron para los irigoyenistas.[210] Mientras tanto, en todo el resto del país, salvo en la provincia de Corrientes, Roca era claramente el ganador.

A los comicios siguió la controversia. El tejedorista *El Combate* contrastaba la libertad con que se había sufragado en Buenos Aires con "el despotismo imperante en muchas provincias", y denunciaba el uso de la fuerza oficial por parte de los roquistas para doblegar a los conciliados. Si para *La Libertad* en aquella provincia "todo pasó en calma y sin que el orden público sufriese la menor alteración", para los opositores la jornada había sido escandalosa. Sus diarios llenaban las páginas de denuncias: por atemorizar a los votantes con la fuerza pública, por no permitir votar a los contrarios, porque los "partidarios del Juez de Paz […] votaban tres y cuatro veces"; porque el comisario "obligaba a votar por la lista del Gobernador"; porque los escrutadores eran cambiados; porque los presidentes de mesa aceptaban votos de quienes no se encontraban inscriptos, y así sucesivamente.[211] Pero, como señalaba resignado el Comité del Club de la Paz, en un manifiesto en el que anunciaba su disolución: "La elección de electores está hecha: el Juez Supremo que tiene esa función pública es el Congreso Nacional. Esperemos su fallo definitivo".[212] Así fue como la atención pública viró hacia el Poder Legislativo.

EL VEREDICTO

Correspondía a la Legislatura realizar el escrutinio definitivo de las elecciones del 28 de marzo y al Congreso, el de las nacionales del 11 de abril. Para la reunión de este último, por esos días empezaban a llegar a Buenos Aires los diputados del interior. El sábado 17 por la mañana, arribó a la Estación Central un tren donde venían cuatro diputados por Córdoba. Allí fueron recibidos por "una andanada de chiflidos y palmoteos" a cargo de grupos de jóvenes emplazados en el andén. A los gritos de "Abajo los alquilones" y "Mueran los Diputados de Córdoba" siguieron burlas referidas a su origen, su acento, su aspecto, sus comidas, como "¡qué le peinen el sombrero!", o la más ofensiva "¡Púcheros de hóbeja!". El desconcierto de los recién llegados fue respondido con más pullas y con una lluvia de harina y porotos que cayó sobre los diputados. Hasta que intervinieron los amigos políticos que habían ido a recibirlos y, con el concurso de una policía poco dispuesta a reprimir, espantaron a los agresores.

Estalló el escándalo. ¿Quién había sido? La prensa antitejedorista lanzó al ruedo nuevas acusaciones: "¡La mazorca de pie!", o "Empieza el año 40!!!". Denunciaba que "agentes de policía disfrazados y empleados de la administración" habían encabezado la provocación. *La Nación*, en cambio, condenaba lo ocurrido pero negaba toda injerencia oficial en el asunto y lo calificaba de "accidente sin trascendencia", mientras que el más militante *La Libertad* devolvía el golpe: el incidente había sido preparado por el roquismo para forzar el traslado del Congreso al interior. Por su parte, el Ministerio de Gobierno de la provincia ordenó un sumario, que nada probó, mientras que Avellaneda manifestaba su impotencia frente a ese tipo de actos. Para evitar más problemas, informa un roquista al General, "hemos tomado medidas para que los diputados que vienen mañana no sean vejados de la brutal manera que lo han sido los amigos llegados hoy". Así se hizo y no se registraron más agresiones.[213]

Pero el clima seguía caldeado. Al día siguiente de la agresión a los cordobeses, otras novedades ocuparon a los porteños. La casa del presidente Avellaneda fue baleada por un grupo de desconocidos que fueron repelidos por la escolta allí instalada. De nuevo se desató una andanada de acusaciones y contraacusaciones en la prensa. "¿Existe o no existe la mazhorca en la Provincia mas culta de la República? –se preguntaba retóricamente *El Pueblo Argentino*–. Contesten los ilustres *restauradores* del sufragio y la virtud política".[214]

Así estaban las cosas cuando las Cámaras de la provincia fueron convocadas para el escrutinio de las elecciones del 28 de marzo. Tanto en Diputados como en Senadores, los conciliados estaban en minoría, por lo que la convalidación de su triunfo reciente era más que dudosa. Las sesiones fueron tumultuosas y se desarrollaron a lo largo de varios días. La barra estaba colmada. Todos los diarios coincidían en que tejedoristas y mitristas copaban las galerías. Para *La Nación*, se trataba de "dignos y patriotas ciudadanos", "miembros de la alta sociedad todos ellos", que observaron una "conducta tranquila y prudente" y dieron "un alto ejemplo de civismo, de prudencia, de moderación y de respeto". La oposición, en cambio, veía en ellos a "los cuerpos de tiradores nacionales [...] [cuya] organización, a pesar de ir vestidos de particular, era enteramente militar", y que portando "rewólver ó facón al cinto" imprecaban a los diputados y senadores, provocaban tumulto cuando una intervención o una votación no les gustaba, y operaban como una presencia amenazante que ejercía fuerte presión sobre los legisladores. Además, decían, los mitristas "tenían fuerzas apostadas en todos los alrededores".[215] Esa coerción, sostenían, había forzado los resultados, que favorecieron, finalmente, a los conciliados.

Si ése era el reclamo público de los perdedores, en privado sus razones eran otras. Habían perdido porque varios hombres de sus filas, o cercanas a ella, les habían fallado. Las actas de las sesiones legislativas dan cuenta de los debates, de la integración de las comisiones de poderes, de las intervenciones de los legisladores y de las sucesivas votaciones. Los autonomistas roquistas intentaron varias maniobras para desarticular la fortaleza política que traían los conciliados, desde no dar quórum en Diputados hasta negociar la participación de sus hombres en la comisión de poderes del Senado. Por fin, se pusieron en consideración los despachos de las comisiones, que favorecían los resultados conciliados. La discusión que siguió alternaba reclamos de anulación total de las elecciones, como el que fundamentó elocuentemente Leandro Alem en Diputados, con la defensa de los dictámenes presentados, como la de Rufino Varela en Senadores, así como con propuestas más ambiguas y posiciones dudosas. Finalmente, se procedió a las votaciones. En Senadores, por 13 votos contra 7, se aprobó el dictamen que daba por aprobadas las elecciones en la ciudad y otorgaba 8 bancas en el Senado a los conciliados y 1 a los autonomistas. El tratamiento del resultado de la cuarta sección quedó postergado para cuando se incorporaran los nuevos senadores. En cuanto a Diputados, por 24 votos contra 18 se decidió aceptar los resultados de las secciones 3, 4 y 5 de la provincia, quedando pendiente la 6ª.[216]

Si los autonomistas contaban con mayoría en las Cámaras, ¿cómo habían perdido las votaciones? En carta a Juárez Celman, Enrique Moreno calificaba la derrota de "inesperada, absurda, vergonzosa". En Senadores, la situación no era tan complicada porque la renovación parcial de la Cámara hacía que mantuvieran una presencia importante. Gregorio Torres, senador roquista, que integró la comisión de poderes, justificaba así su actuación ante el General: "[…] nos precipitamos a la cámara sin plan ninguno a la primera citación. […] La elección se podía anular toda porque la presión del gobierno había sido […] notoria y brutal […] pero nuestros amigos del Gobierno Nacional no querían que provocáramos conflictos porque […] sería un mal grande a nuestro partido triunfante en toda la república, así pues no podíamos hacer mas de lo que se hizo". Desmentía las acusaciones de cobardía del diario *La Pampa*, ya que: "[…] le aseguro que ninguno tuvo miedo no obstante que estabamos solos sin un hombre que nos guardara las espaldas y con una barra armada y dispuesta a buscar el conflicto […]. Nuestros amigos –sigue– querían que abandonasemos la Camara y yo me opuse tenazmente porque primero que con una minoria tan respetable como tenemos vamos a tenerlos siempre en jaque".[217]

En Diputados, en cambio, la derrota era importante. También fue Roca el destinatario de una carta indignada de su fiel amigo Manuel Icaza: "[…] dentro del partido principiamos a sentir la efervescencia de los pillos, crapulas y traidores… Me voy a ocupar de nombres propios sin miramientos y con el sólo objeto de que conosca los hombres que lo rodeaban". Su lista incluía a Héctor Varela, José C. Paz, Estanislao Zeballos, Félix Pizarro y Correa Larguía, entre los que votaron en contra, a los que agregaba varios que se habían ido "al campo" o "a Montevideo" para no estar presentes. Y agregaba más adelante: "Los trabajos de Rocha y de sus partidarios leales hán sido destruidos por esos canallas".[218]

Para estas figuras porteñas el costo político de oponerse a lo que ya aparecía como "la causa de Buenos Aires" era muy alto. Por otra parte, a la hora de justificar su posición, que –manifestaba– era consecuente con sus ideas de siempre, Héctor Varela escribió:

> Desde la caida de Rosas todas las elecciones, todas las que se han practicado en Buenos Aires han sido hechas de la misma manera, adoleciendo de los mismos vicios y de las mismas faltas, y teniendo siempre como base el fraude, pero no el fraude sangriento... sino este fraude convencional, de familia, *fraude hábito, fraude necesidad*, de todos los partidos políticos.

Luego de describir en qué consistían las formas y los modos de celebrar elecciones en Buenos Aires, se preguntaba: "Entonces, a qué tanto escándalo, tanto grito, y sobre todo, tanto escrúpulo de monja remilgada?".[219]

HORIZONTES DE GUERRA

¿Cómo seguiría esta historia después del triunfo conciliado? Los mitristas, decía *La Pampa*, festejaban con "bombos y cohetes", recorriendo las calles "con grandes gritos de vivas". Tejedor se dirigió a los manifestantes que fueron a saludarlo a la casa de gobierno: "Señores, estoy contento como vosotros. En adelante la Legislatura, el pueblo y el gobierno de Buenos Aires serán como un sólo hombre. Buenos Aires tiene hoy 700 000 habitantes en una República de dos millones. Ciegos serán aquellos que no sientan la necesidad de respetarnos. He dicho".[220]

"Buenos Aires salvado y salvador", titulaba *La Nación* un artículo celebrando el triunfo. "*Buenos Aires libre quiere decir República libre*", pues ella "no puede concurrir a la acción de un Gobierno Nacional que oprima a los pueblos hermanos". Su pueblo no solamente se había asegurado la libertad, sino que "con la fuerza moral de su patriotismo y la fuerza legal de la Constitución, ha de romper las cadenas que oprimen a las provincias hermanas". En otra nota sostenía que esa lucha habría de hacerse sin otras armas que la razón y la legalidad, sin uso de la fuerza. Y contrarrestando las versiones más localistas del porteñismo abrazado tanto dentro del nacionalismo como entre los autonomistas líricos, el vocero del mitrismo se negaba a interpretar lo que era, en definitiva, sólo "un hecho electoral" en términos de la ruptura entre Buenos Aires y las provincias, e insistía en que la nacionalidad debía mantenerse unificada.[221]

En las calles de Buenos Aires había vuelto el entusiasmo. "La oposición á su nombre ha tomado aquí las proporciones de una pacion popular", le escribía a Roca el diputado electo por Córdoba Carlos Bouquet. Se sucedían las citaciones a los cuerpos de voluntarios y volvían las fiestas para recolectar fondos: los Patricios de Buenos Aires en el Colón, el Batallón Maipú y el Ituzaingó en el Ópera, los Tiradores de Barracas en el Teatro Rivadavia. Todo en nombre de "Las milicias populares" y de Buenos Aires, que "inspirándose en sus tradiciones gloriosas y penetrada de su misión histórica, se ha levantado para conjurar el peligro y defender las instituciones. Su causa no es la de una Provincia. Es mas todavía: es la causa del pueblo argentino que se siente oprimido". En su nombre buscaban el apoyo de la población para seguir armándose para la defensa. El Tiro volvía a reunirse en Palermo y el 24 de abril hubo una gran concentración en la Plaza Lorea convocada por los Bomberos Voluntarios que, ampliados en su base, se reorganizaron en cuatro secciones bajo al jefatura del general Arredondo.[222]

En la provincia, los espías de Rocha reportaron el desembarco de cajones de fusiles que entraban clandestinamente por el río.[223] Y en la campaña seguía la preparación de la Guardia y la policía rural. Desde el gobierno nacional, entre tanto, y a pesar de las quejas roquistas sobre la falta de colaboración de Avellaneda, continuaban los aprestamientos militares en todo el país: el ministro Pellegrini no tenía dudas acerca de la necesidad de tener listo el ejército para reprimir cualquier alzamiento. También se reiteraban los gestos simbólicos. A la bendición de la bandera del 11 de infantería apadrinada por Sarmiento, siguió el día 23 otra ceremonia semejante para el 1º de infantería, con el Presidente como padrino. Ante numeroso público, Avellaneda insistió en que "el ejército no obedece a un hombre, ni tiene pactos con los partidos, sino que pertenece irrevocablemente a la Nación para defender su integridad, su gobierno y sus leyes".[224]

Mientras negociaba para la próxima reunión del Congreso, Roca no se hacía ilusiones. Le decía a Rocha, refiriéndose a los conciliados y a su triunfo en la Legislatura: "Esta victoria no ha de servir sino para exitar mas su ambicion que no se detendrá ante el crimen contra la constitucion [...] Esos hombres van a la rebelión y a la guerra". Gracias a la debilidad de Avellaneda, se habían fortalecido. Pero si ellos eran fuertes en Buenos Aires, agregaba:

[...] nuestro poder e influencia ha crecido y aumentadose en las demas provincias... ¿Cual será el desenlace de este drama? Creo firmemente que la guerra. Caiga la responsabilidad y la condenacion de la historia sobre quien la tenga... Los contemporaneos aplaudiran á los que venzan en los campos de batalla.[225]

La guerra, por lo tanto, estaba justificada por las circunstancias y sus triunfadores serían absueltos por la historia.

Entreacto 3. Voluntarios

El tiro nacional
(Música de la Gran Duquesa de Goerlstein)

La juventud dorada/ No puede soportar
La vida tan tranquila/ De su felicidad.
Por eso todos corren,/ Con ardoroso afán
A adiestrarse en el tiro/ *Al tiro nacional*

Y todos los Domingos/ Sudando á mas sudar,
Cargados con el rémington/ Se ponen á marchar
En grandes compañías/ Y á paso militar
Se largan á patita/ *Al tiro nacional*
[...]

Si acaso los Gobiernos/ Pretenden dominar
Metiendo candidatos/ A fuerza de puñal,
La juventud florida/ Viril protestará
Mostrando de que sirve/ *El tiro nacional.*

Honor á esos muchachos/ Que saben demostrar
Que lo mismo batallan/ Que corren á bailar
La patria agradecida/ Su nombre clamará
Inscribiendo en la historia/ *El tiro nacional*

A fines de 1879, cuando el Congreso restringió la convocatoria a la Guardia Nacional por ser época electoral, la dirigencia porteña llamó a la formación de batallones voluntarios y a la creación de la asociación del Tiro Nacional. Recurrió así al principio de la ciudadanía en armas (véase el Entreacto 1) en su versión más pura. De este modo lo entendía el gobernador Tejedor, quien se refería al Tiro con estas palabras: "Legalmente era menos que la milicia [...] pero realmente era mas. Era el pueblo que se manifestaba en toda su grandeza".[227] En los meses siguientes se organizaron los batallones de la asociación y se crearon otros de Bomberos Voluntarios en la mayoría de las parroquias. Para junio del 80, en conjunto sumaban 5210 hombres, incluidos jefes, oficiales y tropa, y constituían un poco más de la mitad del conjunto de las fuerzas de la ciudad. Los cuerpos más nutridos eran los Rifleros (500 hombres de tropa), los Bomberos Voluntarios (834) y los batallones General Mitre y Coronel Sosa (460); había, además, siete que tenían entre 200 y 300 voluntarios, otros siete con más de 100 y cuatro con menos de esa cifra. Estas cantidades no eran definitivas, pues a medida que se agudizaba el conflicto, se sumaban nuevos reclutas.[228]

¿Cómo eran estos batallones? ¿Quiénes se alistaban y por qué lo hacían? ¿Cuál era su relación con otras formas de acción política? No tenemos datos precisos para responder estas preguntas, pero sí algunos indicios que nos permiten un acercamiento al mundo de ciudadanos en armas. En una primera aproximación, sabemos que la movilización estuvo promovida por dirigentes políticos con trayectoria partidaria y con experiencia en las milicias, la Guardia y el Ejército de Línea. La mayor parte de ellos tenían práctica en la organización de fuerzas partidarias, en la movilización de bases electorales y en la dirección de "ciudadanos armados". Por lo tanto, es probable que hayan recurrido a sus habituales militantes y a sus clientelas para formar los nuevos batallones "voluntarios". Por otros estudios sabemos también que estas bases se reclutaban entre un amplio espectro de la población de la ciudad, que incluía desde jóvenes de las clases propietarias con aspiraciones políticas o espíritu de aventura (entre los que se contaban muchos estudiantes) hasta hombres provenientes de los sectores más bajos de las clases populares. Ese reclutamiento se alimentaba de relaciones de patronazgo y clientelismo, pero además de simpatías personales e identificaciones políticas, que cementaban los vínculos verticales y horizontales entre los integrantes de los diferentes estratos de la pirámide partidaria. Estas redes y vinculaciones previas seguramente facilitaron la primera etapa de esta movilización ciudadana.[229]

Encontramos así que la organización de los primeros batallones respondió a lineamientos partidarios y que respetó, en parte, las diferencias sociales. La creación del batallón Rifleros en el elegante barrio de Catedral al Norte, por ejemplo, fue iniciativa de dirigentes mitristas que atrajeron a la "mejor juventud" a ese cuerpo de elite que financiaba sus propios uniformes y armamentos sin demasiadas dificultades (véase la foto de rifleros). Era su comandante Joaquín Montaña, de prosapia mitrista y militar, pues no sólo había peleado en el Paraguay y en el Interior bajo las órdenes de Paunero, sino que había sido parte de las huestes de Arredondo en la revolución del 74. Vimos en el capítulo 3 cuán brillantes y pretenciosas eran las fiestas que organizaban para juntar fondos, a las que no faltaban las principales familias de la ciudad, que mimaban a esos jóvenes gallardos hasta la frivolidad. Así, para el Carnaval no faltó la Sociedad de las Rifleras, "formada de niñas pertenecientes a familias distinguidas... [cuyo] traje es sencillo á la par que elegante". Y esa temporada, el sombrerito característico del batallón se puso de moda entre la sociedad porteña. Esas mismas figuras eran el objeto de burla de la prensa satírica con simpatías opositoras, como se ve en la caricatura de *El Mosquito*, que ridiculiza la ropa y la apariencia de los Rifleros y denuncia su inexperiencia para la guerra.[230]

Otro era el origen social de los batallones Mitre y Sosa, también de filiación mitrista, a los que Vicente López identificó como de "pardos y morenos", usando una denominación que se remontaba a tiempos coloniales. Estos cuerpos estaban formados mayormente por elementos populares, muchos de los cuales reconocían ascendencia negra, como la de su propio comandante, el prestigioso coronel José María Morales. Éste tenía una trayectoria política y militar vinculada al unitarismo primero y más tarde al nacionalismo mitrista, y su nombre merecía el respeto y la admiración tanto de sus jefes políticos (algunos de los cuales, como Eduardo Gutiérrez, le dedicaron páginas de elogio en sus escritos) como de sus subordinados.

Batallón de Rifleros, junio de 1880. Fuente: AGN, Departamento de Documentos Fotográficos.

"Tipo de Riflero – Hasta la fecha el único fuego que ha visto es el de la Rotisserie." *El Mosquito*, 27/6/1880.

"Tipo de voluntario (Batallón Gral. Mitre). Ha probado el domingo y lunes pasado que sabrá recibir bien al chileno." *El Mosquito*, 27/6/1880. (El texto hace referencia a los combates de Barracas. La mención al chileno remite a la posibilidad, entonces vigente, de un conflicto con el país vecino.)

"Batallón Coronel Sosa. Primero en el combate, último en la recompensa." *El Mosquito*, 27/6/1880.

Estos batallones, que tenían su cuartel en la popular parroquia de Santa Lucía, recibieron armas del gobierno de la provincia, que proveyó al Mitre de los modernos fusiles Mauser, mientras el Sosa se manejaba con los más clásicos Remington con bayoneta, un arma semejante a las que tenía el Ejército de Línea. Sufrieron, sin embargo, como la mayoría de las fuerzas de la defensa, la escasez de municiones. Para financiar sus necesidades, así como para generar entusiasmos y nuevas adhesiones, organizaron sus propias fiestas, las que con su doma de potros, carreras de sortijas y de caballos y asado con cuero poco se parecían a las elegantes veladas de los Rifleros (véase el capítulo 4). La prensa satírica rendía sus honores a estos voluntarios (véanse las figuras de págs. 116 y 117), quienes más tarde, en las jornadas del 20 y 21, tuvieron actuación destacada en la primera línea de fuego en Barracas, que les valió la admiración de porteñistas y nacionales.[231]

También el batallón Tejedor se constituyó sobre bases populares. Reclutado "entre los trabajadores de a caballo" de la zona de Los Corrales, de sus filas, dice Julio Costa, "salían los baquianos que guiaban en la noche oscura las operaciones militares de la defensa, los compadritos corraleros [...] que combatían cuerpo a cuerpo [...] en las calles suburbanas". Era su comandante Máximo Paz, un joven de 29 años, hijo de Marcos Paz, primo de Roca, pero que –según nos cuenta críticamente Carlos D'Amico– "se hizo compadrito". Se había iniciado en las lides políticas como alsinista en la parroquia de La Piedad, donde "arrastraba votos" por su forma de vida "desarreglada" y "por el traje que usaba: jamás de levita, siempre de media bota de becerro, sombrerito chambergo muy levantado por atrás, muy inclinado sobre los ojos, puñal cabo de plata en el pecho, revólver en la cintura, cigarrillo en los labios, clavel en la oreja". Imagen sin duda estereotipada pero que refiere a un "tipo" político característico: el de caudillo electoral porteño y popular. Incorporado a la policía de la provincia, en 1877 fue nombrado comisario de la 10ª, desde donde seguramente consolidó las bases con las que organizaría el porteñista batallón Tejedor. Emparentado con las familias más importantes de la Argentina, terminado el conflicto, Paz hizo rápida carrera en el PAN. En 1880, su lugar estaba del otro lado, como comandante del Tejedor, batallón integrado por esos "compadritos corraleros" que tuvieron participación importante en el combate de Los Corrales, donde –según Costa– fueron "carne de cañón".[232]

De filiación autonomista fueron también, inicialmente, los cuerpos de Bomberos Voluntarios creados a partir de enero de 1880 bajo la dirección general de Enrique O'Gorman (capítulo 1). Hemos mencionado que esas asociaciones trascendían los fines específicos de combatir el fuego. En este caso, se definían como "centros comunes de acción y de patriotismo en sus múltiples manifestaciones", que "mañana serán una fuerza armada irresistible". La primera compañía se formó en la parroquia de Monserrat; luego siguieron las de Catedral al Sur, Balvanera y el resto de los barrios porteños, y finalmente, las que se organizaron en varios partidos de la campaña. El diario *Buenos Aires* traía detalladas crónicas de la inauguración de las diferentes compañías, de sus fiestas patrióticas y de su participación en las competencias de tiro en Palermo. En los meses siguientes alcanzaron a reclutar un importante número de voluntarios.[233]

Si bien estas historias muestran la influencia partidaria en la constitución de estos cuerpos, no siempre la relación fue tan clara, y la formación de batallones reclutados en las parroquias seguramente dio lugar a un perfil social y político más diverso. Por otra parte, crecía la identificación con "la causa de Buenos Aires" sin más. Los nombres que llevaban así lo sugieren: predominan los que evocan la tradición patriótica –Belgrano, San Martín, Maipú, Ituzaingó– y en especial la unitaria y porteñista, tanto a través de fechas emblemáticas –11 de Septiembre– como de sus figuras históricas –Lavalle, Rivadavia y Paz–, de caudillos civiles y militares más recientes –Adolfo Alsina, Mateo Martínez y Domingo Sosa– o de dirigentes aún vivos –Mitre, Tejedor–. No faltan las denominaciones que responden a un criterio de ubicación en la ciudad y al orgullo localista, y las que refieren a las circunstancias que se estaban viviendo, como Ciudadanos Armados, Tiradores Argentinos, Resistencia, entre otros.

El éxito en el reclutamiento de voluntarios pronto trascendió los límites de quienes ya militaban en la vida partidaria para extenderse a sectores de la población habitualmente poco involucrados en esas lides. En consecuencia, cuando llegó el momento de los enfrentamientos, la movilización militar tocaba a todos los grupos sociales y no se limitaba a la población nativa. Y si bien la incorporación de inmigrantes como voluntarios fue menor en proporción a su presencia en la ciudad, la prensa de las propias colectividades daba cuenta de una participación amplia en otras tareas vinculadas a la defensa y en el apoyo a la "causa de Buenos Aires". No sabemos a ciencia cierta a cuánto ni a cuántos llegó ese compromiso, y es muy probable que muchos inmigrantes miraran lo que estaba pasando como algo ajeno a sus intereses y sus metas. Más difícil es, sin embargo, que hayan podido excluirse del clima de movilización que fue ganando a la provincia a medida que escalaba el conflicto.

4. Mayo. Otoño de negociaciones

EN LAS CÁMARAS

Mientras en las calles de Buenos Aires seguía la agitación, la Legislatura y el Congreso se convertían en escenarios privilegiados de declaraciones y negociaciones. El 1° de mayo, Tejedor inauguró el período en una Legislatura donde finalmente contaba con mayoría.[234] Su mensaje, aplaudido por sus partidarios y condenado por la oposición, volvía sobre el tema de la "imposición": "la solución de la cuestión presidencial" no sería "impuesta por la fuerza al pueblo de Buenos Aires". En las circunstancias, decía, "el patriotismo aconseja una transacción", pero como ello no estaba en sus manos, había que "estar prontos para todo". Pues para "salvar nuestros derechos salvando al mismo tiempo la Unión nacional" sólo Buenos Aires tenía los medios. Y no dejaba pasar un tema que comenzaba a escucharse cada vez con mayor frecuencia en la disputa política: la cuestión de la capital. Advertía que "la capital no puede improvisarse y por mucho tiempo aún tendrá que governar desde Buenos Aires aquel que resulte electo".[235] (Véase el Entreacto 8.)

En respuesta a la apelación del gobernador de "estar prontos", los legisladores votaron leyes de creación de la Inspección de Milicias y de autorización al Poder Ejecutivo para invertir hasta la suma de 50 millones de pesos moneda corriente para "la renovación del equipo y armamento" de las fuerzas de Buenos Aires. La importancia de esa suma salta a la vista al compararla con la del presupuesto total de la administración provincial, que era de unos 132 millones de pesos. Para obtener esa cantidad evitando "el uso de los dineros del Banco", se emitieron bonos del Tesoro.[236]

El mensaje también hablaba de "transacción" y parecía abrir las puertas a la negociación. De hecho, las conversaciones entre las par-

tes no habían cesado nunca, y los conciliábulos secretos y las reuniones públicas estaban a la orden del día. El tema central era la aprobación de los diplomas de los diputados y senadores elegidos en febrero para integrar el Congreso de la Nación. Esa instancia era
clave porque las Cámaras serían "el Juez Supremo" de la elección
del 11 de abril, que definiría la composición del Colegio Electoral
responsable de la designación del presidente y vicepresidente de la
República. Mucho se jugaba, entonces, en esa partida.

En Senadores había una mayoría abrumadora de autonomistas,
de manera que era poco lo que los conciliados podían reclamar allí.
Pero en Diputados la situación era más complicada; ambos partidos
tenían un número importante de bancas y había varios comicios
provinciales que podían ser cuestionados. Entre viejos y nuevos
miembros, esa cámara contaba, además, con muchas figuras de la
primera plana de la dirigencia nacional, como –entre otros– Bartolomé Mitre y su hermano Emilio, Juan B. Alberdi, Rufino de Elizalde, Manuel Quintana y Victorino de la Plaza, quien renunció a su
puesto de ministro de Hacienda de Avellaneda para ocupar la
banca. Las sesiones prometían ser complicadas.

Todo empezó, sin embargo, con buenos augurios. Según cuenta
Felipe Yofre, diputado electo por Córdoba, Roca había aconsejado
votar por Quintana –diputado por Buenos Aires– para presidir la sesión preparatoria que debía designar la comisión de poderes. No
era un incondicional. Por el contrario, por sus antecedentes políticos, sus vinculaciones locales y su relativa independencia, también
tenía el apoyo de los conciliados y, en particular, de Mitre, jefe nato
de la bancada. Así, fue votado por unanimidad por los 82 diputados
presentes, en un clima afable que contrastaba con la tensión del
momento. *La Nación* comentaba con beneplácito: "[…] reinaba entre todos la mas franca cordialidad"; predominaban "las palabras ca-
riñosas […] acompañadas de sonrisas afectuosas y de efusivos apre-
tones de manos". Es que allí se encontraban "amigos de la infancia
[…] compañeros de colegio ó de universidad" que "a pesar de militar en filas opuestas han conservado puro siempre el culto de la mútua amistad". Se trataba, pues, de hombres que pertenecían a los
mismos círculos, a la misma clase.[237]

También se aprobó por unanimidad la propuesta de composición
de la comisión de poderes, que quedó integrada por tres concilia-

dos y dos autonomistas. Este resultado, sin embargo, fue una señal de alarma para el autonomismo, que descontaba tener la mayoría. Al día siguiente, Lucio Mansilla le escribía a Roca: "No me gusta la Comision nombrada, pues el unico roquista sierto que hay en ella es Serú". No obstante, así había quedado y las negociaciones que siguieron no alcanzaron para evitar que en la sesión del 2 de mayo se presentaran dos despachos. El de la mayoría (firmado por los tres conciliados) proponía aprobar las elecciones de todas las provincias salvo tres: Entre Ríos, Santa Fe y Córdoba. Eran once diputados autonomistas cuya presencia aseguraba a éstos la mayoría en la Cámara. El despacho de la minoría, por su parte, aceptaba todos los comicios salvo el de La Rioja. Pero antes de votar, la sesión fue levantada, porque había expectativas de nuevas negociaciones.[238]

Siguieron días agitados. Los gobernadores de Entre Ríos y Santa Fe, que veían peligrar sus diputaciones, intercambiaron telegramas en los que decían preferir "todos la guerra misma antes que una acción deprimente del Congreso y de los pueblos". La respuesta de Avellaneda fue inmediata: calificaba los términos de esos telegramas como "completamente subversivos", pues "ningún poder público de las provincias tiene derecho para penetrar en el recinto del Congreso y juzgar sus actos", y exigía que retiraran o explicaran los conceptos que habían vertido. Corrían rumores sobre transacciones y traiciones. Los roquistas, como siempre, desconfiaban del Presidente, aunque éste les asegurara su apoyo. La candidatura de Sarmiento seguía en pie. Roca, ahora en Rosario, volvía sobre la cuestión en carta confidencial a Rocha, donde le planteaba la posibilidad de sostener a Sarmiento como "la mayor prueba de patriotismo que pueda dar un soldado cediendo en obsequio de la paz de la República un triunfo tan legal como sin ejemplos". Ellos se reservarían "el derecho de designar el vice Presidente" y pedirían a Avellaneda que nombrara a Roca ministro de Guerra. Así, pronosticaba, "los mitristas se van á desencadenar contra Sarmiento con mas furia y desesperación que contra mi. Ya me parece –decía– que los veo retorcerse como las vivoras y siento una especie de placer". Le daba instrucciones a su amigo porteño de no "dar paso ninguno" hasta no recibir sus instrucciones por telegrama cifrado, cuya clave le adjuntaba.[239]

El 7 de mayo, el escándalo llegó al Congreso. Se presentaban los dictámenes de la comisión de poderes y la sesión prometía ser turbulenta. Los diputados venían preparados: según Yofre, muchos de los suyos (roquistas) iban armados y llevaban guardaespaldas, que se ubicaron en las galerías bajas. "Estos auxiliares secretos –cuenta– tenían la consigna de que, al primer tiro que se hiciera sobre los Diputados roquistas, ellos atacasen a los tejedoristas." Éstos, por su parte, habían llevado sus barras, que desbordaban las galerías. Ya en la sesión, desde la bancada roquista se hizo moción para invertir el orden habitual en el tratamiento de los despachos y considerar primero el de la minoría, que los favorecía. Estalló la disputa: intervenciones a favor y en contra; una votación, que ganaron los autonomistas por tres votos; reclamos de los conciliados y otra votación que confirmó la anterior; protesta generalizada de los perdedores; violenta reacción en las galerías, desde donde la barra conciliada lanzaba "mueras" a la bancada roquista. Los rifleros alistaban sus armas. Yofre recuerda que entonces Mitre "saltó rápidamente sobre [su banca] y parado cuan alto era, con sus largos brazos abiertos hacia uno y otro lado de la barra […] exclamó: –*¡No es tiempo todavía!… Señor Presidente: hago moción para que se levante la sesión.* Al instante –sigue Yofre–, el Dr. Quintana tocando la campanilla, dijo: –*Queda levantada la sesión,* abandonando el recinto".

Mitre era una figura política de primera línea. Jefe del Partido Nacionalista, ejercía un liderazgo indiscutido entre los suyos, a la vez que gozaba de un prestigio de hombre público que todos le reconocían. En Buenos Aires, su aura republicana atraía a nativos e inmigrantes por igual, y lo convertía en un personaje que para muchos encarnaba la virtud y el compromiso cívicos, tan caros a la cultura política porteña. Por esos mismos días, el periódico *El Correo Español* lo proponía como candidato a presidente, pues "¿No tenemos pruebas sobradas de lo que es y lo que vale como gobernante? ¿No se le ha paseado en andas por las calles y elevado a la categoría de idolo en el corazón de sus connacionales?".[240]

Claro que ésa no era la única opinión que circulaba sobre Mitre. Adversario eterno del autonomismo, las circunstancias lo habían llevado a unir fuerzas con un sector de ese partido en una alianza para enfrentar a Roca y defender "la causa de Buenos Aires". Pero no era una relación fácil y los roquistas buscaron debilitarla por distintos medios, aprovechando las diferencias de fondo y de forma que separaban al por entonces componedor Mitre del más intransigente

Tejedor. A su vez, provocaban a los mitristas con la candidatura de Sarmiento, que sabían era indigerible para el caudillo porteño. Pronto descubrieron, sin embargo, hasta qué punto su habilidad política podía perjudicarlos. Así, le decía a Roca uno de sus partidarios: "La embrolla que esta introduciendo el frailon de Don Bartolo en el Congreso, manejando los titeres desde su casa, es gorda, y al mismo tiempo, peligrosa".[241] No se equivocaba: la actuación de Mitre en la Cámara complicaría los planes roquistas.

La suspensión de la sesión del día 7 había evitado el escándalo mayor que hubiese significado un enfrentamiento armado en el recinto, pero también había permitido a los conciliados ganar tiempo. Esa tarde, la presión se trasladó a la calle, y a la salida del Congreso varios diputados autonomistas fueron objeto de insultos y agresiones. El blanco predilecto era la diputación cordobesa, pero a Rocha también lo amenazaban de muerte al grito de "Traidor". La violencia de la situación dentro y fuera del recinto, los insultos y las amenazas, sumados a las presiones de algunos pares, hicieron su efecto en varios diputados que los roquistas contaban como propios. Juan B. Alberdi (representante por Tucumán), Vicente Quesada (por Buenos Aires y miembro de la comisión de poderes que había firmado el despacho de la minoría) y el diputado por La Rioja, Dávila, habían votado con los conciliados. Según contaba Enrique Moreno a Roca, "el primero por error y los dos últimos de puro zonzos". Lo cierto es que no fueron los únicos en flaquear; otros los siguieron más tarde mientras circulaban rumores sobre más deserciones, pases y traiciones.[242]

Por esos días, Roca le escribía a Juárez Celman:

> Estamos embromados; [...] todo el mundo conspira contra mí en Buenos Aires: griegos y troyanos, provincianos y porteños, principiando por los que componen el Gobierno Nacional, el Presidente inclusive... [...] En el Congreso, avasallado, como Ud. ve, por las turbas a sueldo de Tejedor, no tendremos seguramente mayoría y todos se complotarán para anular todas las elecciones y hacerlas de nuevo... Para vengarme de todo esto, no se me ocurre otra cosa que Sarmiento. [...] Cuando nos veamos arrinconados, le clavaremos este agudo arpón en el medio del lomo a los señores

mitristas, autores de todo esto y seguiremos preparándonos en silencio y con disimulo para pasar el Rubicón a la mejor oportunidad.[243]

Atravesado por la incertidumbre y la desconfianza, Roca no dejaba de pergeñar salidas políticas que transmitía con toda crudeza a su cuñado y socio. La situación era difícil. El propio jefe de su bancada en la Cámara, Victorino de la Plaza, hacía su juego, más cerca de Avellaneda y de Sarmiento que del candidato. Así, reunía a su propia tropa en su casa para acordar cómo seguir en el Congreso pero a la vez avanzaba en conversaciones con Mitre para llegar a una solución consensuada. Éste logró que se levantaran las sesiones convocadas para los días subsiguientes al del escándalo y que Quintana retirara su reciente renuncia a la presidencia de la Cámara. Finalmente, aunque se nombraron dos comisiones para llevar adelante las tratativas, la negociación concreta quedó a cargo de Mitre y De la Plaza. Ese mismo día, el país se conmovía con dos sucesos políticos: el gran mitin de la paz convocado en Buenos Aires y la entrevista entre Tejedor y Roca.

EL "MEETING" DE LA PAZ

Nuevamente las calles de Buenos Aires fueron escenario de una gran manifestación. Esta vez, en favor de la paz. Desde varios días antes, la prensa anunciaba el acto y convocaba a la población a participar en "el gran meeting del comercio" que se expresaría como movimiento de opinión ante los poderes públicos. La iniciativa había partido de la Cámara Sindical de la Bolsa de Comercio, pero rápidamente se unieron a ella otras organizaciones, como la Sociedad Rural, el Club Industrial y la masonería. Se presentaba como independiente de cualquier filiación política, pues como decía el *El Comercio del Plata*, "nos alejamos completamente de la práctica que siguen los hombres políticos", para defender el orden y la nacionalidad "en peligro". Habían reclutado, sin embargo, el apoyo de algunas figuras públicas destacadas: Mitre, Rawson, Sarmiento, Alberdi, Gorostiaga y Vicente López, que apoyaron la convocatoria.[244]

El éxito obtenido en sumar adhesiones de muy distintos sectores para el acto no impidió que, desde las filas del autonomismo, se echara un manto de sospecha sobre la iniciativa. *La Pampa* advertía que había que "reflexionar sobre la intención de quien ha inventado este movimiento de opinión", y que era, nada menos, el mitrista *La Nación*. Para garantizar que ese "círculo" no controlara el *meeting*, ahora promovido desde el comercio, éste debía "hacerse representar con comerciantes fríos, templados y moderados", excluyendo a los "hombres políticos". Para los autonomistas, la mano del mitrismo era clara. José C. Paz escribió a su primo Roca: "Los mitristas [...] han logrado influenciar la Cámara Sindical de la Bolsa para ponerla a su servicio. El Presidente de ellos Don Emilio Fernandes es mitrista declarado". Sin embargo, una vez lanzada la iniciativa con éxito, no tuvieron más remedio que aplaudirla, al menos públicamente, y buscaron sumarse a ella para intervenir sobre sus resultados. Así, Enrique Moreno le explicaba a Roca su estrategia: "Por lo pronto, yo me voy a hacer miembro del Comite de la Paz, representando a la masonería.[245]

El avellanedista *La República*, en cambio, supo capitalizar la iniciativa: "EL PUEBLO DE BUENOS AIRES NO QUIERE LA GUERRA", decía, subrayando que "el pueblo verdadero", "el elemento conservador" que componía la mayoría, no estaba con Tejedor y su política de resistencia pues no desea más que "la tranquilidad y el orden público".[246] Y se sumaba a la convocatoria.

El movimiento tenía dinámica propia, y no dependía únicamente de sus mentores políticos. Quienes tomaron la posta de la organización –en principio la Bolsa pero luego otras corporaciones– siguieron los pasos habituales en este tipo de actos públicos que se pretendían masivos. Reunieron a sus dirigentes, nombraron comisiones ad hoc para el mitin, publicaron avisos en los diarios y prepararon cuidadosamente los detalles organizativos: lugar de encuentro, encabezamiento de la marcha, disposición de las columnas, trayectoria a seguir, seguridad del acto, redacción de los documentos a leer y presentar, designación de quienes harían los discursos, entre otros. Asimismo, pidieron a los comercios, bancos y otros negocios que cerraran sus puertas por la tarde para favorecer la asistencia, recomendación que fue seguida por la gran mayoría de las empresas.

Llegó el día: la manifestación fue masiva. El propio *La Pampa,* tan receloso poco antes, reportaba su éxito: "El meeting de ayer ha sido uno de los mas numerosos que se han celebrado [...] Desde temprano grandes masas de pueblo rodeaban la casa de Gobierno Nacional. Los comerciantes se hallaban en la Bolsa esperando al pueblo... a las tres de la tarde llegó [...] el General D. Bartolome Mitre, siendo calurosamente aplaudido". Entonces se inició la marcha. La abría un comisario "escoltado por quince vigilantes a caballo" y la encabezaban los notables (Mitre, Sarmiento, López, Alberdi, Gorostiaga y Rawson). Seguían las corporaciones organizadoras: Cámara Sindical de la Bolsa y Comisión del Comercio. Luego, todas las demás asociaciones: las que representaban a las colectividades de inmigrantes (sociedades de ayùda mutua, clubes y otras instituciones), las logias masónicas, las sociedades de socorros mutuos locales (la de Sastres y la de Dependientes, por ejemplo) y las organizaciones empresarias, como el Club y el Centro Industrial y la Sociedad Rural, entre otras. *La Pampa* contó entre 10 000 y 12 000 personas, pero otros diarios eran más entusiastas y reportaban 20 000, 40 000 y hasta 50 000. *La Nación* habló de "una multitud incalculable".[247]

La columna partió de la Bolsa, en la calle San Martín, avanzó hasta Rivadavia y dobló luego hacia la Casa de Gobierno, donde hizo alto para que la Comisión del Comercio fuera recibida por Avellaneda. Los representantes de la Cámara Sindical de la Bolsa, Emilio Fernández, y de la Sociedad Rural, Enrique Sundblad, leyeron e hicieron entrega al Presidente de las peticiones respectivas. En ellas planteaban su preocupación por la situación que vivía el país y por los trastornos que estaba causando a la "condición normal de los negocios" la amenaza de "perturbación de la paz pública". Le pedían que conjurara esos peligros, buscara los medios pàra afirmar la paz y llevara adelante, en palabras de la SRA, "una accion franca y decidida que restablezca la tranquilidad y la confianza, y salve el crédito político y económico de la Nación".

A estas lecturas siguió la palabra del doctor Guillermo Rawson, quien invitó al Presidente a asomarse a los balcones para ver a la multitud "que representaba todas las clases, todos los intereses sociales", y que "tenía en su seno palpitante de emoción un voto único: la paz". Avellaneda respondió "profundamente conmovido" a los enviados y salió al balcón para hablarle a la multitud. "Salgo a vuestro encuentro y os saludo con vuestra divisa: Viva la paz!!", dijo. Se refirió a las bondades de la paz, a su deber supremo de mantenerla y a sus esfuerzos en ese sentido. Prometió: "No habrá jamás en mi conducta una agresión". "Solo moveré un hombre o un arma para defender la nación amenazada." Los convocó a ser sus "colaboradores en la gran tarea", a no abandonar la escena que ya habían ocupado y terminó:

> ¿Queréis sinceramente la paz? ¿Queréis la paz dentro del órden nacional y rejida por la Constitución...? Pues bien! [...] ¡Habrá paz en la república! [...] porque creo firmemente que el poder del Gobierno es superior al poder de la anarquía y que nada hay dentro de la Nación, superior a la Nacion misma.

El público aplaudió, vivó al Presidente y reclamó la palabra de Mitre, que declinó hablar. Luego siguió su camino, tomando por Balcarce y doblando por Victoria (hoy Yrigoyen), hasta llegar al Congreso. Nuevamente la Comisión se desprendió del conjunto para hacer entrega de una petición que hacía referencia explícita a las luchas políticas y advertía que, si bien no estaban autorizados a proponer soluciones, traía una súplica por la paz. Pues no podían "creer que el patriotismo y la prudencia de los miembros del congreso no puedan hallar un medio, que dejando las armas á un lado tome su dogma en la moral y en la opinión de los buenos".

Entregado el documento, volvieron a ponerse en marcha por Victoria hasta Bolívar, y por ésta hasta Moreno, para llegar a la casa de gobierno de la provincia. No fue fácil acercarse, porque la calle estaba llena de gente. Tejedor estaba en el Tigre, en conferencia con Roca, de manera que la tensión y la expectativa eran grandes entre sus partidarios. Los ministros de Gobierno y de Hacienda recibieron a la multitud e invitaron a los que la encabezaban a subir a la azotea. Desde allí, se dirigieron a la concurrencia Félix Frías, en nombre del gobernador, seguido por quienes leyeron los petitorios del comercio y de la SRA, y por Mitre, quien fue "calurosamente aplaudido". Luego, el secretario de Gobierno, Alcorta, transmitió un mensaje de Tejedor, cuyos términos eran bastante más concretos que los que venían escuchándose hasta el momento:

> Estamos en los últimos días de una lucha, no contra un
> hombre sino a favor de nuestras libertades amenazadas [...]
> De nuestro lado está la opinión unánime de la Provincia...
> Un pueblo en estas condiciones no puede lo que no quiere.
> Estamos listos, pues, para combatir con ventaja pero preferi-
> ríamos transar.

Era un discurso combativo, que decía buscar la paz, pero a la vez re-
marcaba que ésta no estaba en sus manos ni en las del pueblo sino
en las del Presidente, en las del candidato oficial y en las de los gobiernos de provincia, responsables de la candidatura cuestionada.
Volvía a poner a disposición del público su renuncia pero, decía,
"solo una cosa no puedo entregaros y es la voluntad de los partidos
conciliados, mi lealtad de hombre". Según *La Nación*, "la inmensa
concurrencia aplaudió frenéticamente este discurso".

La manifestación oficial terminó allí, aunque algunos grupos
acompañaron a Mitre hasta su casa, donde, ovacionado nuevamente, volvió a pronunciar un breve discurso. Otro grupo fue hacia
la Estación del Norte a esperar la llegada de Tejedor. El resto se disolvió en orden. La Comisión del Comercio seguiría funcionando
para continuar con sus acciones en favor de un arreglo pacífico.[248]

El mitin había tenido gran éxito en convocar a un público que se
presentaba numeroso, diverso, pacífico y organizado para peticio-
nar por la paz, lo que constituía un paso indispensable cuando se
quería mostrar la virtud de alguna causa y su unanimidad. Pero, al
mismo tiempo, desde sus orígenes la iniciativa estuvo atravesada por
la disputa política; más allá de la voluntad de muchos asistentes que
se habrán sumado para bregar por la paz sin adjetivos, otros muchos
lo habían hecho en función de sus propias orientaciones políticas,
mientras sus dirigentes buscaban sacar rédito para sus respectivas es-
trategias. En consecuencia, los resultados concretos en relación con
el objetivo explícito de "la paz" fueron magros. Al día siguiente, todos hablaban del mitin pero cada uno según sus objetivos particulares. Los gubernistas parecían satisfechos, pues interpretaban que
la manifestación había sido "el desenvolvimiento de esas poderosas
fuerzas conservadoras" y veían a Tejedor como "la primer víctima".
Estaban complacidos con el discurso de Avellaneda, que se había
desmarcado de cualquier presión por forzar el retiro de la candida-

tura oficial y no había prometido nada. Para los opositores, en cambio, el Presidente sólo "Dice generalidades", evitando el compromiso concreto, mientras que el discurso de Tejedor había sido "claro y categórico".[249] En suma, si por una parte el acto aspiraba a mostrar la voluntad unánime de un pueblo, por el otro había reproducido en su seno las disputas políticas vigentes, y fue procesado en esos mismos términos.

EL ENCUENTRO DE ROCA Y TEJEDOR

Mientras miles de porteños se movilizaban, los dos personajes centrales del drama político se preparaban para un encuentro a solas, del que venía hablándose hacía mucho, pero que sólo se produjo cuando figuras cercanas a ambos mediaron entre ellos y concretaron la cita. Sería en terreno neutral, en el Tigre, a bordo de la cañonera *Pilcomayo*, puesta a disposición por el gobierno nacional. Roca se había embarcado en Rosario, junto con su hermano Ataliva y su secretario Artemio Gramajo. Tejedor, por su parte, salió de su casa acompañado por varios amigos hasta Retiro, donde abordó sólo el tren que lo llevaría al Tigre. La entrevista se desarrolló en el camarote del comandante, entre las tres y media y las cuatro y media de la tarde. Las versiones sobre qué pasó en ese encuentro son diversas, pero lo cierto es que los dos se mantuvieron en sus posturas originales y no hubo solución. Es decir, Tejedor insistió en las renuncias de ambos a la candidatura a presidente; Roca volvió a presentar como única alternativa a Sarmiento, siempre que contara con el apoyo conciliado; Tejedor no estuvo de acuerdo y así terminó todo.[250]

Cualquier expectativa de solución pacífica pareció disiparse y los días que siguieron fueron de una actividad frenética por parte de todos los involucrados. No bien partió Tejedor, Roca se reunió con sus amigos políticos más cercanos para ver cómo seguir. Era fundamental asegurar la mayoría en el Congreso, aun si hubiese que resignar en primera instancia la candidatura, pues allí se dirimiría la composición del Colegio Electoral que decidiría en última instancia la fórmula ganadora. A las once y cinco de la noche, Roca y Rocha pusieron por escrito los pasos acordados a seguir: pedirle a Mitre "promesa formal de que su partido no irá a la revuelta y que cooperará á que se instale el Congreso en paz e íntegro (menos La Rioja)". En caso de que no resultara, plantear entre los amigos "la necesidad de Sarmiento" y, finalmente, "ver a Sarmiento en seguida y ofrecerle su candidatura si promete cumplir la ley que de el Congreso resolviendo definitivamente la cuestión Capital". Sarmiento, a su vez, debía avisar a Tejedor de la renuncia de Roca y exigirle la suya propia.[251] A esta altura, para Roca y sus partidarios se trataba de ganar tiempo, evitar la guerra inmediata y no perder la iniciativa política. Al volver a la ciudad, Rocha puso manos a la obra.

El gobernador de Buenos Aires, mientras tanto, volvía a su casa y era recibido en la estación por decenas de partidarios. Desde el balcón, pronunció palabras que no dejaban dudas respecto al resultado del encuentro: "Señores, no tengo noticia agradable que daros. Si vosotros conoceis al General Roca sabeis que es pequeño de figura pero grande de ambición", y a continuación se refirió a su intento de obtener la renuncia de las dos candidaturas, que Roca "ha rehusado contestándome: 'que él era como el gerente de una casa de comercio, que podía dar lo propio pero no lo ajeno". Y terminaba, sombrío: "Tiempos duros nos esperan, pero yo lo espero todo del pueblo de Buenos Aires". Era una manera de anunciar que se venía la guerra. Así lo entendieron sus seguidores que, arengados por Luis Varela, prorrumpieron en gritos de "¡A las armas!", "¡A los cuarteles!".[252]

El día 11 apareció una carta pública de Roca en *La Tribuna*, entregada en mano por Pellegrini, en la que se dirigía a "todos los habitantes de la República". Ante las manifestaciones públicas en favor de la paz y las declaraciones "inesperadas" de Tejedor, había decidido no "permanecer en silencio un día más", pues no era su culpa si no habían logrado un entendimiento. No era posible ninguna solución "mientras el Congreso no se constituya". Si esto ocurría, entonces estaba dispuesto a reunir a "un grupo numeroso de amigos políticos", a los que sometería la suerte de su candidatura. Pues, afirmaba: "Es para mi una cuestión de honra demostrar: Que no soy ambicioso vulgar, que comprendo las responsabilidades de un candidato y de un jefe de partido y por fin que mi persona jamás será una bandera de guerra civil".[253] Entregada esta carta, partió de nuevo para Córdoba.

Su posición era delicada. Todo el mundo político tenía algo que decir sobre su candidatura, que pasó a ser prenda de negociación en las transacciones que llevaba a cabo el gobierno nacional, los diputados de uno y otro sector, y hasta algunos de sus amigos políticos cercanos. Avellaneda convocó a un conjunto de figuras de primera línea del oficialismo y de la oposición para buscar una solución a la crisis. Allí discutieron, por supuesto, la candidatura Roca. Algunos de los presentes, como Mitre y Rawson, la combatían mientras que otros salían en su defensa, en particular Sarmiento –que, según le decía Ojeda a Roca, "ha tenido momentos de verdadera elocuencia"– y el propio Presidente, quien "tomó tu defensa con calor [...] declarando que él era tu amigo" y que no haría nada "que pudiera perjudicarte". También hubo propuestas de ofrecer a Roca una terna de candidatos para que eligiera su reemplazante. Pero sólo acordaron seguir las conversaciones.[254]

Dentro del propio partido las alternativas se barajaban sin pudor. Lucio V. Mansilla promovía a Quintana; otros volvían a insistir con Irigoyen; Del Valle, De la Plaza y hasta Avellaneda –se decía– se inclinaban decididamente por Sarmiento y no sólo como maniobra táctica, como parecía hacerlo el mismo Roca. Es cierto que la carta pública de éste había generado expectativas, porque muchos interpretaban que su renuncia sería segura "en el caso de que sin ella viniera la guerra civil". Esa percepción causó desconfianzas y desconcierto en el partido, pero fuera de él generó una reacción favorable en "la opinión". José Manuel Estrada, un hombre público respetado y autónomo, le escribió a Rocha rogándole (literalmente) que intercediera para obtener esa renuncia y evitar así la guerra; luego lo visitó para proponerle que se nombrara una comisión mixta de los dos partidos a fin de encontrar una solución. Félix Frías, por su parte, también continuaba sus gestiones por la paz y visitaba a Tejedor para tratar de forjar algunos acuerdos, a la vez que auspiciaba la candidatura de Gorostiaga.[255]

Pero en el gobierno provincial los ánimos estaban para otra cosa. El 12 de mayo, los diputados de la Legislatura dieron a conocer un manifiesto "A los pueblos de la República". Afirmaban allí, por una parte, que adoptarían "todas aquellas medidas que salvando la dignidad de Buenos Aires y las instituciones del país" hicieran posible "sin efusión de sangre el imperio de la Constitución y el goce de las libertades públicas". Por otra parte, si "las obsecaciones de la ambición u otras causas arrastraran al país a una situación violenta", la Cámara sancionaría todas las medidas necesarias para "salvar las instituciones de la República [...] con el sacrificio de la sangre y de los tesoros de su pueblo". Finalmente, adhería a la política del "Jefe del Poder Ejecutivo", es decir, Tejedor.

PREPARARSE PARA LA GUERRA

En realidad, la preparación de Buenos Aires para la guerra nunca había cesado. El diputado Yofre daba sus primeras impresiones de la ciudad a Juárez Celman:

> Por todas partes ruidos de tambores, ruido de cornetas, ecos de guerra, batallones de *voluntarios* (a un patacon diario por dia de servicio) haciendo movimientos marciales de izquierda a derecha y de derecha a izquierda. Los domingos, con sus bandas de múcica a la cabeza pasean por la ciudad i van hasta Palermo a ejercitarse al blanco; de noche, se reunen por secciones á hacer ejercicios doctrinales – Esta Provincia se árma pues a gran priesa.[256]

Como en los meses anteriores, seguía la organización de la "resistencia", alentada, difundida y amplificada por la prensa conciliada. Los batallones de voluntarios eran cada vez más numerosos. De noche entrenaban en sus respectivos cuarteles distribuidos por toda la ciudad y los domingos se reiteraban las fiestas del Tiro en Palermo. Todos los días, los diarios traían noticias sobre citaciones, convocatorias, celebraciones y creación de nuevos cuerpos. La información sobre una "gran fiesta nacional" en el Hipódromo Argentino, a beneficio de los "batallones populares Coronel Sosa y General Mitre", revela cuánto se había ampliado el reclutamiento.[257]

En comparación con las otras funciones a beneficio, la del Hipódromo mostró un programa diferente, decididamente más "popular". Incluyó doma de potros, boleada y pialada de yeguas, cincha de caballos, boleada de avestruces, carreras de sortijas y de caballos y, finalmente, el baile: en una plataforma, los bailarines ofrecieron una zamba, varios gatos con relaciones, el marote, la firmeza y el palito. Se habían instalado "numerosas carpas con distintos juegos y comestibles [...] y una especial a cargo de una comision de distinguidas señoritas [que expendía] carne con cuero". Como el día era hermoso, el costo de la entrada relativamente accesible ($ 10 m/c la general) y el objetivo "patriótico y simpático", la fiesta contó con una grande y variada concurrencia.[258]

Con estas y otras funciones, así como con las colectas, se continuaba juntando fondos para la resistencia, que contaba, además, con los dineros del presupuesto y las partidas especiales aprobadas por la Legislatura. A principios de mayo *La Paz* informaba sobre la existencia de "grandes armamentos [...] en nuestro puerto para ser desembarcados clandestinamente". El gobierno nacional, que permanecía atento y dispuesto a frenar cualquier ingreso de armas desde el exterior, hizo interceptar a un vapor inglés que se acercaba al puerto. Se habló de 3000 Remington y 6 cañones decomisados, pero luego se dijo que, atentos a esa posibilidad, los ingleses habían desembarcado su cargamento en Montevideo.[259]

Después de los episodios de febrero, el ejército de línea ya no se paseaba por la ciudad, aunque no por ello el gobierno había descuidado el frente militar. Por el contrario, desde el Ministerio de Guerra, Pellegrini atendía los preparativos. Roca tampoco se quedaba quieto y actuaba de intermediario entre "sus hombres" –esto es, los comandantes y los jefes distribuidos por todo el país que le respondían– y el ministro. Así, desde Zárate recibió un pedido de Antonio Donovan:

> Sería conveniente que Usted influyera para queme manden el Regimiento 9 de Caballeria de linea, pues con esta sola medida tendríamos estrechazado en un círculo de hierro a Tejedor y entonces Godoy con los regimientos 2 y 12 apoderandose de San Nicolas podria incorporarse conmigo á las puertas de Buenos Aires mientras Levalle y Villegas dominarían completamente el Sud. Con estas medidas, mi General, Usted en pocos días y sin embarazo de ningun genero podra reunir todo el Ejercito de Linea i la Guardia Nacional de la República en las puertas de mi querida Buenos Aires

y acabaríamos de una vez con esta situación tan tirante para este pobre pueblo.[260]

Todos se preparaban para la eventualidad de la guerra.

NUEVAMENTE EN EL CONGRESO

La escalada militar no excluía la continuación de las negociaciones, que hacia mediados de mayo volvían a girar en torno al Congreso. Recordemos que Mitre y De la Plaza habían sido designados para ofrecer una solución sobre la aprobación de las elecciones y de los diplomas de los diputados y que el caso clave era el de la diputación por Córdoba (8 bancas que aseguraban la mayoría a Roca). Reunidos en el salón de la biblioteca del Congreso, los dos hombres buscaron el acuerdo y por fin pactaron: se aprobarían las elecciones de todas las provincias, salvo las de Córdoba y La Rioja, que quedarían aplazadas hasta que se constituyera la Cámara. Mitre había conseguido lo que buscaba.

El sábado 15 se realizó la sesión varias veces postergada. Eran las 2 de la tarde; estaban presentes los diputados electos y una nutrida barra poblaba las galerías. El presidente Quintana abrió la sesión y se leyó el proyecto acordado. Mitre pidió la palabra con el propósito de solicitar apoyo para esta solución que "armoniza todas las opiniones divergentes y permite al Congreso instalarse inmediatamente". A continuación, los informantes de la comisión de poderes por la minoría y por la mayoría retiraron los proyectos anteriores para adherir al nuevo. Sólo la voz del diputado Tristán Achával, electo por Córdoba, se alzó en disidencia, pues su provincia, dijo, "estaba escluida de ese proyecto!". Puesto a votación, éste quedó aprobado por amplísima mayoría, con sólo cuatro votos en contra.[261]

¿Qué había ocurrido para torcer la voluntad inicial del bloque autonomista en favor de una solución que beneficiaba a sus opositores? Aunque el arreglo había sido consensuado por casi todo el campo autonomista, al día siguiente el roquismo se manifestó indignado, cruzado por versiones que buscaban explicar la derrota y encontrar nuevas salidas. El mismo día, Rocha telegrafiaba a Roca:

"Amigos aceptaron propuesta adversarios, aprobando todo y aplazando Córdoba y Rioja", y el General le contestó: "Eliminación diputados Córdoba aleja toda posibilidad de advenimiento amistoso. Gran indignación aquí". Otros le escribían con explicaciones. Ojeda, en conferencia telegráfica al día siguiente, le decía: "Este es el resultado de la diplomacia del doctor Plaza", que había terminado aceptando las condiciones de Mitre. En carta previa, del 12 de mayo, el mismo Ojeda lo había prevenido acerca de la dificultad para contar con la mayoría en la Cámara, debido a la deserción probable de varios diputados, algunos por lealtad a Buenos Aires, otros por ambiciones personales (se decía que el cordobés Carlos Bouquet se había vendido por $ 600 000 m/c). Sus temores se habían confirmado y sólo quedaba operar para adelante. La recomendación volvía a ser inclinarse por Sarmiento para "pagarles mas tarde en la misma manera a los que habian elaborado la obra inicua del sábado".[262]

El diputado por Santiago, Absalón Rojas, que había jugado un papel importante en sesiones anteriores defendiendo el despacho roquista, se extendía con su jefe político: "Después del inmenso trabajo que tuvieron para organizarnos [...], despues de la primera guerrilla ganada que tuve la gloria de mandar [se refiere a la votación del 2 de mayo] [...] se produjo fatalmente la desmoralización en nuestras filas producida por diversas causas, siendo la principal la intriga de algunos de los que se reputaban y reputan como nuestros amigos. Ya supondrá que me refiero a los sarmientistas". El resultado de la conferencia con Tejedor, continuaba, "hizo abrigar esperanzas a los que esperaban su renuncia para heredarlo", lo que había disparado todo tipo de intrigas. En estas intrigas, todos estaban bajo sospecha. Hasta el irreprochable Rocha aparecía acusado por algunos de "travieso" y de estar "en inteligencia con del Valle", aunque otros descartaban de plano semejante traición. El aludido, mientras tanto confesaba a Roca: "Lo sucedido [...] no se pudo evitar. Hice esfuerzos sobre humanos pero fueron inútiles. Bouquet, Quesada y algunos otros han sido autores principales; pero el hecho es sobremanera complejo y será largo analizarlo. Me ocupo con actividad de remediar esto".[263]

En efecto, "producido el hecho" como sostenía Rojas en su carta, "lo mejor era hacer lo posible por reorganizarnos y sacar todo el partido de la nueva situación". El escenario iba a ser, nuevamente, el Congreso, cuyas sesiones regulares se abrirían el lunes 17 de mayo, y donde se tratarían otra vez las elecciones que habían quedado tan sólo "aplazadas" por la votación anterior. Volvieron los conciliábulos, las tratativas varias y la danza de las candidaturas. Para el roquismo, era cuestión de asegurar los votos en Diputados para garantizar un Congreso propio. Los conciliados, en cambio, buscarían anular la elección de Córdoba o, en su defecto, "aplazar indefinidamente" su tratamiento. Entre ambos operaban los que proponían candidatos alternativos. El propio Avellaneda le habría dicho a Rocha que, "si el congreso se constituye en minoría todo esta perdido y la candidatura de Roca principalmente. Vale más que renuncie y que salvemos el Congreso y el Partido".[264]

La posición de Roca era difícil, pues había perdido iniciativa política y su bloque se desbarrancaba. Para recuperar terreno, Pellegrini le recomendó que bajase a Buenos Aires, pues temía que "la anarquía" cundiera en la Cámara, que unos apoyaran a Quintana, otros a Sarmiento o a Gorostiaga, y que "lo dejaran afuera del todo". Ya algunos diputados habían amenazado con cambiar el voto de sus electores. Pero Roca no quiso: "Aquí –dijo– soy un vínculo y una fuerza moral y material; en Buenos Aires sería un prisionero sin acción sobre ellos".[265]

Finalmente, el 17 el Presidente inauguró el Congreso. En su discurso, advertía contra la subversión, hacía un llamado a la paz y volvía sobre algo que ya había sostenido anteriormente: que el Congreso era el único juez de las elecciones nacionales. La lectura de sus palabras, le contaba maliciosamente Benjamín Posse a Roca, fue recibida "en un mar de hielo. Entre quinientos adversarios y doscientos empleados que lo escuchaban, no se oyó la menor señal de aplauso o de vituperio. ¡Horrible!". Lo cierto es que Avellaneda nunca había gozado de popularidad en Buenos Aires y en los últimos tiempos recibía sólo reproches, burlas y acusaciones por parte de la prensa porteñista. Tampoco los roquistas lo querían, de manera que sus apoyos eran siempre escasos y precarios.[266]

Qué habría de pasar en el Congreso era todavía muy incierto. Entre los autonomistas se miraban con sospecha y había varios que decididamente jugaban en contra de Roca, De la Plaza entre ellos. Los conciliados, por su parte, estaban firmes con Mitre a la cabeza. "Le confieso que estos hombres del Congreso me tienen con el Jesus en la boca", se quejaba Antonio Díaz a Roca, "y no me gusta nada Plaza [...] Deben elegir un hombre que le ponga a Mitre las pesas a cuarto que es lo que esta necesitando la trampa". Veía que el "Doctor don Bartolo que aqui es *intocable*. Para mi no lo es y reconosco en todo el trabajo que se ha hecho y se hace en el Congreso, la mano diestra de este gran jesuiton".[267]

Entre tanta incertidumbre, volvía a la carga Sarmiento. Del Valle y Ocampo partieron nuevamente en misión a Córdoba para entrevistar a Roca. Conversaron largo y varias veces en su casa de "La Paz" y volvieron sobre viejos temas: si Roca renunciaba a la candidatura e indicaba a sus electores que votaran por Sarmiento, éste lo designaría vicepresidente o ministro de Guerra; se mantendrían las "situaciones provinciales" favorables a Roca; se trasladaría la capital fuera de Buenos Aires [Roca se inclinaba por Rosario] y se trabajaría para que el General fuera el candidato "puesto" para 1886. A todo esto, Roca también volvió sobre lo suyo: sólo si conseguían los votos de Buenos Aires aceptaría en principio la propuesta y la pondría a consideración de una "convención de amigos". Y avanzó un paso más: si cualquiera de estas condiciones no fuese aceptada, los amigos de Sarmiento debían volcar sus votos a Roca. Del Valle no sólo estuvo de acuerdo sino que firmó un compromiso en ese sentido.

Roca envió a Rocha copia de este acuerdo y un mensaje que trasunta a la vez disgusto y fatiga por el estado de las cosas. Había recibido carta de su amigo porteño, en la que le relataba las maquinaciones de los últimos días y le recomendaba "silencio", "estricta reserva" pues "[t]odo indica que debemos mantenernos firmes y sólo ceder en un momento supremo, que no parece será el presente". Se manifestaba dispuesto a hacer cualquier sacrificio para salvar las instituciones, pero se preguntaba "¿es el momento de ese sacrificio?... Creo que no". A vuelta de correo, contestaba Roca:

Es muy fácil, mi amigo, producir un movimiento, disciplinar un partido, crear una pasión pública; pero cuan dificil es dirigir los acontecimientos una vez que han tomado ya una forma y rumbo determinados!

No podía haber expresado mejor la impotencia de un hombre poderoso frente a las contingencias de la acción política. Estaba convencido de que el rumbo que se le ofrecía no era el que debía seguir, pues encontraría allí no sólo "la derrota segura" sino también "el ridiculo y la tacha de cobardía". Si cambiara su candidatura por otra, "se produciría la anarquia y confusion mas espantosa".

Quedaban dos caminos, advertía, "o renunciar lisa y llanamente dejando que cada uno se las componga y recoja los despojos que pueda" o "insistir aunque seamos vencidos por las cábalas e intrigas de las antesalas del Congreso". El tono de esta carta está lejos de la pasión y la ejecutividad de otras veces, regido más bien por el desencanto: "Las intrigas de unos, las cobardías de otros y los embroyos de esa media docena de ambiciosos que solo esperan mis funerales para devorarse entre si por mis despojos, me tienen ya fatigado y anciando solo un medio decoroso y digno de salir del paso. Hasta estoy acariciando la idea de mandarme mudar a Europa a fines de este mes". En cambio, anunciaba su partida para Rosario, adonde citaba a Rocha para un encuentro.[268]

"NO AFLOJE"

Si los episodios en el Congreso llevaron a una intensificación de los intercambios entre Roca y sus seguidores apostados en Buenos Aires, los que se generaron con dirigentes del resto de las provincias no se hicieron esperar. Y Córdoba, con su flamante gobernador Juárez Celman, se convirtió en el epicentro de una red de comunicaciones entre el estado mayor del autonomismo y los diferentes grupos locales. Llegaban a la ciudad representantes de gobernadores amigos, se recibían y enviaban mensajes y telegramas, todos destinados a buscar soluciones a la situación. Finalmente, Roca se trasladó, nomás, a Rosario, que pasó a ser "el cuartel general del roquismo". Allí continuaron las idas y venidas de sus allegados y partidarios. El General recuperaba la iniciativa.

Hasta esa ciudad llegaron el 28 de mayo los enviados por la Comisión del Comercio que todavía funcionaba en Buenos Aires. Ésta había pedido una entrevista a los dos candidatos y designado delegados encargados de transmitir una petición: sin pretender sugerir soluciones, esperaban promover un intercambio "entre los representantes [...] de los partidos adversos" para arribar a una solución "que consulte el supremo bien de una paz durable y fecunda". Roca los recibió en Rosario; estaba preparado. Algunos días antes, Pepe Paz le había advertido sobre la composición de esa Comisión, mayoritariamente mitrista, y sobre su propósito inicial: exigirle la renuncia. Uno de sus miembros era, sin embargo, "un completo caballero", que había convencido a los demás de no inmiscuirse en cuestiones partidarias. Se trataba de Enrique Sundblad, presidente de la Sociedad Rural, que "no es roquista ni tejedorista. Es mas contrario de este que tuyo". De todas maneras, le adelantaba: "La Comision no lleva esperanzas algunas... Te lleva palabras y palabras con palabras se pagan".[269]

Así fue: Roca contestó con palabras. Mientras que Tejedor, según versiones de sus opositores, había sido desatento con los representantes de la Comisión, el General les respondió cortés pero firmemente. Celebraba la oportunidad que el "comercio de Buenos Aires, que es el comercio argentino", le daba para manifestar sus sentimientos y transmitirle que la aspiración predominante era la paz. Cada uno debía, en su esfera, trabajar "por la consumación de tan supremo bien" y él estaba dispuesto a responder a la iniciativa del comercio. Si bien no se habían cumplido "con equidad" las condiciones que él había fijado en su carta del 11 de mayo [se refería a la votación sobre los diputados], había decidido cumplir la segunda parte de lo propuesto en esa carta, es decir, la constitución de un "consejo de mis amigos políticos" con plenos poderes para representarlo en las tratativas que se hiciesen, para que "la contienda electoral tenga una solución decorosa" y para asegurar "una paz fecunda y duradera". Esto, decía, "es mas que lo que los señores Delegados me pidieron". Pero era también, como no se les escapó a los contemporáneos, una jugada destinada tanto a mantener la iniciativa como a ganar tiempo, dos ingredientes clave de la acción política.[270]

De ahí en más, Roca no perdió un momento. De inmediato escribió a la comisión de cinco miembros inicialmente designada por el Comité Autonomista para entenderse con los delegados de los conciliados (Martín de Gainza y Juan Agustín García). Les relataba sus intercambios con los enviados del comercio y su decisión de someter la suerte de su candidatura a "la decisión de un consejo convocado por ustedes... ". Los autorizaba, así, para "proceder y fallar". Acto seguido, redactó otro mensaje para el presidente del Comité Autonomista, Juan José Romero, donde le incluía una lista adicional de más de 110 "amigos políticos" que deseaba fueran consultados antes de tomar una decisión. Incluía allí dirigentes cercanos de importancia, como Rocha, figuras destacadas de la política del interior como Absalón Rojas, hombres de su absoluta confianza como Enrique Romero, personajes no tan confiables, como Victorino de la Plaza... En fin, la lista era larga y resultaba evidente que no sería fácil consultar a tantos y tan diferentes "amigos", y menos aún lograr un rápido acuerdo entre ellos.

Los tiempos se acortaban: la reunión del Colegio Electoral estaba fijada para el 11 de junio. Los conciliados tenían su opinión formada: rechazaban la candidatura de Sarmiento aunque mantenían la propuesta de renuncia de Tejedor y ofrecían a cambio el nombre de Quintana. En el campo autonomista, por su parte, desde diferentes distritos llovían pedidos para que no hubiera renuncia ("no afloje", decían las cartas) y empezaban a circular nombres para la vicepresidencia, pero el famoso consejo no se reunía. Roca, en cambio, estaba en plena acción y definía muy bien qué esperaba de él: "Yo los he nombrado para que me sirvan un poco de escudo... Que no aparezca como hasta ahora que yo sólo soy el que insiste en mi candidatura", le confesaba a Juárez Celman, mientras instruía a Rocha: "[...] la convención de amigos no debe tener otro rol que el de aconsejarme á mí y á los electores persistir en mi candidatura". Y pasaba a discutir nombres para el vice de la fórmula que, quedaba clarísimo, no la encabezaría otro que él.[271]

El autonomismo había pasado del triunfalismo de las elecciones de abril a la inquietud, el malestar y la alarma en las sesiones del Congreso, seguidos luego por un cierto *impasse* marcado por el propio humor del candidato, que finalmente volvió con toda su energía a ocupar la escena política a fines de mayo.

"LA CAUSA DE BUENOS AIRES"

Los tiempos de Buenos Aires eran diferentes, pues si por una parte las idas y vueltas del roquismo no pasaban desapercibidas en el mundo político, la dinámica de la vida pública se regía por otros ritmos. La "resistencia" proclamada inicialmente por Tejedor y sus aliados mitristas se había convertido en una bandera cada vez más popular. Sectores amplios de la población de la ciudad y la campaña se sentían convocados por esa causa y se movilizaban en torno a ella. No sabemos cuánta gente –del medio millón de adultos que residía en la provincia– efectivamente se sumaba a las convocatorias en cada momento. Pero sí nos llegaron los ecos del clima de entusiasmo colectivo que los opositores percibían muy bien. Se hacía difícil ser porteño y resistir esa fuerza del conjunto. Así lo sintieron los diputados autonomistas de Buenos Aires que defeccionaron de su propio campo ante las presiones de sus parientes, amigos o pares. Esa ola llegaba también a la prensa periódica y varios diarios que habían sido órganos del autonomismo pasaron a otras manos y se convirtieron en voceros de la "resistencia".

"Nuestros diarios quieren la paz, pero de esta manera. ¡Viva el patriotismo!" *La Cotorra*, 6/6/1880.

El mensaje de éstos era claro: correspondía a Buenos Aires, de acuerdo con sus más caras tradiciones, defender la libertad para sí y para toda la República frente a las huestes del despotismo oficial, que pretendía imponer al pueblo una candidatura, la de Roca, por la fuerza. "[Buenos Aires es] la estrella luminosa que guiará sus pasos en la ruda, pero fecunda tarea, que la República toda va a emprender para salvar las instituciones, la moral, la justicia y los grandes principios que ha consagrado la Constitución", pregonaba el *Buenos Aires*. Contra las maquinaciones de Avellaneda, "que es la personificación del zángano de la colmena argentina", un "bufón funesto y devorante", que "pretende tratar al pueblo porteño como una tribu conquistada [...], se alzará el coloso que el enano no alcanza a ver desde sus proporciones menguadas". Esta retórica se mantenía con escasas variantes que daban cuenta –apenas– de los problemas de cada coyuntura.[272]

Esta prensa porteñista no era, por cierto, la única que circulaba en Buenos Aires. Dirigentes de todos los partidos sabían de la importancia de los diarios como medio de acción política y hacían esfuerzos por tener sus órganos propios o afines. Con diferentes tonos, cada periódico político hacía de sus páginas una trinchera, de manera que el lenguaje encendido, la prédica militante y las burlas y la descalificación de los contrarios estaban parejamente distribuidos. Los de la resistencia, sin embargo, parecían sintonizar mejor con ese clima de entusiasmo porteñista que crecía en Buenos Aires. Y para el mes de mayo el retroceso de la prensa anticonciliada era evidente. Había desaparecido el furibundamente roquista *El Pueblo Argentino*, que tanto le había costado a Benjamín Posse mantener vivo, despertando el ánimo jocoso de *El Correo Español*, que le dedicó estos versos:

> El papel de *Minotauro*
> Esto es, "El Pueblo Argentino"
> Ha concluido su sino
> Sin alcanzar ningun lauro
> De la familia del sauro
> Arratrose eternamente
> A las plantas de aquel ente
> Que *diz* conquistó el desierto

Pero aún así, ¡pobre! ha muerto
Despreciado de la gente.

El Porteño, por su parte, cambiaba de manos y anunciaba con fervor que "[l]a salvación de Buenos Aires, de las libertades de toda la República, y de la honra Nacional, ha de constituir el programa que de hoy en adelante [...] ha de sostener con todas las fuerzas de su alma". Y pronto caería un baluarte de la prensa autonomista, *La Tribuna*, comprado por Mariano Varela.[273]

RIVADAVIA Y SAN MARTÍN

En medio de este clima crecientemente hostil al gobierno nacional, Avellaneda se embarcó en una operación mayor: la conmemoración del centenario del nacimiento de Bernardino Rivadavia. La iniciativa había surgido poco antes en una asociación de fomento de "la educación popular" que llevaba el nombre del estadista porteño y encontró un eco inmediato en el diario *La Nación*. A poco de andar, empezaron a publicarse adhesiones y nuevas convocatorias que daban cuenta del interés de diversos sectores sociales, políticos y culturales por no quedarse atrás en la celebración de quien era, ante todo, un "héroe" de Buenos Aires. A este movimiento se sumó, a fines de abril, el gobierno nacional. El Presidente dobló la apuesta y se propuso convertir una celebración local en una conmemoración de estado. Decretó feriado nacional para el día 20, ordenó un tedeum y comprometió su participación en los actos, mientras el Congreso aprobaba fondos para los gastos involucrados.

Lo que siguió fue una verdadera apoteosis. Todo Buenos Aires se organizó para intervenir en los fastos. Miles de ciudadanos desfilaron por Buenos Aires encolumnados y encuadrados en sus respectivas asociaciones y corporaciones de pertenencia, con sus bandas de música y sus estandartes a la cabeza. Los barrios de la ciudad habían convocado a sus vecinos a marchar en las columnas parroquiales. Niños de todas las escuelas se hicieron presentes con sus uniformes, mientras que los batallones del Tiro y otros voluntarios recibieron instrucciones de presentarse pero estrictamente "de civil". Y no faltaba "la parte humilde de la población, que no está afiliada a ninguna asociación [...] superabundaba en ella el elemento femenino, menesteral y obrero, las planchadoras, mucamas, lavanderas, costureras, etc., no faltando tampoco multitud de familias de clase media".[274]

En un día frío pero soleado, la multitudinaria y muy ordenada procesión cívica se organizó en un tronco central que partía de la Plaza San Martín e iba sumando a lo largo de la calle Florida el grueso de las agrupaciones que formaban en las arterias laterales, a la espera de su turno para incorporarse a la marcha. A esta columna principal se agregaron luego las que venían de los actos realizados en la Catedral y en el Politeama. El primero se inició con el tedeum y luego siguió con una ceremonia en la Plaza de la Victoria. En una plataforma estaban el Presidente y sus ministros, el cuerpo diplomático, el arzobispo, las autoridades del Congreso y de la Corte Suprema, guerreros de la Independencia y de la guerra con el Brasil, las autoridades de la provincia y del municipio, además de la comisión encargada de los actos. Hubo varios discursos, entre los que se destacaron el de Avellaneda y una Oración del Centenario pronunciada por Mitre. Se puso la piedra fundamental de un monumento al prócer y hubo medallas y placas alusivas. El segundo acto, en cambio, era "alternativo": las logias masónicas y todos aquellos que no querían sumarse al evento religioso, hicieron su propia ceremonia cívica en el Politeama.

Una vez finalizados esos actos, todos se unieron al tronco de la procesión que tomó por la calle Rivadavia hasta la Plaza Lorea y volvió para terminar en la de la Victoria. Abrían la marcha la policía y la escolta de los granaderos, seguidos por el Centro Gallego, la primera de las numerosísimas asociaciones de inmigrantes que desfilaron ese día. Un poco más atrás venía el carro triunfal que llevaba el busto de Rivadavia. Arrastrado por "ocho troncos de caballos negros guiados por otros tantos palafreneros", en su caja lucían figuras alegóricas: "diez y seis huérfanas" representaban a las provincias y territorios nacionales y otras señoritas encarnaban a la República Argentina, las ciencias, la agricultura, el comercio, las artes y la industria. Otro carruaje llevaba a los ancianos guerreros, seguido por las autoridades y empleados nacionales, provinciales y municipales y la gran masa de asociaciones y corporaciones nacionales y extranjeras. Las fuerzas de Línea y el batallón Guardia Provincial formaban hacia el final de la columna representada por tres cuadras compactas de "pueblo". En todo el trayecto, un público entusiasta acompañaba desde balcones, azoteas y veredas, con aplausos y vítores que se sumaban a las salvas, las bombas de estruendo y la música. A la noche, un espectáculo sin igual de fuegos artificiales tuvo lugar en la Plaza de la Victoria, cerrando así "la fiesta del Centenario".

No era la primera vez que Buenos Aires desplegaba en la calle una ceremonia cívica convertida en celebración pública de sí misma. Pero esta vez la fiesta tenía lugar en un momento muy particular y los diarios porteñistas así lo interpretaron. "Las fiestas del jueves –decía el *Buenos Aires*– no admiten punto de comparación con todas las que se han celebrado hasta la fecha. En ninguna como en esta ha tomado participación directa todo, todo el pueblo de Buenos Aires. La ovación ha sido digna de un pueblo que marcha a la cabeza de los pueblos libres de América del Sud" y *La Nación*, con su afectación habitual, afirmaba exultante: "Era necesario que Atenas se mostrara digna de Pericles y digámoslo en honor de su alta civilización: ha probado que sabe honrar espléndidamente la memoria de sus grandes hijos".[275] En esas notas se ignoraba el importante papel desempeñado por el gobierno nacional, así como se pasaba por alto cualquier mención a la rivalidad extrema que por esos momentos enfrentaba a muchos de quienes, en esta fiesta, marcharon codo con codo. El único que no dejó de manifestar su contrariedad fue Tejedor. A diferencia de Mitre, que cumplió con su papel de ex presidente y hombre de estado que gustaba colocarse por encima de las disputas del día, el gobernador se negó a hacer uso de la palabra en el acto central y, aunque participó de la marcha, dejó luego su testimonio indignado. Frente a "la série de vejámenes" a que los integrantes del gobierno nacional sometían al de la provincia, Avellaneda se hacía "el desentendido". En ese contexto, "la fiesta hecha en honor a Rivadavia era la burla mas atroz que podía infligirse al pueblo de Buenos Aires". Este gesto ilumina bien su personalidad obstinada, poco proclive a las transacciones de recámara, y las diferencias que en ese aspecto lo separaban de su aliado Mitre.[276]

El Presidente, mientras tanto, no respondía a estas críticas ni daba tiempo a la autocelebración de los porteños, e inmediatamente llamó a dos actos más: el 25, a las habituales fiestas mayas, y el 28, a la recepción de los restos de San Martín, que eran repatriados para descansar en la Catedral. Para la ocasión, de nuevo se puso en marcha el aparato movilizador, en este caso encabezado por el gobierno nacional, pero que incorporó también a las sociedades y corporaciones.

El día señalado amaneció destemplado y con amenazas de lluvia. De todas formas, la ceremonia estuvo a la altura de lo esperado. Los actos comenzaron en el propio buque que traía los restos, recibidos por un convoy de botes y falúas que llegó al muelle de las Catalinas. Allí lo esperaba una comisión de recepción gubernamental y Sarmiento fue el encargado de dar el discurso de recepción en nombre del Ejército Nacional. De allí el cortejo emprendió la marcha, pasando por el viejo cuartel de Granaderos hasta la Plaza San Martín, donde el Presidente hizo su discurso, seguido por palabras del vicepresidente y del ministro del Perú. Depositado el ataúd cubierto por la bandera de los Andes en un carro fúnebre, comenzó el desfile por la calle Florida hacia el norte. Lo encabezaba una escolta de la policía, a la que seguía la banda de música y los cuerpos 1, 8 y 11 de infantería de línea, cadetes militares y alumnos de la Escuela Naval, y "una multitud de soldados". Luego venía el carruaje con el ataúd con su comitiva de las comisiones de repatriación y recepción, seguidos por las autoridades del gobierno, encabezadas por el presidente de la República. Detrás, los estudiantes, empleados de distintas reparticiones, una larga columna del Tiro Nacional (de riguroso traje civil negro) y las sociedades nacionales y extranjeras –estas últimas con una presencia bastante menor a la observada la semana anterior–. Finalmente, marchaban 24 piezas de artillería, 6 ametralladoras y 18 cañones Krupp, seguidos por el 1º de caballería presididos por el coronel Manuel Campos. Así se llegó a la Catedral, justo cuando se desató la tormenta. Allí tuvo lugar una larga ceremonia con toda la pompa, mientras parte de los manifestantes se aglomeraban para poder ver y el resto se disolvía en medio de una lluvia cada vez más fuerte.

Al día siguiente, los diarios celebraban el éxito de las ceremonias en honor al héroe nacional. Claro que las diferencias con la fiesta del centenario de Rivadavia quedaban claras: mientras ésta había sido sobre todo una celebración cívica, la de San Martín fue marcadamente militar. Y si bien era lógica esta diferencia, dado el papel que cada una de esas figuras había tenido en la vida nacional, la situación por la que atravesaba el país en mayo de 1880 hizo que el despliegue militar fuera interpretado en función del conflicto vigente. "El Presidente no desaprovecha ninguna oportunidad para hacer público alarde de la fuerza de que dispone –acusaba el *Buenos Aires*–. En esta semana los mil doscientos hombres de la guarnición han desfilado cien veces por nuestras calles arrastrando cañones y estremeciendo el pavimento con los cascos de los caballos". En cambio, *La Paz* advertía que, si bien había quienes aseguraban que el gobierno había hecho alarde de elementos bélicos en la procesión fúnebre y otros que veían todo el despliegue como una maniobra para distraer el ánimo colectivo, "A nuestro humilde juicio [...] los que tal piensan se equivocan. Esas grandes fiestas producen el efecto contrario que se proponen [...] No estamos ni en la época ni en la situación aquella de circo y gladiadores, pan y toros. A Buenos Aires no se le fascina con fiestas".[277]

No se equivocaba el diario irigoyenista. La semana de ceremonias en que se representó la unidad del pueblo, organizado y en orden, celebrando a sus héroes nacionales, no alcanzó para suturar las grietas políticas profundas que por entonces lo atravesaban. Como lo anticipaba con preocupación Vicente F. López en carta a su hijo: "[...] para cuando pase la danza [la situación] queda [...] muy preñada de malos síntomas".[278]

Entreacto 4. "¡Viva Buenos Aires!"

> Es curiosa, en punto á organización, la suerte de la
> provincia de Buenos Aires. Ella se ha sacrificado
> constantemente por el bien común, y no obstante está
> acusada de separatista.
>
> CARLOS TEJEDOR[279]

El conflicto político del 80 empezó como una cuestión de
candidaturas, pero rápidamente fue cambiando de carácter, hasta
convertirse en una confrontación entre el gobierno porteño y el nacional. En la visión de los contemporáneos, esta oposición se desli-
zaba con frecuencia hacia otra polarización, la que oponía a Buenos
Aires y el resto de las provincias argentinas. Este motivo no era para
nada nuevo en la vida del país y formaba parte ya de sus tradiciones
políticas. Si bien esta rivalidad estaba cruzada por tramas político-
partidarias, ideológicas y de intereses que conectaban a porteños y
provincianos, por décadas operó con eficacia en el imaginario colectivo de unos y otros. Hacia los años 80, ese clivaje sería tensio-
nado por otra oposición, producto del proceso de consolidación del
estado, entre un gobierno nacional cada vez más centralizador y los
gobiernos provinciales (incluido el de Buenos Aires) con aspiraciones autonómicas. En ese escenario de antagonismos superpuestos y
en redefinición, los porteños dieron forma a una imagen de su provincia y construyeron un lugar simbólico para Buenos Aires que sirvió de fundamento a la política de resistencia, como veremos a continuación.

Cuando la definición de los candidatos presidenciales del 80 puso
en marcha la gimnasia electoral en todo el país, en los dos bandos

en pugna había dirigentes de Buenos Aires y de las demás provincias. Pues si bien Roca venía tejiendo su red de apoyos sobre todo en el interior, no hubo inicialmente adhesiones regionales cristalizadas sino más bien las habituales diferencias entre grupos políticos que competían por el premio mayor y recurrían para ello a los recursos que ofrecían el gobierno nacional y cada uno de los gobiernos de provincia.

A medida que escalaba la competencia por esos recursos, la cuestión de quién tenía la potestad de movilizar las milicias y la Guardia Nacional pasó al primer plano del debate político. En esa disputa, que ponía en juego la autonomía de las provincias y el poder del gobierno nacional en materia militar y, por lo tanto, el modelo de estado, tampoco hubo alineamientos partidarios o regionales. Pues si bien, como vimos en el capítulo 1, los conciliados se ubicaron mayormente en el polo autonómico y Roca, junto con Sarmiento y Avellaneda, eran centralistas duros, el resto del autonomismo se dividió en torno a esta espinosa cuestión.

Los apoyos oficiales a Roca, sumados al centralismo en la cuestión de las milicias, sirvieron a Tejedor y los suyos, sin embargo, para denunciar las acciones del gobierno nacional como una imposición a la provincia y un ataque a sus libertades, así como para erigirse en los representantes de "la causa de Buenos Aires" y llamar a la resistencia.

La provincia de Buenos Aires era la más rica, extensa y poblada de la Argentina. Contaba con 800 000 de los casi 3 millones de habitantes del país, distribuidos en un amplio territorio cuyos límites (luego de la ocupación nacional del "desierto") todavía no estaban claramente establecidos. La explotación de sus tierras feraces no hacía sino expandirse sobre la base de la producción capitalista del agro para la exportación, a mercados en sostenido crecimiento. Redes de comercialización y transporte operaban en toda la provincia, cuya capital disponía de puerto, bancos y una infraestructura de servicios que aceitaba el funcionamiento de la economía. La ciudad de Buenos Aires era, además, el principal centro político, administrativo y cultural del país. Con unos 300 000 habitantes, más de la mitad de los cuales eran inmigrantes europeos recientes, ofrecía todos los contrastes y atractivos de la modernización y el cambio.

Plaza de la Victoria (actual Plaza de Mayo). Fuente: *Fotografías de Buenos Aires. Vistas y costumbres.* Casa Figueroa Ediciones, 1997.

Paseo de Julio (actual Avda. Leandro Alem), vista desde la calle Rivadavia hacia el norte. Fuente: *Fotografías de Buenos Aires. Vistas y costumbres.* Casa Figueroa Ediciones, 1997.

La provincia estaba en plena transformación de sus estructuras materiales, de su población, de su cultura. ¿Cómo entender en ese marco la invocación a "la causa de Buenos Aires" por parte de los tejedoristas? La expresión disolvía la heterogeneidad social, cultural y política de una provincia en pleno cambio para poner en primer plano su unidad, su carácter de comunidad política sellada por sus valores y su historia. Con ese gesto, Tejedor y los suyos recurrían a una figura central en el lenguaje y en el imaginario colectivo de la época, la de "el pueblo de Buenos Aires". Virtuoso y cívicamente comprometido, ese pueblo era, en la expresión ya citada de Gutiérrez, "uno e indivisible [...] resuelto a morir o a vencer, por sus libertades y sus leyes amenazadas de muerte", y en palabras de *La Nación*: "[...] el mismo [...] de 1810, 1852 y 1861" (capítulo 2).

¿Cómo equiparar la Buenos Aires de 1810 con el extenso y poblado territorio del 80? ¿O la pequeña ciudad de 40 000 habitantes de la Revolución de Mayo con la metrópoli de 300 000? La imagen de continuidad de un pueblo esencial estaba, sin embargo, muy arraigada. Ésta había formado parte de la construcción política liderada por Mitre y el Partido de la Libertad en las décadas anteriores, quienes gestaron y pusieron en marcha un conjunto de prácticas y de representaciones todavía muy vigentes en el 80. Entre ellas, ocupaba un lugar clave la figura del pueblo de Buenos Aires como portador de virtudes cívicas y defensor de libertades, unido en su heroísmo y en su compromiso con la República. Su historia se vinculaba con la de la nación. Frente a las ambiciones de los déspotas y a los males del caudillismo que afectaba sobre todo a las demás provincias, Buenos Aires se presentaba como salvadora de la patria.

Así lo planteaban en el 80 los diarios porteñistas. El *Buenos Aires* consideraba la provincia como la "esperanza de redención con que cuentan las provincias argentinas", por lo que "El antagonismo de los pueblos contra Buenos Aires y de Buenos Aires contra las provincias no tiene históricamente considerado otra esplicación que el interés de los caudillos y de los grandes esplotadores políticos", entre los que se destacaba Roca, por supuesto. "Lo único que pretende [Buenos Aires] es resistir á una candidatura que considera un estorbo para la paz pública", afirmaba *La Patria Argentina*. Por lo tanto, ante el ataque, "debe defenderse y SE DEFENDERÁ! Que el espíritu viril que llevó a Buenos Aires á la defensa y triunfo en 1852 no se estinga... Adelante!... Que sea digno de sus antecedentes".[280]

La retórica de unidad y la apelación al "pueblo de Buenos Aires" resultaron eficaces, pues –a diferencia de ocurrido en la revolución del 74, netamente mitrista– transformaron lo que era inicialmente un asunto partidario en una "causa" del conjunto. La dinámica de los sucesos fue dando cada vez más espacio a esa retórica que probó su capacidad de convocatoria y convicción sobre una gran parte de la población provincial. Muchos se unían a las huestes porteñistas y los que no lo hacían por convicción, lo hacían por presión de sus pares, por miedo a ser considerados traidores, o por oportunismo. Lo cierto es que figuras de la vida política e intelectual de Buenos Aires que no habían simpatizado con los conciliados no pudieron sustraerse a la causa. Sectores más amplios de la población también adherían. Así, diarios destacados de las colectividades española e italiana expresaban su apoyo: "Avellaneda con su corte oprime a Buenos Aires: amenaza con desgracias extremas... Y Buenos Aires no teme... se prepara para la defensa", proclamaba *L'Operaio Italiano*, mientras *Il Maledicente* se pronunciaba enfático: "Noble B. Aires: sentimos palpitar el corazón... en presencia de tanto patriotismo! Que el Dios de la Victoria te sea propicio!".[281]

La fuerza simbólica de esa unidad se sumaba así al poder material de una provincia que albergaba a sectores muy poderosos de la vida social y económica del país. Si bien para el comercio y los intereses rurales, más importaba la paz y el orden que el color político del presidente de turno, desde las clases propietarias nunca llegó a condenarse la política de "defensa" armada. Las corporaciones empresarias podían coincidir en reclamar un acuerdo entre las partes en pugna que evitara la guerra, pero entre sus miembros los alineamientos político-partidarios estaban a la orden del día.

La unanimidad de Buenos Aires aparecía, entonces, con pocas grietas. Así lo veían los roquistas, que buscaban desarticular ese bloque, y también los integrantes y amigos del gobierno nacional, que en cambio eran sensibles a sus influencias. Éstos eran objeto de comentarios a veces irónicos, a veces resignados, en la pluma de los corresponsales de Roca. De varios ministros decía, por ejemplo, Olegario Andrade: "Piensan que no debe tirarse un tiro sobre la ciudad sagrada, la Meca de los pueblos del Plata". Y refiriéndose al propio Avellaneda, José Cortés Funes reportaba una conversación privada en la cual el Presidente le habría dicho "[...] si mi amigo Roca hablara en este momento con migo, yo le diría 'no se puede gobernar a Buenos Ayres por la fuerza, ni puede haber gobierno en la Republica Argentina sin el concurso espontaneo de Buenos Ayres'", y agregaba: "No te hagas ilusiones... todo Buenos Ayres apoya el movimiento de Tejedor y este personage es la encarnacion mas genuina del porteñismo". En el mismo sentido, el diputado (luego "traidor") Bouquet le decía: "La oposición á su nombre ha tomado aquí las proporciones de una pacion popular... creo que [Ud.] puede gobernar este pueblo como conquistador pero no como gobernante" (capítulo 3).

A esta imagen de Buenos Aires contraponían la de la nación. "Los hombres políticos que decían que la nacion era Buenos Aires, recien ahora reconocen el poder y la existencia de la Nación", reflexionaba el coronel Racedo cuando la provincia estaba ya derrotada. Pero la situación admitía también otra lectura, y era –nuevamente– Vicente F. López quien la formulaba con toda crudeza: "Los provincianos, entusiasmados con la conquista de Buenos Aires: a esto llaman *causa nacional* en *El Nacional*".[282]

Con lo de "provincianos", López no englobaba a todos los que habían nacido fuera de Buenos Aires sino al grupo de dirigentes que se había unido en torno a Roca y que se distinguía de aquellos que, originarios de otras provincias –como lo eran Avellaneda mismo, Sarmiento o Victorino de la Plaza–, pertenecían a esa elite política patricia que había gobernado el país desde los años 50, y de quienes *La Nación* decía que eran "amigos de la infancia... compañeros de colegio ó de universidad", los que "a pesar de militar en filas opuestas han conservado puro siempre el culto de la mútua amistad" (capítulo 4). Los nuevos "provincianos", en cambio, estaban desembarcando en Buenos Aires de la mano de Roca y, junto con miembros de la vieja elite patricia (algunos porteños incluidos), pronto habrían de constituir un nuevo y heterogéneo elenco dirigente para el estado central en disputada consolidación.[283]

5. Dos semanas de junio.
Otoño intransigente

Poco quedaba en los últimos días de mayo de las solemnes y fastuosas celebraciones que habían movilizado a todo el mundo apenas unos días atrás. La dirigencia volvía a las negociaciones y los conciliábulos; los voluntarios así como la policía y la Guardia Provincial se mantenían alertas; el resto de la gente retornaba a sus ocupaciones cotidianas, no sin un dejo de inquietud por los rumores que circulaban en la ciudad. Se decía que estaba por llegar un importante cargamento de armas para Buenos Aires y se sabía que el gobierno nacional trataría de impedir su desembarco. Se esperaba, incluso, que éste tuviera lugar el mismo 28 o tal vez el 29 de mayo. Sin embargo, nada ocurrió hasta el 1º de junio.

LOS FUSILES

Esa mañana, Tejedor recibió un mensaje de Montevideo, donde su gobierno había contratado la compra y el transporte de 130 cajones con 3150 fusiles Remington a un costo de $ 928 750 m/c, que se pagaría con parte de los fondos aprobados por la Legislatura el 10 de mayo.[284] Éstos debían llegar de un momento a otro en el vapor Boca del Riachuelo. También las autoridades nacionales se enteraron de la inminencia de la operación y se prepararon para reprimirla. No era la primera vez que éstas obstaculizaban el desembarco de armas, que definían como "contrabando" y, por lo tanto, pasible de incautación. Ante esa situación, Tejedor había declarado en la Legislatura que "con o sin despacho el gobierno de la provincia esta resuelto a introducir las armas que pudiera necesitar para su servicio".[285]

Para estrechar el cerco y asegurar que el pequeño vapor fuera apresado, a los buques Vigilante y Talita que patrullaban regularmente el puerto se sumaron cuatro cañoneras de la escuadra. Por si esa maniobra fallaba, el gobierno nacional envió un batallón de infantería, el 1° de línea, hacia La Boca, en apoyo de la dotación habitual con que contaba el Resguardo del Riachuelo. Dispuso, además, que el 11° de línea y la caballería estuviesen listos para acudir ante cualquier llamado.[286]

En la gobernación reinaba gran movimiento. Tejedor había convocado a sus ministros desde temprano. A mediodía llamó al jefe del Tiro, coronel Campos, y al comandante de la Guardia Provincial, coronel Arias. Allí les transmitió su plan y sus órdenes: había dispuesto que la comisaría de La Boca aprestara todo el personal, que estuvieran listos los carros para la conducción de las armas al depósito de la Casa de Gobierno, que se reforzara la comisaría de Flores y que se acuartelaran los cuerpos de vigilantes y bomberos más la Guardia Provincial. Pedía, asimismo, que se convocara al Tiro y los voluntarios. Esa noche Arias debía marchar con un batallón de la Guardia (470 hombres) hacia La Boca, seguido por uno de la policía de 130 hombres y 150 más de la montada. Un segundo batallón de la Guardia ocuparía el Departamento de Policía, mientras 250 hombres del cuerpo de Bomberos se apostarían en la casa de gobierno de la provincia.

En cuanto el plan se puso en marcha, el movimiento y los preparativos generaron alarma en la población. "En los teatros de Colon y Variedades –reportaba *La Nación*–, la salida precipitada de los ciudadanos voluntarios, llamados por los citadores de sus respectivos cuerpos, llamó pronto la atención pública". Cerca de medianoche, el despliegue de la Guardia por la calle Bolívar hacia el Riachuelo, encabezado por el coronel Arias, de impecable traje militar y "montado en un hermoso y bizarro zaino colorado", despertaba la admiración de algunos y la curiosidad de todos. Al llegar cerca del Resguardo, donde se apostaba el 1° de línea, ubicó a sus guardias a pocas cuadras para obstaculizar los movimientos de los soldados. Así pasaron lo que quedaba de la noche, a la espera del vapor que demoraba en llegar.

A las seis y media de la mañana, las tropas nacionales abandonaron el lugar y volvieron a la ciudad. No está claro el porqué de esas órdenes, que más tarde le valdrían duros reproches al presidente Avellaneda. Porque, al poco rato, apareció el Boca del Riachuelo, perseguido de cerca por otro vapor y una falúa tripulada por gente armada. Según reportaron al día siguiente algunos diarios, el vaporcito venía navegando en la noche "entre los fuegos de los buques de la escuadra", hasta que su capitán decidió fondear y ocultarse entre otras embarcaciones más grandes. Casi a la madrugada habría partido con las luces apagadas pero, a poco de andar, fue descubierto por el Talita y comenzó la persecución. A partir de aquí, los relatos difieren en los detalles, aunque coinciden en que, una vez que el vaporcito entró en el Riachuelo y embicó frente a una de las grandes barracas, las fuerzas de la provincia lograron rechazar a los que venían tras él. De inmediato comenzó la descarga de los fusiles en 50 carros; tres horas más tarde los cajones eran depositados en la casa del gobierno.

PUNTO DE INFLEXIÓN

Estos hechos desataron la escalada. A partir de ese momento, una cadena de acciones y reacciones llevó casi sin resuello hacia el enfrentamiento armado. Un acontecimiento específico se convirtió así en punto de inflexión irreversible. Esta secuencia no era inevitable, pero así ocurrió. ¿Cómo y por qué? Las horas que siguieron al episodio fueron cruciales: los diferentes actores de este drama movieron sus fichas, eligieron sus cursos de acción y definieron el futuro.

Sigamos, primero, a las cabezas visibles de este episodio. Tejedor salió a las nueve de la mañana del 2 de junio de su despacho, al gran patio de la casa de gobierno, a recibir las armas y sus custodios, encabezados por el coronel Arias, a quien "bajó del caballo entre un abrazo estrecho y cordial". Estaba satisfecho y se manifestaba "sonriente y francamente alegre", expresión infrecuente en un hombre más bien parco. Terminada la descarga, el Batallón Provincial, "con su banda de música, se dirigió a su cuartel", dejando una guardia en la casa de gobierno. Unas horas más tarde, el gobernador elevaba una nota a la Legislatura dando cuenta de lo ocurrido esa madrugada. Allí volvía a sostener el derecho de la provincia a recibir las armas que "le son indispensables para la conservación del orden", dere-cho que era ignorado por el gobierno de Avellaneda, que, mientras armaba al resto de las provincias, impedía a Buenos Aires recibir su parte. Hacía recaer la responsabilidad de "los hechos irregulares" ocurridos enteramente en el gobierno nacional, a la vez que pedía la opinión de las cámaras legislativas al respecto y terminaba en tono grave: "Los momentos son solemnes. Estamos amenazados de descomposición y anarquía; y es preciso que concurran todos á sal-var a la patria; el pueblo con su brazo, el Ejecutivo con su voluntad, y V.H. con sus consejos". Por la noche, retomando sus actividades normales, asistió a la velada del Teatro Colón.[287]

Cuartel de la Chacarita, foto tomada en 1891. Fuente: AGN, Departamento de Documentos Fotográficos.

Esa misma mañana, Avellaneda se reunió durante más de tres horas con sus ministros en su casa particular y después de largas delibera-ciones, resolvió dirigir un mensaje al Senado de la Nación para que se tratara en sesión secreta, la que fue convocada para las cuatro de la tarde. En el mensaje llamaba "acto de rebelión" a las acciones del gobierno porteño y pedía autorización para convocar a la Guardia Nacional de Buenos Aires y para recuperar las armas entradas de contrabando. En esa misma reunión, el Presidente y sus ministros decidieron el traslado de los batallones 1° y 11° de línea y el regimiento de artillería a los cuarteles de la Chacarita y de varios otros cuerpos desde el interior hacia Buenos Aires. También, aparentemente, la toma de San Nicolás, el acuartelamiento de las fuerzas navales y la ocupación de algunos puntos estratégicos en los alrededores de la ciudad. El comando en jefe de las fuerzas nacionales se encomendó al coronel Joaquín Viejobueno. Y esa misma noche, mientras Tejedor se aprestaba para ir al Colón, el Presidente partía en carruaje con su secretario, su edecán y el ministro de Guerra Pellegrini hacia la Chacarita, donde se alojaría en el cuartel del 1° de caballería.[288]

Estos pasos serían duramente enjuiciados por propios y ajenos. Las críticas de los opositores respectivos eran esperables: se acusaba a Tejedor de ser el único opositor de la paz, de vivir en la crisálida, dispuesto a "producir un conflicto y amenazar con un cataclismo" en momentos en que, por el contrario, reinaba "la calma"; a Avellaneda lo llamaban "rebelde, alzado contra las instituciones, con las armas de la Nacion". Pero ¿qué pensaban las propias huestes sobre sus dirigentes? Los roquistas estaban furiosos con el Presidente.

> Anoche se ha cometido un escandalo que no tiene ejemplo –le escribía indignado Marcos Paz a Roca– y los miembros del Poder Ejecutivo Nacional reunidos en casa del Dr. Avellaneda, *deliberando.* ¿Qué te parece, deliberando ante un crimen manifiesto y público del Gobernador Tejedor? Para que carajo hay ejercito y escuadra… A enemigos audaces como Tejedor no se les combate así, con intrigas y sonceras.

Otro informante comentaba a Juárez Celman: "La situación del gobierno nacional después de lo ocurrido es lo mas triste pués ya no tiene autoridad". Los diarios también le pegaban fuerte. *La Pampa* criticaba la decisión de Avellaneda de llevar el caso al Congreso en lugar de actuar directamente y lo acusaba de carecer de autoridad y de virilidad. "El Dr. Avellaneda –decía– ha dejado revolcar tanto y tanto por el lodo la autoridad moral y el poder físico del Gobierno Nacional que el bofetón inicuo que acaba de atestarle el Dr. Tejedor […] no ha de ajitarle ni conmoverle una sola fibra". El sarmientista *El Nacional* se quejaba en términos parecidos:

La autoridad del Gobierno Nacional ha sido bejada [...] En la guerra como en el billar, cuando un adversario afloja por debilidad o mala suerte, el otro se entona y aprieta con nuevos bríos [...] El Presidente, como los jugadores desgraciados, dá piflia o no da en bola, mientras que el gobernador, por tabla o por chiripa hace carambolas por todas partes. –Y concluía terminante: O hay gobierno ó no lo hay... Un gobierno en esas condiciones no es gobierno; es cuando mas una ridícula parodia.[289]

A Tejedor no le iba mucho mejor, en especial con los sectores más radicalizados de su coalición. Aunque había actuado con decisión para introducir las armas, no había aprovechado el momento para definir de una vez la situación en favor de Buenos Aires con una verdadera revolución. Apresar a Avellaneda, dejar en su lugar al vicepresidente Mariano Acosta –un amigo– y desarmar así la Liga de Gobernadores y la candidatura Roca: tal era, según el relato posterior de Eduardo Gutiérrez, el plan inicial presentado por Tejedor a Arias y el resto de su gente antes de lanzar el operativo de la Boca. Pero nada de eso había ocurrido y el gobernador era calificado por los más *enragés* de "hombre sin firmeza, sin carácter, vacilante". No era debilidad, sin embargo, lo que frenaba a Tejedor, sino una postura muy firme, casi terca, respecto de la política que habría de seguir hasta el final: la política de *resistencia*. Buenos Aires no habría de atacar, sino defenderse. Esa postura sería desplegada una y otra vez en los días que siguieron.[290]

REACCIONES

La acción política no se limitaba a los jefes de gobierno y su entorno. El episodio de La Boca constituyó un dato radicalmente nuevo, que sacudió al mundo político y lo obligó a reencauzar sus movimientos. Los planes que valían hasta el día anterior tuvieron que modificarse. Las reacciones fueron casi inmediatas, aunque el desconcierto inicial dilató decisiones y generó cierta confusión en las filas políticas.

El consejo de amigos nombrado por Roca había convocado a una convención para tratar el tema de la candidatura y nombrar delegados que debían "entenderse con los partidos conciliados". La reunión estaba citada para la noche del 2 de junio en los altos del Teatro de Variedades, pero los "hechos lamentables que son ya del dominio público [...] han impedido a senadores, diputados i otras personas concurrir". Los presentes decidieron entonces no tomar resolución alguna sin consultar al propio candidato, mandar una nota a la Comisión del Comercio en la que explicaban por qué no habían designado sus delegados, y reiterar a Roca el apoyo del consejo. La reacción de éste fue inmediata y el día 3 escribió a la Comisión del Comercio:

> Los sucesos de ayer modifican completamente mi situación y mis resoluciones. La Provincia de Buenos Aires está en rebelión abierta contra el Gobierno y contra el Congreso de la Nación. En estas condiciones no se puede establecer negociación de ningún género con nadie y mis compromisos al respecto con la Comisión del Comercio, cesan completamente.

Ya no había que seguir con las apariencias y todo el roquismo se alineaba tras su jefe para rechazar cualquier propuesta de renuncia a la candidatura.[291]

La Cámara de Diputados también tenía previsto reunirse el día 2 a las 14 para ocuparse de las elecciones de La Rioja, que habían quedado pendientes de resolución. Pero media hora antes los diputados roquistas se retiraron y dejaron sin quórum la sesión, pues no podían ganar una votación. Un rato más tarde, los mismos diputados se reunían en privado para diseñar un plan de acción en vista de la nueva situación, mientras sus adversarios pedían una convocatoria a sesiones extraordinarias para el día siguiente. El Senado, por su parte, trataba esa tarde en sesión secreta el mensaje del Presidente, y después de cuatro horas de discusión sólo respondió al Poder Ejecutivo que esperaban "que los hechos realizados en violación de la Constitución [...] serán reparados sin demora" con los medios que ésta "ha puesto en manos del P.E. para estas graves situaciones". Es decir, no se hacía cargo de ninguno de los pedidos del mandatario. La sesión se levantó para continuar al día siguiente.[292]

La Legislatura, en cambio, fue mucho más expeditiva y abierta en el tratamiento del mensaje que acababa de enviarle el gobernador. Luego de escuchar al ministro Alcorta, que amplió detalles sobre los sucesos de La Boca, las Cámaras votaron por mayoría una comunicación dirigida al Poder Ejecutivo provincial por la cual aprobaban "plenamente sus procederes" y manifestaban su disposición a "secundarlo en todo aquello que tienda á defender la libertad y los derechos consignados en la Constitución Nacional, [...] que han sido agredidos por una serie de actos hostiles á la Provincia de Buenos Aires, ejercidos por el Gobierno de la Nación".[293]

Toda esta actividad en los diferentes ámbitos de deliberación colectiva tenía su correlato privado en decenas de reuniones entre dirigentes, mensajes y telegramas que se despachaban a cada rato, rumores que circulaban por todos lados. Además, la movilización volvía a agitar las calles de la ciudad. "Por todas partes –reportaba *La Paz*– no se veían sino voluntarios armados y ciudadanos que se dirigían a los depósitos a buscar armas, en todos los distritos de la ciudad se encontraban acuartelados distintos batallones de la Guardia Nacional bien equipados y amunicionados; la Policía como la casa de Gobierno Provincial se encontraba inundada por un gentío inmenso". Los ánimos estaban altos: cuando volvía de La Boca, la Guardia estuvo acompañada por un público entusiasta que la vivaba y la aplaudía, y al llegar a la Casa de Gobierno, ésta "se llenó de ciudadanos soldados que protegían a los remington recién llegados", según la versión de *The Standard*. Aunque había bastante de espontáneo en estos movimientos, también respondían a la organización de figuras que, como Luis Varela, tenían capacidad operativa para sacar gente a la calle. Es que, más allá de la "intensa excitación" que se vivía en la ciudad y que sin duda afectaba a gran parte de sus habitantes, había una actividad más específica de quienes tenían, en diferentes niveles, alguna responsabilidad en las organizaciones de base y, sobre todo, de aquellas que estaban vinculadas a "la causa de Buenos Aires". Asimismo, las asociaciones de inmigrantes, los masones y otras sociedades compartían la preocupación por el cariz que tomaban los acontecimientos. Los periódicos llenaban sus páginas con informaciones y opiniones sobre la situación, y varios de los más grandes hacían dos o más ediciones por día, mientras multiplicaban sus "boletines", dados a conocer en diferentes momentos de la jornada.[294]

DECISIONES

A medida que pasaban las horas, el clima se tensaba cada vez más. La noticia del traslado de Avellaneda a la Chacarita fue impactante, pero más lo fue el contenido de su proclama del 3 de junio. Allí acusaba al gobierno de Buenos Aires de haberse "alzado abiertamente en armas contra las leyes de la Nación y sus Poderes Públicos". Anunciaba que, luego de haber tratado de evitar "hasta el último momento que se produzcan conflictos sangrientos en las calles de la más populosa ciudad de la República", iba a "mover los hombres y las armas de la Nación a fin de hacer cumplir y respetar sus leyes". Declaraba, finalmente, que no volvería a la ciudad "mientras permanezca en pie la insurrección armada que dirige el gobernador de la Provincia".[295]

La apuesta era fuerte. Los rumores crecían: se decía que los ejércitos se concentrarían en Zárate, que el gobierno nacional también se instalaría en esa ciudad o aun en Rosario, que la movilización militar era inminente. Ese 3 de junio, Avellaneda convocó por la mañana a sus ministros a la Chacarita y por la tarde al vicepresidente Acosta. Tejedor, por su parte, reunía a los suyos durante cuatro horas para fijar las líneas de acción. Diputados y senadores estuvieron todo el día en actividad. Los primeros tenían cita a mediodía, pero los autonomistas no conciliados (con excepción de V. Quesada y J. B. Alberdi) faltaron, y luego de un corto debate en minoría se decidió entrar en sesión permanente y enviar citaciones a los diputados ausentes para esa misma tarde. Mientras tanto, el Senado volvió a encontrarse para continuar con la sesión suspendida. Claro que el recinto era uno solo para ambas Cámaras, lo que permitió al roquismo una maniobra: los senadores permanecieron reunidos durante largas horas para impedir de ese modo la reunión de Diputados. Finalmente, éstos se juntaron en la biblioteca del Congreso y citaron nuevamente al cuerpo para el día siguiente a mediodía. Sin embargo, la jornada no había concluido aún. A las diez y media de la noche, 24 diputados roquistas y 7 senadores se embarcaron en el buque nacional Villarino y otros lo hicieron en la cañonera Constitución. Dejaban la ciudad para trasladarse al lugar que el Poder Ejecutivo nacional indicase como "residencia provisoria" de las autoridades.[296]

A la mañana siguiente, el lugar fue develado. Por decreto, Avellaneda designó al pueblo de Belgrano para "la residencia de las autoridades de la Nación". Esta resolución acabó con la incertidumbre y
precipitó las decisiones en todos los frentes. Tejedor dio a conocer
una proclama a sus "conciudadanos" que respondía a la del Presidente del día anterior, pero incorporando las novedades del momento. Era un texto cuidadoso, largo y sinuoso, donde se detenía
en los sucesos de La Boca para afirmar que allí no se había producido un alzamiento en armas, desobediencia a las leyes, "ni menos
rebelión manifiesta". Se subordinaba al gobierno nacional, a la vez
que impugnaba sus actos. Su gobierno acataba las leyes del Congreso y respetaba a sus "autoridades legítimas", sin embargo obje-
taba "la retirada del Sr. Presidente a la Chacarita y su residencia en
Belgrano", ya que no tenía justificativo alguno y podía "ahondar el
conflicto". Esa decisión, terminaba, "obligará al Gobierno de la provincia a dictar medidas de seguridad de que no se puede prescindir
en presencia del peligro". No era, como se ve, una declaración de
guerra aunque incluía una amenaza evidente.[297]

En la Legislatura, los diputados conciliados tomaron la iniciativa.
Llamaron a sesión para proponer una ley que autorizara al Poder
Ejecutivo provincial a movilizar la Guardia Nacional "en todo el territorio de la provincia". La jornada fue agitada en ambas Cámaras:
los diputados opositores a Tejedor no asistieron, hubo dificultades
para lograr el quórum en Senadores, se decidió entrar en sesión
permanente y, finalmente, se logró pasar la ley. Era, sin duda, un
paso clave en la organización de las fuerzas de Buenos Aires y una
provocación a las autoridades nacionales.[298]

La situación se precipitaba también en el Congreso. Los senadores, en su gran mayoría roquistas, planeaban irse a Belgrano en
cualquier momento. Los diputados embarcados, atascados en el río
por una bajante, enviaron una nota al presidente de la Cámara en la
cual explicaban su decisión de dejar la ciudad por "la actitud de
franca rebelión asumida por el Gobierno de la Provincia [...] lo que
importa una ausencia completa de garantías para la independencia
en las deliberaciones del Congreso". Firmaban 29 diputados del bloque roquista. Los que habían quedado en Buenos Aires, mientras
tanto, se reunían nuevamente en minoría y volvían a discutir el problema de los miembros ausentes. Hubo moción para que se recu-

rriera a la fuerza pública, para obligarlos a presentarse. Los ánimos estaban caldeados, pero primó la voz conciliadora de Mitre: debían "agotarse todos los medios, sin apelar [...] a la violencia [...] para hacer comprender a todos que la salvación está en el Congreso". Se votó por escasa mayoría facultar al presidente de la cámara, Manuel Quintana, para que intentara por todas las vías reglamentarias formar el quórum. Convocada la sesión para la tarde, seguían obviamente en minoría, por lo que no podían resolver sobre el último mensaje presidencial. Eso mismo respondían al Poder Ejecutivo y afirmaban que continuarían residiendo en la ciudad y "ejerciendo [...] sus facultades constitucionales".

La intervención que había tenido Mitre estaba en sintonía con renovados intentos en favor de la paz. Félix Frías no había cesado sus trabajos en ese sentido. La Comisión del Comercio reanudó sus esfuerzos. Después de un encuentro con esa Comisión, Sarmiento, Quintana, Alberdi, Frías y el propio Mitre se habían reunido en casa del doctor Gorostiaga para buscar soluciones. Y siguieron haciéndolo en los días subsiguientes.[299] No obstante, el clima era de guerra.

Ambos gobiernos se armaban. En Buenos Aires, a la ley autorizando a convocar a la Guardia Nacional de la provincia siguió otra de ampliación de la Guardia Provincial y del cuerpo de vigilantes. Y al día siguiente, el Poder Ejecutivo decretó la movilización en la ciudad y la campaña, y designó a los jefes militares: el coronel Julio Campos como comandante en jefe de las fuerzas de la capital; el coronel José Inocencio Arias, jefe de la Guardia Nacional en el resto de la provincia, y el general José Miguel Arredondo como inspector general de Milicias. El gobierno nacional, por su parte, movilizaba al Ejército de Línea, convocaba también a la Guardia Nacional de Entre Ríos, Santa Fe, Córdoba y la propia Buenos Aires, y se hablaba ya de organizar cuerpos de voluntarios en Belgrano. Al mismo tiempo, calificando de subversivos los actos del gobierno provincial, decretaba que "todo ciudadano que obedezca las órdenes de movilización del gobernador comete delito de rebelión y será juzgado y tratado en tal concepto", y se dirigía a la Guardia Nacional de la provincia ordenándole no obedecer el decreto de Tejedor.

En la ciudad, la agitación era febril. Los edificios nacionales, incluso la Casa Rosada, eran abandonados por su personal y ocupados por guardias de vigilantes de la provincia. Los ministerios se trasladaban a Belgrano. Los rifleros marcharon a felicitar a Tejedor por su proclama. En el Cabildo, los fogones de la Guardia Provincial daban aires de campamento militar a todo el entorno, mientras ese domingo, el Parque de Artillería se llenaba de visitantes que pasaban a ver los cañones Krupp encontrados después de la partida de los nacionales. En las puertas de los consulados los inmigrantes hacían cola para conseguir las papeletas que justificaran su condición de extranjeros exentos de obligaciones milicianas. Y a cada rato se escuchaban los estallidos de los cohetes con que los periódicos anunciaban la salida de sus boletines. En palabras de *La Paz*, "Los preparativos que se hacían por todas las reparticiones públicas de la provincia, el movimiento de fuerzas, los carros con armas y municiones que se dirijen á diversos puntos [...] los ciudadanos armados de las compañías de voluntarios y mil detalles más daban a la ciudad un aspecto guerrero". Por su parte, *The Standard* observaba: "Ayer la excitación en la ciudad era infinitamente mayor que el viernes [...] Por el aspecto de los transeúntes se podía apreciar la ansiedad de todos". Para ese periódico era en las calles de Buenos Aires donde "se escribe nuestra historia", por lo que Avellaneda había cometido un grave error al dejar la ciudad y pretender iniciar "una capital primero en un cementerio [la Chacarita] y después en Belgrano".[300]

EN BELGRANO

Por ese entonces, el partido y el pueblo de Belgrano quedaban fuera de los límites de la ciudad. Era aquel pueblo, según cuenta el diputado cordobés Felipe Yofre, "una aldea, de calles sin empedrado, barrientas y hasta cenagosas [...] sus calles estaban siempre desiertas. Como edificios de importancia se notaban su iglesia en forma de rotonda, la casa municipal y escuela graduada, cuyos frentes daban a la plaza". Avellaneda había dispuesto el alquiler de las casas que estuvieran disponibles para ubicar las dependencias del gobierno. Se improvisaron pensiones en casas particulares, donde se alojaban funcionarios y figuras políticas. Los que se instalaban con sus familias buscaban las quintas más acomodadas. Para el resto, las condiciones eran precarias: "Las camas eran catres de lona o de fierro, algunas con colchones y otras sin ellos, se alumbraban con velas o lámparas a kerosene". Sólo había un viejo hotel o bar de un tal Watson; allí "se improvisó una especie de fonda, donde almorzaban y comían en mesa redonda un grupo de congresales". Las diversiones, sigue Yofre, se reducían al juego de naipes o a consultar el trípode, cuyo más notable médium era el espiritista don Rafael Hernández". Años más tarde, Paul Groussac hacía su balance: "La vida era sencilla, modesta, tan distante del lujo como de la escasez, pero muy soportable y con sus horas de esparcimiento".[301]

Casa Municipal de Belgrano, c. 1880. Fuente: AGN, Departamento de Documentos Fotográficos.

La actividad pública era intensa. Según *The Standard*, "la plaza bullía con oficiales militares, congresistas y una cantidad de visitantes. La bandera nacional flameaba sobre la casa ocupada por las oficinas del Presidente, y los cadetes navales estaban apostados en los balcones y la azotea del viejo hotel junto a la iglesia". Avellaneda venía diariamente del cuartel de Chacarita para ocuparse de los asuntos de gobierno. Vestía "pantalón azul oscuro, con anchas franjas de seda acordonada del mismo color, una gorra azul obscuro con visera charolada, saco azul obscuro con jinetas en los dos hombros y calzaba bota corta debajo del pantalón". Llegaba a caballo, con escolta de lanceros del 1° de caballería. En su residencia temporaria de la calle Río Bamba (hoy Vuelta de Obligado) reunía a sus ministros y partidarios y recibía a los que venían a verlo desde Buenos Aires.[302]

Carlos Pellegrini también alternaba entre Chacarita y Belgrano y se mantenía en permanente contacto con el Presidente. En el pueblo se iban instalando algunas oficinas de ministerios y otras dependencias de gobierno. El salón municipal se convirtió en lugar de sesiones para el Senado y la Cámara de Diputados oficialista. También había gran actividad desplegada por las principales figuras del roquismo y por un mundillo de dirigentes menores. El gobierno, sin embargo, perdió algunos hombres con el traslado, pues ni el ministro de Relaciones Exteriores, Lucas González, que renunció a su cargo, ni el vicepresidente Acosta quisieron dejar Buenos Aires. Tampoco lo hizo la Corte Suprema, que entendió que debía permanecer ajena a la disputa para seguir bregando por la paz.

Era continuo el tránsito de carros de mudanza de la ciudad a Belgrano. El gobierno dispuso el traslado obligatorio de todos los empleados de la administración nacional, y, por decreto del 10 de junio, quienes no se presentaran en sus respectivas dependencias en "el plazo perentorio" de dos días serían reemplazados "sin más trámite". El tono utilizado sugiere que muchos eran reticentes al cambio; de hecho, muy pronto aparecieron las listas de desplazados, que sumaban decenas e incluían empleados de todas las jerarquías.[303]

También había movimiento militar. Aunque el centro de operaciones estaba en la Chacarita, por esos días llegaron a la estación de Belgrano tropas que acamparon allí hasta su traslado. Por otra parte, se dispuso que los ciudadanos del municipio debían enrolarse en la Guardia Nacional "en el término de veinte y cuatro horas", se nombró jefe político al teniente coronel Manuel Olascoaga y se formaron tres batallones de voluntarios.[304] Pero también en este plano el gobierno sufrió bajas. El general Luis M. Campos, figura principal del Ejército Nacional, renunció a la Comandancia General de Armas (aunque siguió en sus filas), mientras que varios militares de alta graduación pidieron la baja y otros, como Bartolomé y Emilio Mitre y el propio Gainza, la obtuvieron por haber aceptado ponerse al servicio de Buenos Aires. Veintisiete más fueron separados del ejército por no presentarse en el plazo estipulado por decreto. Hubo, asimismo, defecciones entre los cadetes militares y de la Escuela Naval, y entre sus oficiales, algunos de los cuales se sumaron a las fuerzas de Tejedor, mientras que otros partieron para Belgrano.[305] Finalmente, el doctor Manuel Biedma, cirujano mayor del ejército, pidió la baja y pasó a cumplir sus servicios en la defensa. Lo reemplazó el doctor Eleodoro Damianovich, quien procedió a reorganizar el servicio de sanidad en preparación para la guerra. El Hospital Militar se trasladó a Belgrano y se dispuso la creación, además, de hospitales en Chacarita, Flores, Lomas de Zamora, Luján y la Convalescencia.[306]

PREPARATIVOS

En medio de estas idas y venidas, el 6 de junio el gobernador envió una circular a todas las dependencias por la cual fijaba los límites de la movilización en marcha: "La Provincia se ha armado y su guardia nacional movilizado para defender sus instituciones y no para atacar las leyes y autoridades nacionales. Mientras no se haga el primer tiro por las fuerzas nacionales ó provoquen éstas la primera batalla, el Presidente de la República es el funcionario supremo". Debía ser obedecido como debían ser respetados empleados y las propiedades de la Nación. La desobediencia sólo estaba justificada en caso de que las autoridades o las fuerzas nacionales fueran hostiles a las de la provincia. "Estas reglas, *mientras no se realicen hechos de guerra,* deben observarse estrictamente".[307]

Tejedor mantenía así su "política de resistencia". Según su testimonio posterior, creía que la resistencia sostenida por Buenos Aires y Corrientes "bastaba para salvar los derechos federales de los Estados" y temía que una rebelión significara "la vuelta al pasado, el desmembramiento quizá". Esa política le valió la crítica de propios y ajenos. Entre los primeros, había muchas presiones para que se actuara rápidamente, antes de que llegaran los cuerpos de línea que estaban en camino. Se dice que el general Arredondo presentó un plan para movilizar de inmediato 2000 hombres, interponerlos entre Chacarita y Belgrano y apresar a Avellaneda, enfrentando a las fuerzas nacionales que se resistieran. Y que Tejedor se negó, para desesperación del general y de muchos de sus seguidores.[308]

Roca sostenía que los actos del gobernador daban "la medida elocuente de su estupidez". "Un golpe de audacia tomándose al Presidente, los cuerpos dispersos en la ciudad y atacando de sorpresa las fuerzas de la Chacarita y mil cosas que podía haber hecho por el estilo, hubiera impuesto y aturdido un poco a sus enemigos". Pero, seguía, "salvado el Presidente y las tropas [...] la victoria es tan segura como que yo existo en estos momentos". Desde la oposición, *La Pampa* criticaba al gobierno de Tejedor, pero también al de Avellaneda, por ponerse a la defensiva, y sentenciaba: "Los abogados no sirven para estos casos, porque se entretienen en discutir principios y en hacerse adoradores de la constitución".[309]

Si faltaban las decisiones drásticas, abundaban, en cambio, los preparativos bélicos. Las órdenes de movilización estaban dadas y las fuerzas nacionales y provinciales se ponían en marcha. Mientras tanto, los dos gobiernos tomaban medidas precisas. El control sobre los ferrocarriles, el telégrafo y el correo se convirtió en un objetivo clave. Desde Buenos Aires, con fecha 6 de junio se decretó la intervención de los ferrocarriles y telégrafos en la provincia y se prohibió todo servicio que no fuese solicitado por el gobierno. La medida tuvo efectos inmediatos en el caso del Ferrocarril del Sud (FCS), que recibió órdenes estrictas de que todo el tren rodante concentrado en Azul fuese trasladado a la ciudad, y en el del Oeste (FCO), cuyas locomotoras y vagones fueron internados en la Estación Central, a la vez que sus obreros eran acuartelados. El gobierno nacional quiso apoderarse de los trenes del FCS pero llegó tarde, mientras que en Chacarita procedió a cortar rieles, cercos y la línea de telégrafo del FCO y a destruir varias líneas más. En cambio, el Ferrocarril del Norte había quedado bajo su jurisdicción y funcionaba desde Belgrano en adelante, sobre todo para mover tropas y armamento. Los dos ejércitos necesitaban y usaban los trenes y el telégrafo, de manera que la lucha por su control siguió durante todo el conflicto.[310]

El 7 de junio, Avellaneda firmó un decreto estableciendo el cierre de los puertos de Buenos Aires y de Ensenada. Muy pronto, el bloqueo era total: los buques de la escuadra vigilaban que no entraran ni salieran embarcaciones. Además de las protestas de la prensa porteña, esta medida despertó reacciones inmediatas por parte del cuerpo diplomático. Luego de una entrevista con agentes extranjeros, el Presidente autorizó por diez días las operaciones de los barcos que ya estaban en el puerto, para cerrarlo a continuación a todo movimiento.

Los porteños, por su parte, tuvieron que decidir qué hacer con la Aduana, cuya sede estaba en la ciudad. Aunque hubo un primer amague de ocupación, el gobierno provincial decretó que la policía custodiara el establecimiento y se depositara lo producido diariamente en el Banco Provincia en una cuenta especial cuyos fondos serían entregados "en oportunidad" al gobierno nacional. Esta disposición estaba en sintonía con las políticas más generales de Tejedor respecto de la propiedad de la Nación: en principio, no habría confiscaciones ni embargos sino "custodia" y eventual devolución. El administrador, José Luis Amadeo, en cambio, no esperó y se marchó para Belgrano con 40 000 pesos fuertes de la recaudación, mientras el gobierno nacional creaba sus propias aduanas en Campana y San Fernando, y las ponía a cargo del mismo Amadeo.[311]

La ciudad se organizaba para la defensa. Bajo la dirección de ocho ingenieros comenzaron los trabajos de excavación y construcción de tres líneas de fortificación semicirculares. La primera rodeaba el recinto más céntrico por el norte a la altura de Santa Fe, siguiendo luego por Cerrito hasta el Bajo, por el oeste siguiendo Callao y Entre Ríos, y por el sur, por Cochabamba hasta Defensa. La segunda y la tercera —que no se terminó— lo hacían en paralelo a la primera a varias cuadras de distancia una de otra. Consistían en "grandes fosos" de algo más de 2 metros de profundidad y 3 metros y medio de ancho, cubiertos interna y externamente por tablones de pino de 3 pulgadas de espesor que evitaban los derrumbes. La gran cantidad de tierra y los miles de adoquines removidos se amontonaban a los lados de la trinchera creando una especie de barricada que sobresalía unos 2 metros del nivel de la calle. Detrás de ésta, se construía una escalera de madera para llegar al piso de tablas, donde debían ubicarse los tiradores, protegidos por bolsas de arena. En estas obras de gran envergadura trabajaron día y noche primero unos mil obreros y luego varios cientos más, muchos de ellos peones del ferrocarril y jornaleros italianos contratados por buena paga para los niveles del momento. Todo debía hacerse en pocos días.[312]

Trincheras en la calle Córdoba esquina Azcuénaga. Compañía del Batallón de Rifleros, junio de 1880. Fuente: AGN, Departamento de Documentos Fotográficos.

Tanto movimiento no podía sino aumentar la inquietud de la población. Las bombas de estruendo de los periódicos que anunciaban la salida de sus boletines especiales contribuían al clima de excitación general y la policía las prohibió. *El Porteño* entonces se dispuso a anunciarlos "por medio de una campana", mientras que *El Nacional* informó que, "conociendo la ansiedad" del público por obtener noticias, publicaría dos ediciones extraordinarias, a las diez de la mañana y a las siete de la tarde.[313]

Se temía que hubiera problemas de abastecimiento. De modo que se prohibió a los almaceneros que sacaran comestibles fuera de la ciudad. Los precios empezaban a subir. Para favorecer la entrada de ganado a los corrales, la municipalidad lo declaró libre de impuestos y logró así mejorar la oferta. La prensa reclamaba el control de los comerciantes que recargaban los precios de artículos de primera necesidad. A *Le Courrier de la Plata*, que simpatizaba con el gobierno nacional, le parecía evidente que éste planeaba sitiar a la ciudad por hambre. "Buenos Aires tiene un estómago formidable: le hacen falta por día cien mil kilogramos de carne y cien mil litros de leche… Y me pregunto que ocurriría con los criollos si fueran condenados a vivir a porotos". Lo cierto es que a partir del 11 de junio, las fuerzas nacionales no permitieron la introducción de artículos de consumo a la ciudad. Esa mañana, los lecheros derramaron su producto en la calle. Y de ahí en más, los tranvías que hacían el trayecto entre la ciudad y Flores o Belgrano eran registrados minuciosamente, mientras soldados nacionales revisaban todo carro o carreta que transitara por zonas bajo su control. En consecuencia, la entrada más segura para ingresar mercaderías a Buenos Aires resultó ser la del sur.[314]

LAS COLECTIVIDADES DE INMIGRANTES

La situación despertó la alarma de las asociaciones y los periódicos de las colectividades extranjeras, que aspiraban a representar a los inmigrantes asentados en la Argentina. Por entonces, éstos constituían la mitad de la población en la ciudad y una cuarta parte en el resto de la provincia, una proporción que, al tomar sólo los varones adultos, se elevaba al 75 y al 50 por ciento respectivamente. Eran un conjunto muy heterogéneo, pues si bien predominaban los italianos y los españoles, dentro de cada grupo diferían entre sí por su edad, sexo, lengua, origen social, fecha de llegada a la Argentina y proveniencia regional. Tampoco eran uniformes sus actitudes hacia la sociedad que los albergaba ni hacia la vida política y pública argentina, como no lo eran las de los propios nativos. Es difícil, por lo tanto, sacar conclusiones acerca de las vivencias y aspiraciones de unos y otros, sobre todo de los que pertenecían a las amplias clases populares, cuyos testimonios nos han llegado sólo por cuentagotas. Existen algunos indicios acerca de las privaciones que empezaban a experimentar los trabajadores de Buenos Aires –nativos y extranjeros– en medio de los preparativos de guerra, del sitio y del bloqueo. También, de la participación de muchos de ellos en las filas de voluntarios y en las actividades de apoyo a las fuerzas de la provincia. Los nativos debían formar, además, en la Guardia Nacional y, por lo tanto, más allá de su voluntad y de sus simpatías políticas, se veían involucrados en el conflicto.[315]

Contamos con más información sobre las posiciones de los dirigentes de las colectividades, la elite asociativa y los editores de sus periódicos, que intervenían habitualmente en la discusión pública. También, sobre la preocupación de los agentes diplomáticos que actuaron para defender los intereses extranjeros en el país. Estos últimos se entrevistaron con Avellaneda y con Tejedor, pidieron la postergación del bloqueo –como ya vimos– y exigieron que se cumpliera la eximición de los extranjeros del servicio de las armas. A ese efecto, los consulados entregaban papeletas que confirmaban la nacionalidad de los portadores. La dirigencia de las colectividades reclamaba a los diplomáticos mayor compromiso y tomaba la delantera en materia de la defensa de los connacionales. Los italianos contaban con una densa trama asociativa y de prensa, que ya tenía una tradición de varias décadas de intervención en la vida pública y de relación con las elites locales.

Los tres principales periódicos, *L'Operaio Italiano, La Patria* y *L'Amico del Popolo,* tenían difusión entre los italianos de la ciudad y representaban bastante bien a los principales sectores de la colectividad. Circulaban, además, entre un público más amplio. Durante los primeros meses de 1880, ninguno de los tres fue roquista ni tejedorista. A pesar de las diferencias político-ideológicas que separaban a *La Patria* del más republicano *L'Amico,* ambos apoyaron la candidatura de Sarmiento, mientras que *L'Operaio* se inclinó por Bernardo de Irigoyen. A medida que el conflicto se fue agravando, sin embargo, todos ellos terminaron alineados con la política de resistencia llevada adelante por el gobierno porteño. Bregaban por la paz, pero culpaban a Avellaneda por el estado de cosas. "Este proceder del presidente trajo la indignación pública [...]. La anarquía constitucional es completa"; así se refería *La Patria* al traslado a Belgrano y a las medidas que siguieron. *L'Operaio* era aún más duro y comparaba la situación de Buenos Aires sitiada con la de Roma amenazada por los bárbaros. Acusaba a las fuerzas de la Chacarita de cometer todo tipo de tropelías en la campaña y de apretar el cerco sobre la ciudad, y comparaba a los nacionales con los hunos. Pero, acotaba, no tenían la generosa barbarie de éstos, sino una "barbarie refinada, que da asco, con la mitra en la cabeza, los guantes en la mano y el veneno en el corazón". Y reclamaba a Tejedor que entrara en acción de inmediato antes de que fuera demasiado tarde: "Cuando se está en guerra, no es más cuestión de derecho sino de fuerza".[316]

Más allá de sus posiciones políticas, la prensa tomaba también iniciativas respecto a la protección de los extranjeros. *La Patria* y *L'Operaio* llevaron adelante dos propuestas diferentes. El primero puso en marcha la organización de una Società degli Interessi Italiani para proteger a los connacionales y actuar como "representación de la colonia" frente a las autoridades locales. En muy corto tiempo, reunió la adhesión de unos 700 miembros, la mayor parte comerciantes y profesionales. Un poco más adelante crearon el Comitato de Soccorso per gli Indigenti Italiani, con el propósito de ayudar a los más necesitados en la coyuntura. *L'Operaio* se opuso a esta propuesta y, diciéndose vocero de un grupo de comerciantes italianos, promovió la creación de un servicio de policía que reuniera a todos los vecinos extranjeros para su protección. Congregó en su sede a quienes se habían constituido como comités de parroquias para formar en cada una de ellas una comisión de seguridad de cinco miembros, encargada de organizar el servicio. Los gastos se cubrirían a través de colectas voluntarias y se recurriría al jefe de Policía para obtener las armas.[317]

Contamos con menos información sobre las organizaciones de otras colectividades. Entre los españoles, el decano de sus diarios, *El Correo Español*, mantuvo su simpatía y adhesión de siempre a los liberales mitristas y fue activo militante por la causa de Buenos Aires. Protestaba por las actitudes de Avellaneda, reclamaba al cuerpo diplomático que interviniera frente a sus "arbitrariedades" y recomendaba a Tejedor "defender la integridad constitucional de la provincia [...] llevar la resistencia hasta el heroísmo, el cumplimiento del deber hasta la abnegación". En cuanto a los extranjeros, decía, si fuera necesario y de acuerdo con "el poder oficial de la Provincia, los redactores y dirección de este periódico organizarán un cuerpo de vigilancia y defensa de los establecimientos públicos en la ciudad".[318]

CUERPOS MÉDICOS

Otros sectores de la sociedad civil también tomaban iniciativas. El 7 de junio por la noche se realizó en el local de la policía "una gran reunión de médicos y estudiantes de medicina" para crear el

Cuerpo de Sanidad Militar de la provincia, "calcado sobre la organización" de cuerpos similares en Alemania. Firmaban el acta constitutiva unos cuarenta médicos y otros tantos practicantes. Allí se nombró un consejo central presidido por el doctor Manuel Montes de Oca y se decidió convocar a todos los médicos, estudiantes de medicina de cuarto, quinto y sexto año de facultad, y farmacéuticos que quisieran brindar sus servicios voluntariamente. También llamaban a las familias a colaborar con la donación de "hilos, vendas, y cuánto pueda servir a los objetivos con que este cuerpo ha sido creado". Montes de Oca envió una comunicación a la Sociedad Damas de la Caridad para solicitar que facilitara "las vendas, hilos ú otros artículos de que pudiera disponer". De inmediato comenzaron a llegar adhesiones y donaciones. Entre ellas, se recibió el pedido de incorporación del doctor Biedma, que –como dijimos– había presentado su renuncia indeclinable como cirujano mayor del ejército en razón "de no serle posible luchar contra la provincia de su nacimiento". Por su parte, el dueño del teatro Variedades puso sus salones a disposición del organismo para lo que se necesitara.[319]

El 10 de junio, la masonería se ponía en acción con la creación del cuerpo "Protección a los heridos" para "aliviar los sufrimientos de los que lleguen a caer heridos, prestándoles las primeras atenciones en el campo mismo del combate", y ofrecía sus servicios tanto al gobierno nacional como al de la provincia. Su jefe honorario era el presidente de los masones, doctor Manuel Langenheim, a quien acompañaba un consejo directivo formado en su mayor parte por médicos y farmacéuticos. La misma preocupación por las víctimas de un conflicto que ya se consideraba inminente llevó a una iniciativa de más envergadura: la instalación de la Cruz Roja en la Argentina, iniciativa que se concretó algunos días más tarde.[320]

Por entonces, la Legislatura había declarado el estado de sitio en todo el territorio de la provincia por el término de sesenta días. Tejedor había propuesto esa medida, alegando que las autoridades nacionales habían dejado en la ciudad periodistas y otras personas que comunicaban noticias falsas "con perjuicio de la defensa". En el Senado provincial se aprobó por mayoría, a pesar del desacuerdo manifestado por algunos legisladores y por la prensa más crítica del gobierno, como *Le Courrier de la Plata* y *La Pampa*.[321]

MOVIMIENTOS DE TROPA

Llegaban noticias de la movilización de tropas en todo el país. Arias y su gente estaban reclutando miles de guardias en la provincia. En la ciudad, Tejedor había nombrado jefe de caballería al prestigioso Hilario Lagos y de artillería a Edelmiro Mayer. Arredondo no había aceptado la Inspección de Milicias, pues esperaba un cargo más central para la acción militar, por lo que el gobierno subsumió la repartición en un nuevo Ministerio de Milicias que puso bajo la responsabilidad del muy reconocido general Gainza. En el Parque de Artillería se recuperaban las piezas faltantes de los cañones encontrados, que se pusieron a punto, mientras en ese mismo lugar se montaba una fábrica de cartuchos con ingenieros y operarios que trabajaban día y noche. El reclutamiento de la Guardia Nacional de la capital resultó exitoso. Por su parte, algunos sectores de la inmigración se sintieron convocados. Se organizó el cuerpo de voluntarios italianos, los Bersaglieri, y un grupo de oficiales del ejército de Italia se propuso reunir un cuerpo auxiliar de los Bomberos Voluntarios, con el nombre de Batallón Caprera. Pocos días más tarde, varios españoles pidieron permiso al gobierno para crear una legión española, cuyo primer batallón de 500 plazas llevaría el nombre de Cazadores de Prim (en homenaje al general español del mismo nombre). Las cámaras de la Legislatura discutían, en tanto, un proyecto para autorizar la creación de cuatro batallones de extranjeros, lo que generó un intenso intercambio tanto en el recinto como en la prensa. No sólo los opositores como José Hernández o Sarmiento estaban en contra, sino también el flamante ministro Gainza. Los cónsules, por su parte, desaprobaban la iniciativa y advertían a sus compatriotas que se perdía la nacionalidad al prestar servicios bajo otra bandera. A pesar de ello, en las semanas siguientes se establecieron algunos cuerpos de extranjeros, lo que estaba en sintonía con una tradición de varias décadas de participación de éstos en las luchas locales.[322]

El gobierno nacional, por su parte, seguía trasladando al Ejército de Línea hacia Buenos Aires y movilizó a la Guardia Nacional en varias provincias. El ministro Pellegrini tenía el mando supremo y se mantenía en contacto permanente con el Presidente. Los cuarteles de la Chacarita eran el punto de reunión de las tropas de línea: al 9 de junio, los diarios reportaban que allí estaban los batallones 1°, 8°, 9°, 10° y 11° de infantería, los regimientos 1° y 9° de caballería y uno de artillería, sumando alrededor de 2000 hombres. Algunos comandantes recibían órdenes de dirigirse a puntos concretos de la provincia para ocupar los pueblos, doblegar o ahuyentar las milicias rebeldes y reemplazar a los jueces de paz, cuando no respondieran al gobierno nacional. Así lo hizo en San Fernando y San Isidro una partida de 200 hombres al mando del coronel Plácido López. El *Buenos Aires* lo llamaba "célebre matrero" enemigo de Buenos Aires (pues había comandado las fuerzas derquistas contra Corrientes) y denunciaba que había empezado "á hacer de las suyas, arreando caballos y cometiendo todo género de atropellos". En cambio, *La Nación* informaba que, salvo en lo referido a las caballadas, los soldados "no se han entregado [...] á brutalidades ni crímenes de ningún género". Luego tocó el turno a San Nicolás, donde la ocupación por parte de fuerzas de Santa Fe a cargo de Manuel Vázquez no encontró resistencia alguna, porque los voluntarios del Tiro y los guardias nacionales habían partido para incorporarse al ejército de Arias. Campana, por su parte, fue ocupada por el 9° de caballería y 50 hombres del 8° de línea. Finalmente, el comandante Ataliva Roca, hermano de Julio, tomó los pueblos de Rojas, Arrecifes y Pergamino, al mando de 200 guardias y 30 soldados de línea de Santa Fe.[323]

Corrían rumores de choques menores en los alrededores de la ciudad. Las avanzadas y los exploradores de ambas fuerzas se acercaban peligrosamente. Los nacionales habían hecho pie en Flores con una dotación importante de soldados y cañones. Y aunque luego se retiraron, dejaron allí algunas tropas, cuyas avanzadas llegaban con frecuencia hasta Caballito y Almagro. El 9 de junio, los provinciales incursionaron en esa dirección desde el Once, y aunque unos y otros amagaron con sus guerrillas, al final se replegaron para eludir un enfrentamiento. Las órdenes eran, sin duda, evitar disparar el primer tiro.

Los preparativos trascendían la provincia de Buenos Aires; todo el país estaba en vilo. Los gobernadores del interior se plegaron rápidamente al oficialismo nacional. Entre Ríos, Santa Fe y Córdoba, controladas por Roca y fuertemente armadas, eran las primeras aliadas, pero casi todas las demás provincias fueron sumándose.[324] Sólo Corrientes permaneció junto a Buenos Aires, dispuesta a emprender la lucha contra el resto. En los meses anteriores, las relaciones entre sus respectivos gobernadores no habían sido fáciles. Desde Corrientes, el Partido Liberal había propuesto como candidato a presidente a Saturnino Laspiur, que luego quedó en el segundo lugar de la fórmula conciliada. No conforme con esta solución, el gobernador Felipe Cabral mantuvo una relación ambigua con Tejedor y hasta principios de junio no se había concretado un acuerdo firme. Entonces, cuando el conflicto se precipitaba, Corrientes designó a Mitre como comisionado para entenderse con el gobernador de Buenos Aires, sellándose así "una unión ofensiva y defensiva entre ambas provincias". La primera consideraba "como causa propia la resistencia iniciada y sostenida" por la segunda, a fin de impedir que prevaleciera la candidatura de Roca. Y aunque bregaba por una solución pacífica, en caso de guerra, su gobierno se consideraba unido al de Buenos Aires y presto a levantarse en armas ofreciendo un contingente de 10 000 hombres de las tres armas. Buenos Aires debía proveer 1000 fusiles Remington dotados de 100 000 tiros, cuatro piezas de artillería, un subsidio inicial de $ 300 000 m/c y fondos adicionales de hasta un millón de pesos más para la compra de materiales bélicos. El general Arredondo habría de dirigir el movimiento militar en Corrientes. El plan de acción de quienes, como el propio Arredondo, presionaban a Tejedor por una ofensiva inmediata, era formar un segundo frente en el Litoral, para obligar a los nacionales a pelear en dos campos. Aunque este plan finalmente no se haría efectivo, hacia mediados de junio los porteños mantenían expectativas de que el Litoral resistiera.[325]

GESTIONES DE PAZ

Todos estos preparativos que presagiaban lo peor no impidieron las tratativas para evitar el enfrentamiento. La gestión más formal se hizo por iniciativa de la Corte Suprema, la cual "ante el peligro inminente de una guerra civil y desastrosa" decidió constituirse en Comisión de Paz para buscar una solución y encomendó a uno de sus miembros, el doctor Onésimo Leguizamón, entrevistarse con Roca en Rosario. Lo acompañaron Miguel Goyena, ministro nacional, Saturnino Unzué, en representación del Comité de Paz del Comercio, y el diputado nacional Achával. Además de esta comitiva, viajaron a Rosario varias figuras más, como Eduardo Wilde, Francisco Madero y Félix Frías, entre otros. Cada uno tenía su propia agenda, y mientras algunos seguían proponiendo candidaturas como las de Sarmiento y el propio Frías, los autonomistas más irreductibles viajaron para reforzar la negativa de Roca a cualquier tratativa. Éste recibió a la Comisión con toda amabilidad y luego del plazo de veinticuatro horas que pidió para reflexionar, respondió con una larga carta dirigida a la Corte. En ese lapso, todo tipo de rumores llegaron a Buenos Aires y a Belgrano. Un telegrama de Unzué a su hermano, donde decía: "Las cosas van bien. Creo que esto se arreglará", generó una expectativa desmedida. *El Correo Español* se entusiasmaba con una novedad más precisa: la candidatura –que daba por confirmada– de Bartolomé Mitre. Circuló con más autoridad la versión de que Roca renunciaría una vez electo, por lo que empezó la puja por las candidaturas a vicepresidente.

Esta versión siguió vigente aún después de recibida la respuesta del General, donde expresamente desechaba "la exigencia que se me hace de eliminar mi nombre de la elección que tendrá lugar dentro de dos días, en la seguridad de que una solución tomada en estas circunstancias producirá el caos en la República con la disolución del partido político que me ha honrado poniéndome a su frente". Aunque Roca no revelaba ninguna intención de hacerse a un costado, algunos seguían pensando que, una vez electo, podría renunciar y dejar paso a su vice. Los nombres de Sarmiento, Irigoyen y Rocha se barajaron para ese cargo, pero ninguno aceptó. Por otra parte, los autonomistas fieles se inclinaban por alguien menos conspicuo. Como le sugería Diego Alcorta a su jefe político: "[...] procure que el Vicepresidente no sea mas aceptable que Usted pues de ese modo unicamente dejaran de molerlo con su insistencia después del 13". Se decidieron en consecuencia por un hombre de perfil más bajo, pero del corazón del roquismo: Francisco Madero.[326]

Así se llegó al 13 de junio, fecha de reunión de los colegios electorales. Triunfó la fórmula Roca-Madero en todas las provincias, con excepción de Buenos Aires y Corrientes, donde ganó la de Tejedor-Laspiur, sin oponentes.

Entreacto 5. Revoluciones

La revolución era un derecho, un deber y una necesidad.

BARTOLOMÉ MITRE, 1874[327]

Abrimos este libro señalando que el episodio que íbamos a explorar no era excepcional ni anómalo en el contexto de la historia latinoamericana del siglo XIX. Guerras civiles, pronunciamientos y rebeliones fueron un rasgo característico de esa historia. En ese marco, la figura de la "revolución" tuvo un lugar central en los lenguajes políticos vigentes y las prácticas asociadas a ella fueron parte constitutiva de la vida política de la región. Frente a historiografías que interpretaban las revoluciones del continente como erupciones anacrónicas que interrumpían el camino hacia la modernización y la consolidación del estado, nuevos estudios se desprenden de esa perspectiva teleológica para buscar el sentido que esos fenómenos tenían en el contexto de la época y para los propios contemporáneos. Se ha partido así del concepto mismo de "revolución" para rastrear su significado en el seno de los lenguajes del período y se han comenzado a explorar las prácticas concretas de revoluciones y levantamientos.[328]

Como en buena parte del mundo occidental, la noción de "revolución" ocupaba un lugar importante en la cultura política latinoamericana del período. En su sentido más difundido, la revolución remitía al derecho a la resistencia frente al despotismo y se vinculaba con la figura de la ciudadanía armada. Cuando los gobernantes abusaban del poder, el pueblo tenía no sólo el derecho sino la obligación, el deber cívico, de hacer uso de la fuerza para restaurar las libertades perdidas y el orden presumiblemente violado por el déspota. Esta noción dista bastante de la que, surgida de las interpretaciones sobre la Revolución Francesa, alcanzó su predominio en el siglo XX. Si a partir de ellas solemos asociar el término revolución con una transformación de estructuras, en buena parte del mundo deciminónico, en cambio, éste refería a la restauración de un orden originario. Esta concepción –que reconocía diversas variantes– estaba en sintonía con algunos de los lenguajes políticos que circularon en América en el siglo XIX; se vinculaba con viejas convicciones pactistas y de cuño iusnaturalista, a la vez que se realimentaba en nuevas combinaciones con motivos provenientes de las matrices liberal y republicana. Y se articulaba con otros conceptos clave, como los de representación y opinión pública. En el plano de las prácticas, la acción revolucionaria formaba parte del entramado de la vida política en sus diferentes dimensiones.[329]

La "revolución" del año 80 puede inscribirse en este marco general a la vez que se enlaza con la historia particular de la Argentina. A partir de los años 50, Buenos Aires fue la sede de un experimento político singular, que si bien buscó extenderse a toda la República y fracasó, logró, en cambio, fuerte arraigo local. En el contexto de los cambios acelerados que protagonizó la provincia en esas décadas (véase el Entreacto 4), el Partido de la Libertad –y sus sucesores en diferentes combinaciones– sentó los fundamentos de una cultura política que logró adhesión y continuidad en Buenos Aires. Ella se articuló fuertemente en torno a las dos bases fundantes de la legitimidad política en el período, el sufragio y la opinión pública, a la vez que incorporó el *topos* de la revolución como derecho y la figura del ciudadano en armas, dando forma a una manera particular de pensar y de hacer política.[330]

En la segunda mitad del siglo XIX, Buenos Aires fue el epicentro de varios levantamientos armados contra el poder central de turno. En cada caso, sus protagonistas hablaban de "revolución", una denominación con frecuencia disputada por quienes los acusaban de provocar, más bien, una simple revuelta. El primero de esos episodios, la revolución de 1852, fue por cierto bastante diferente de los restantes, entre otras cosas porque fue el único que resultó triunfante. Tuvo, además, un impacto decisivo sobre los siguientes pues constituyó una referencia mítica, una cantera de consignas, símbolos y representaciones para los revolucionarios del resto del siglo. Tanto en ese como en los demás levantamientos los protagonistas actuaban en nombre de la libertad y los derechos del pueblo, conculcados por un gobierno despótico. Según la retórica de los revolucionarios era "el pueblo de Buenos Aires" el que se levantaba por legítimo derecho; más aún, cumpliendo su deber cívico. (Véase el Entreacto 4.)[331]

Los episodios de 1880 muestran, sin embargo, un giro en la retórica local, pues en esa ocasión los porteños usaron poco y nada el término "revolución" y prefirieron, en cambio, el de "resistencia", con sentido equivalente. Se decía lo mismo pero con otra palabra. Así, por ejemplo, según *La Nación*, Buenos Aires debía resistir "en defensa de los derechos agredidos y en salvaguardia de las libertades ultrajadas" y para evitar "el despotismo". ¿Por qué ese cambio? ¿Es que el significado de la palabra "revolución" estaba virando? Muy posiblemente. En la propia historia del 80 puede verse cómo esa figura, así como la de "ciudadanía armada", era cuestionada por quienes –como Avellaneda y Roca– buscaban introducir cambios importantes en las formas de hacer política y de entender el estado. En ese contexto, aun quienes no compartían esa crítica y seguían adhiriendo a los principios sobre los que se fundaba el derecho a la revolución, prefirieron llamarlo "derecho a la resistencia" y actuar en su nombre.[332]

6. Junio, tercera semana. En guerra

El abrumador triunfo de Roca, votado para presidente por los colegios electorales de doce provincias, no frenó la movilización en Buenos Aires. La convocatoria de la Guardia Nacional hecha en la primera semana de junio tuvo efectos inmediatos en toda la campaña. Su flamante jefe, el coronel Arias, instaló el cuartel general en Mercedes, localidad que habría elegido por su situación topográfica y por ser terreno conocido, pues había sido el centro de operaciones de sus fuerzas de línea cuando le tocó reprimir a los revolucionarios del 74. Pero ahora su situación era otra. Dado que Tejedor no autorizó el traslado de tropas empeñadas en la defensa de la ciudad hacia la campaña, Arias pudo llevar sólo un puñado de hombres. Así, "tres jefes y cuatro ayudantes" partieron en tren de la Estación del Parque hacia Mercedes, con los pertrechos militares que les fueron asignados y precedidos por una máquina "bombera" para evitar sorpresas.[333]

RECLUTAMIENTO

Apenas instalados, comenzó el reclutamiento en toda la provincia. En menos de una semana, Arias reportaba al ministro de Gobierno Alcorta que su ejército alcanzaba cerca de los 20 000 hombres. Había despachado a varios jefes a distintos puntos donde debían formar sus tropas para luego concentrarse en Mercedes y en Las Flores (las que venían del sur). Según su informe: "El Comandante Acevedo [...] en Arrecifes tiene seis mil hombres [...]; el Coronel Sanabria en Chivilcoy, tres mil; el Coronel Plaza Montero... tres mil más; el Coronel Machado y el Comandante Leyría tienen ambos como ocho ó diez mil hombres y aquí existen dos mil ochocientos". ¿Quiénes eran estos jefes? Sanabria era el decano, pues había peleado junto a las tropas de Lavalle a fines de los años 30, pero todos ellos tenían largas, aunque diferentes, trayectorias militares y políticas. (Véase el Entreacto 6.)

Contamos con un relato escrito en el mismo año de 1880 por un "testigo y actor" de la campaña de Arias, Carlos Basabilbaso, autonomista conciliado y flamante diputado provincial. En su "Noticia exacta de la campaña" cuenta que

> [...] el día 12 de junio habia en el campamento de Mercedes doce mil hombres de caballería é infantería, componiendo esta última once hermosos batallones al mando todos ellos de gefes y oficiales inteligentes y experimentados. Era un bello golpe de vista el que presentaba el campamento [...] sobre una loma. Las banderolas de azul y blanco de las caballerias tan numerosas hacia un efecto difícil de espresar.[334]

Aunque puedan estar infladas, las cifras son sorprendentes. Basabilbaso atribuye ese éxito al patriotismo por la causa de Buenos Aires, pero otros testimonios muestran un panorama más complejo. Lo primero que se distingue es la puesta en marcha del aparato de reclutamiento, con su poder de convicción y de coerción. En el archivo del Ministerio de Milicias se encuentran decenas de telegramas dirigidos a su titular, Martín de Gainza, por jueces de paz y comandantes militares que dan cuenta de los resultados de la convocatoria; de la disponibilidad de hombres, caballos, armamento y víveres, y del movimiento de tropas propias y del enemigo. Gran parte de estos funcionarios habían sido puestos en sus cargos por pertenecer a las huestes conciliadas, de manera que respondían a las fuerzas de la "resistencia" y actuaban en consecuencia, movilizando sus recursos y sus redes locales. Así, desde los distintos rincones de la provincia se sumaban dirigentes de todos los niveles que aportaban "sus hombres" a la causa.[335]

Sin embargo, los integrantes habituales de esas redes no eran suficientes y la convocatoria estaba dirigida al conjunto de los ciudadanos que debían incorporarse a la Guardia Nacional. ¿Cómo hicieron las autoridades provinciales para reclutarlos? Sabemos que se usó la fuerza y que muchos hombres se escondían para evitar el servicio. "Casi toda [la gente] á ganado los montes", informaba el comandante de Castelli, dando cuenta de su poco éxito en reunir hombres y caballos, y Servando García, jefe de la Guardia Nacional de Dolores, reportaba que "los paisanos [...] huyen para esos partidos donde no los molestan". Pero la coerción oficial no fue el único camino para sumar hombres a las filas. La iniciativa podía surgir de algún vecino, como ocurrió en Quilmes, cuyo juez de paz telegrafió a Gainza: "Acaba de presentarse el prestigioso vecino Don Agustín Armesto ofreciendo formar un escuadrón de caballería". El comandante Leyría, por su parte, hacía referencia a los incentivos materiales: "En estos momentos el dinero es el primer aliento" para la tropa. Y al reportar sobre la situación en su área de comando, Plaza Montero daba cuenta de los 690 hombres reunidos en los partidos de Quilmes, Almirante Brown, Ranchos, San Vicente, Brandsen y Lomas de Zamora por los jefes locales, y decía de sus propios reclutas: "[...] se han presentado casi puede decirse voluntariamente". Si bien el "casi" sugiere que el apelar a la voluntad no alcanzaba para juntar fuerzas, también refiere a cierta predisposición favorable que habría encontrado en parte de la población a sumarse a las filas. En otro tramo de la carta era más enfático: "La mas brillante juventud de este pueblo [¿jóvenes de sectores sociales acomodados?] me acompaña [...] y todos ellos se han presentado anticipadamente y voluntariamente antes de mi llamado". También informaba sobre los fracasos, que atribuía sobre todo a los jefes. En Ensenada, Barracas al Sud, San José de Flores, Matanzas, Las Heras y Cañuelas, "sus gefes se han mostrado completamente incapaces e incompetentes en el sentido de la movilización de esas fuerzas y su cooperación al triunfo de la noble causa que hoy defiende Buenos Ayres".[336]

Lo cierto es que la provincia logró reunir miles de hombres que, ya fuera por convencimiento, por fidelidad a sus dirigentes, porque la ley los obligaba y la autoridad los perseguía, o por una combinación de motivos, formaron un ejército en pocos días. Mantener esas huestes, sin embargo, no resultaría fácil. Los comandantes desplegaban sus armas retóricas para entusiasmar a los soldados con proclamas como la que pronunció por esos días el mencionado Servando García, agradeciendo a sus hombres haber respondido al llamado y arengándolos: "*Guardias Nacionales*. El primer deber de ciudadano de un país republicano democrático es tomar las armas cuando peligran las instituciones y las libertades públicas". Y luego de mencionar la necesidad de defender "la honra y la dignidad de la República", así como "vuestros hogares y el suelo del provincia de Buenos Aires", terminaba con un "¡Viva Buenos Aires! ¡Viva el Exmo. Gobierno de la Provincia!".[337]

No obstante, la retórica patriótica no alcanzaba para armar a las tropas, y desde el principio de su campaña Arias escribió una y otra vez al gobierno pidiendo recursos. "Insisto en mi pedido de armas, vestuario, carpas y ponchos especialmente, pues hace muchísimo frío", le reclamaba al ministro Alcorta en carta del 9 de junio por la mañana. Y agregaba: "[…] lo que debo recomendar a V.S. es que no deje de mandarme munición, que me hace y me hará grandísima falta". También pedía oficiales: "[…] estoy apurado por el gran recargo de trabajo á causa de la gran escasez de gefes y oficiales, pues todo lo tienen Uds. aglomerado en esa ciudad. Haga lo posible por enviarme Gefes de Caballería e infantería". Esa misma tarde volvía a escribirle insistiendo casi con desesperación: "Necesito armas y vestuarios, fusiles, bayonetas… lanzas, sables, monturas, carpas, capotes o ponchos porque hace bastante frío y municion, bastante munición". Luego informaba: "Yo estoy haciendo todo lo posible por hacerme de lo necesario. He mandado fabricar lanzas y banderolas pero, desgraciadamente… la madera de que se hacen es mala y no se encuentra mejor". Para colmo, decía, "la sucursal del Banco [Provincia] en esta ciudad no tiene dinero".[338]

Al día siguiente, Arias le escribió al flamante ministro de Milicias, al que felicitaba por su designación y enseguida informaba: "He hecho veinte chasques pidiendo munición, armas y vestuario y no tengo contestación a ninguno de ellos… Trabajo como veinte para hacer un lindo Ejército y lo tendremos inmejorable si nos mandan armas". Y volvía sobre el tema en cartas del 11 y del 13 de junio, donde también se quejaba de la falta de jefes. Acevedo había sufrido "un ataque de conjestion cerebral", por lo que fue enviado de regreso a Buenos Aires; Sanabria "está muy chocho sin embargo tiene buena voluntad", y tenía muy pocos oficiales que "podían servir de algo". Insistía en la necesidad de que le enviaran lo que pedía para poder poner en acción a su ejército. Pero desde la ciudad, Alcorta, Tejedor y luego Gainza le advertían sobre la imposibilidad de atravesar el cerco enemigo sin distraer fuerzas de la plaza, lo que se quería evitar a toda costa.[339]

Desde Las Flores, el comandante Leyría, a cargo del reclutamiento por el sur, telegrafiaba a Gainza con noticias sobre el enemigo, cuyas avanzadas, decía, estaban ya por la Estación Pinedo. Traían 4000 caballos y "viene haciendo toda clase de fechorías". También informaba sobre la organización que estaba dando a su división, con fuerzas de Azul, Tapalqué, General Alvear y Las Flores. Para resolver los problemas de abastecimiento "he tenido que, bajo mi responsabilidad, tomar del comercio de aquí varios artículos de urgente necesidad; es necesario autorizar al Juez de Paz de este punto para que tome de la sucursal del Banco los fondos necesarios para pagar los oficiales [...] como [...] para la tropa". Agregaba que había enviado construir lanzas, además de pedir al juez de paz, "carne, yerba, papel tabaco y algunas otras cosas". Y finalmente el mismo clamor de Arias: "Lo que necesito son armas... armas, armas y más armas".[340]

A pesar de todas estas dificultades, el movimiento era generalizado en la campaña. En cada partido se movilizaban cientos de hombres y se juntaban caballos, que marchaban para unirse al grueso de las tropas de Arias. Éste le pedía a Rufino de Elizalde, a cargo del directorio del Ferrocarril del Oeste, que pusiera a su disposición "dos máquinas con hombres de confianza y algunos vagones [...] para trasporte de gefes y armas necesarios para operar la concentración de fuerzas". Los telegramas y chasques se cruzaban. "Milicias de Dolores viene en zorras tiradas por caballos por falta de estos", informa a Gainza el comandante en jefe de Chascomús, y agrega: "[...] vienen en marcha a este punto milicia Magdalena, Dolores, Castelli y Pila. Hombres de aquí armados con lanzas improvisadas". Al otro día: "Seiscientos hombres aquí prontos para marchar".[341]

ABASTECIMIENTOS

Mientras Buenos Aires reunía y movilizaba la Guardia, el gobierno nacional buscaba hacer lo mismo, a la vez que seguía concentrando tropas de todo el país en la provincia. Desde Rosario, Roca telegrafiaba a Rocha el día 9: "Grande actividad y entusiasmo en toda la República. Dentro de diez días habrá cincuenta mil hombres sobre las armas". Y tres días más tarde: "Salen ahora trece batallones cuatro regimientos y escuadras de artillería... Jamas se ha visto un movimiento igual para apoyar la autoridad lejitima del presidente". Ya parte de las fuerzas nacionales se desplazaban por la provincia, ocupando –como vimos– San Fernando, San Isidro, San Nicolás, Campana, Ramallo, Rojas, Arrecifes y Pergamino.[342]

Allí habían procedido a reclutar también a la Guardia Nacional, pero se encontraron con muchas dificultades. Cuando no habían sido ya incorporados a las filas de Arias, los hombres permanecían "escondidos y se ocultan de prestar servicios". Tenían, asimismo, problemas con el abastecimiento. "No tenemos que dar de comer a la Guardia Nacional acuartelada", informaba el juez de paz de San Isidro a Rocha, rogándole que dispusiera el envío urgente de fondos para ese fin. "Las casas de negocio se cierran para la autoridad nacional y tengo la gente sin comer", decía un mensaje desde San Fernando.[343]

La competencia por los recursos –hombres, caballos, alimentos– se hacía sentir en ambos bandos y pronto comenzarían las primeras refriegas entre grupos de los dos ejércitos. Arias se preocupaba por los movimientos de Levalle en el sur, quien parecía dirigirse hacia Tapalqué; y de las tropas del comandante Godoy, que se movían hacia Campana, y por la situación en el norte de la provincia donde, decía, "los santafecinos nos han invadido". Sus planes eran ambiciosos. Le escribía a Alcorta:

> Si me manda municiones para poder apoderarme de la división de Levalle, podré batir al Ejército de la Chacarita y pasar á Santa Fé, darle libertad á esa Provincia y á la de Entre Ríos, poniéndome de acuerdo con Corrientes, libertar también á Córdoba y demás que sufren la presión de la Liga […] aprovechemos esta brillante oportunidad para librar de pillos al país y constituir de una manera estable las instituciones de la República.

Mientras tanto, reportaba escasos avances: habían tomado una partida de 38 hombres desprendida de los contingentes que llevaba Godoy. Otros incidentes menores habían tenido lugar en Pilar y San

Antonio, y en Giles, donde un batallón había logrado restablecer la línea telegráfica que los nacionales habían cortado. Sin embargo, Arias anunciaba: "Pronto entraré en operaciones".[344] Tres días más tarde, cuando todavía no recibía respuesta a sus pedidos de armas y vestuario, proponía un plan de acción para que desde la ciudad pudieran hacerle llegar el material y le insistía a Gainza: "Dignese pensar sobre el plan que propongo [...] y modifique como le paresca, pero hagamos algo. Mi ejército está lleno de entusiasmo y deseoso de entrar en acción".[345]

Para entonces, el gobierno de Buenos Aires ya había intentado, por fin, responder a los pedidos de Arias. Por una parte, vía Plaza Montero, le hizo llegar algunos pertrechos y, por otra, despachó una remesa más importante por ferrocarril. Pero el convoy sufrió una emboscada por parte de los nacionales, quienes interceptaron el tren, tomaron presa a la custodia porteña y se llevaron la carga. Así fue como más de 1000 ponchos y mantas, 100 recados, 250 pares de botas, casi 400 estribos, 50 revólveres y unos 25 000 pesos nunca llegaron a manos de Arias.[346]

EL CERCO SE CIERRA

La ciudad seguía preparándose para resistir. Su territorio quedó dividido en dos circunscripciones militares, separadas por la calle Rivadavia: la del norte, a cargo del coronel Ricardo Lavalle y la del sur, del coronel Emilio Castro. Los cuarteles del Tiro y de la Guardia Nacional estaban distribuidos por todo el recinto urbano (véase el mapa de pág. 195). Un cuadro de la Comandancia de Milicias de la capital, fechado el 12 de junio, aporta datos sobre el "Estado general que manifiestan las fuerzas" de la ciudad: 1 comandante en jefe, 98 jefes, 826 oficiales y 8213 hombres de tropa (véase el cuadro de págs. 196-197). El reclutamiento había sido exitoso, pero el equipamiento era precario. El mismo cuadro contiene información sobre el equipamiento de algunos batallones y muestra bien la relativa escasez de armas, municiones, ropa, calzado y abrigos. El coronel Lagos, nombrado jefe de la caballería, protestaba amargamente por "la falta de elementos" que tornaban sus esfuerzos "estériles".[347]

Los nacionales apretaban el cerco. El 11° de línea ocupó San José de Flores (entonces fuera de los límites de la ciudad) y apostaron allí fuerzas destinadas a cerrar el sitio. Según cuenta Gutiérrez, éstas "acamparon en la misma plaza [...] apoyadas con dos piezas de artillería, y empezaron a hostilizar a los proveedores que entraban a la ciudad por ese lado".[348] Mandaban avanzadas y tenían informantes que recogían datos sobre las tropas de la defensa. Con el título de "Novedades ocurridas al oeste y al sud de la ciudad" un telegrama dirigido a Rocha en calidad de "urgente" y sin firma daba cuenta de la formación de varios batallones. Otro traía un "Computo aproximativo" de las fuerzas de Tejedor, con cifras bastante más bajas que las consignadas por el cuadro de la Comandancia de Milicias mencionado arriba.[349]

La primera acción de armas tendría lugar justamente en Flores. En la madrugada del 14 de junio, desde su campamento en el Once, el coronel Lagos ordenó una avanzada de reconocimiento hacia el oeste. Como vanguardia, despachó a un batallón de la Guardia Provincial de a caballo, a cargo del comandante Juan J. Biedma. Según el parte de este jefe: "[...] al llegar al Caballito encontré una guardia de caballería enemiga [...] [que] rompió el fuego". A pesar de ello, siguieron en su persecución hasta la plaza de Flores, donde los nacionales recibieron refuerzos y, parapetados en las esquinas, hicieron "nutrido fuego" sobre las tropas de Biedma. Éstas contestaron hasta recibir la orden de retirarse "al paso", habiendo tomado al enemigo "tres soldados prisioneros, uno de ellos herido". También quedaron varios caídos en el campo. Entre los propios, se había producido la primera víctima fatal: el comandante Edmundo Dale del escuadrón Tejedor, quien recibió una bala en la frente.[350]

Dale era un joven hijo de ingleses, que ya había peleado bajo las órdenes de Lagos en el Regimiento 2° de caballería, pero que por entonces vivía del comercio y se había unido como voluntario a las tropas de su antiguo jefe. Al día siguiente de su muerte, la prensa porteñista lo convirtió en un héroe, dando diversas versiones de lo ocurrido, en todas las cuales su arrojo y su valor ocupaban el primer plano. "El primer muerto", titulaba *La Tribuna*. "El Comandante Diehl peleando como un bravo en defensa de Buenos Aires, ha caido ayer. Es la primera vida argentina que se pierde en esta lucha criminal [...] Caiga la sangre del bravo ciudadano [...] sobre la cabeza de los culpables [...] El primer muerto en defensa de las libertades de la patria". Se decía que sus últimas palabras fueron "Viva Buenos Aires!".[351]

Ciudad de Buenos Aires, 1880. División parroquial, trazado de las trincheras y ubicación de cuarteles de las fuerzas porteñistas

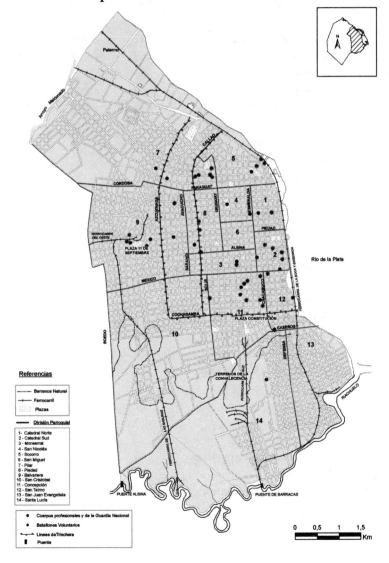

Fuerzas de Buenos Aires hacia el 12 de junio de 1880
Integrantes de guardias nacionales, cuerpos voluntarios y
cuerpos de índole profesional que respondían al
gobernador de la provincia, Carlos Tejedor
(cifras parciales y totales)

Nombre del cuerpo	Jefes y oficiales	Tropa	Total
Guardias Nacionales	**251**	**1731**	**1982**
Regimiento 1°	62	502	564
Regimiento 2°	30	152	182
Regimiento 3°	28	200	228
Regimiento 4°, 2° batallón	24	150	174
Regimiento 5° (2 batallones)	31	241	272
Regimiento 6°	43	316	359
Regimiento 7°, 1er batallón	18	97	115
Regimiento de artillería	15	73	88
Cuerpos voluntarios	**452**	**4758**	**5210**
11 de Setiembre	28	246	274
15 de Febrero	29	247	276
1er Bat. Municipal	15	217	232
Bomberos Voluntarios	112	834	946
Ciudadanos Armados	3	87	90
Defensores de Buenos Aires	17	150	167
del Pilar	10	75	85
Gral. Lavalle	20	130	150
Gral. Mitre y Cnel. Sosa	34	460	494
Gral. Paz	11	141	152
Ituzaingó	24	202	226
Patricios de Buenos Aires	35	243	278
Resistencia	12	272	284
Resistencia de Balvanera	14	175	189
Rifleros	23	500	523

San Martín	9	130	139
Tejedor	31	271	302
Tiradores Argentinos	13	122	135
Tiradores del Sud	10	164	174
Voluntarios de San Telmo	2	92	94
Fuerzas profesionales	**222**	**1724**	**1946**
Comandancia general	32	10	42
Cuerpo de bomberos	15	267	282
Detall general	6	1	7
Escolta Cnel. Campos	4	7	11
Guardia provincial (2 batallones)	26	651	677
Infantería de marina	11	67	78
Ingenieros	37	18	55
Piquete de gendarmes	10	71	81
Policía, 3er batallón	12	232	244
Policía, división de caballería	63	390	453
Regimiento Guarnición	6	10	16
Total fuerzas	**925**	**8213**	**9138**

Fuente: "Ejército de Buenos Aires. Estado General que manifiesta las fuerzas del espresado…". Papel con sello del Comando general de la Capital, Buenos Aires, el 12/6/1880, firmado por el coronel Julio Campos. En AGN, MHN, legajo 55.

ITALIANOS EN ARMAS

Estos choques eran una señal inequívoca de que la confrontación armada era inminente. En la ciudad, el trajín de las tropas, el cavado de fosos y la construcción de trincheras, las guardias nocturnas, el sitio que se hacía sentir y los rumores, siempre los rumores, aumentaban la excitación general. El mismo 14 de junio, una partida del 1° de caballería de línea incursionó en la zona de los corrales y se llevó unas 200 vacas de propiedad privada. Mientras quienes custodiaban los animales escaparon, fuerzas del batallón Tejedor lograron al día siguiente recuperar la hacienda de los corrales de Flores. También hubo un par de escaramuzas en el puerto, donde el gobierno nacional ajustaba el bloqueo.[352]

En ese clima, la cuestión de la inclusión de inmigrantes en las fuerzas de Buenos Aires era un hecho, más allá de las protestas de algunos. Era esperable que el republicano *L'Amico del Popolo* declarara: "En este caso somos como todos, habitantes de Buenos Aires, y como tales obligados a defender el propio hogar... probaremos [...] a los porteños que no somos parásitos sino ciudadanos libres que comprenden sus deberes y respetan las leyes locales". También *L'Operaio Italiano* sostenía que, si bien nunca habían alentado a sus connacionales a tomar las armas, se trataba ahora de la defensa de Buenos Aires. Y "la defensa es un derecho anterior a cualquier derecho político [...] el derecho a la existencia es un derecho *natural* y por lo tanto superior a cualquier derecho *adquirido*".[353]

El argumento más elaborado correspondió a *La Patria*. Partía de la pregunta "¿A condiciones anormales, procedimientos anormales?", y respondía por la afirmativa. Ante la dramática situación en que se encontraba gran parte de los inmigrantes –sin trabajo, sin poder llevar una vida "normal", reducidos a la alternativa de robar o de tomar las armas por una causa que, "al fin de cuentas es la causa de todos los habitantes de Buenos Aires"– "la formación de legiones extranjeras, que además está en la tradición histórica de los estados del Plata, se presenta como una necesidad".[354]

El día anterior, 16 de junio, un grupo de italianos se congregó a mediodía frente a la casa del gobierno de la provincia para saludar a la flamante Legión Italiana. Según *La Nación*, "las azoteas [de ese edificio] [...] y los balcones de las casas vecinas estaban completamente llenas de gente". A la una y media llegaron los legionarios, precedidos por su banda de música. Eran 1500 hombres que desfilaron de ocho en fondo, encabezados por su jefe, Achille D'Atri, y acompañados por los gritos de la multitud: "¡Viva Buenos Aires! ¡Viva el gobernador de la provincia! ¡Viva el pueblo liberal! ¡Vivan los voluntarios italianos! ¡Viva la Italia!". Tejedor dirigió unas palabras a esos "Hijos de Italia" en las que evocó sus luchas por la unidad de esa nación, y agradeció el "ofrecimiento patriótico", mientras con cierta cautela agregaba: "Muy pronto quizá os invitaré a organizaros militarmente. La lucha ha comenzado: todos los brazos son necesarios y los vuestros no serán menos potentes".[355]

La Pampa, con la prudencia que le aconsejaba su lugar de periódico opositor, se mostraba alarmado por estos hechos. "El extranjero –decía– es el último que debe tomar parte activa en nuestras peleas a mano armada". No sólo porque existían suficientes argentinos para encarar la lucha, sino porque entre los que venían de afuera, podría haber "elementos disolventes" provenientes de la Comuna o "criminales conocidos". Consideraba, por otra parte, que "los pleitos de familia son [...] más fáciles de arreglo cuando se debaten entre los mismos deudos" y que la participación de legiones de extranjeros daría a los adversarios "el pretesto [...] de apartarse de las reglas del derecho de guerra civilizada". Admitía, finalmente, que se pudieran incorporar extranjeros sueltos a las fuerzas locales, pero advertía contra "agrupaciones colectivas", cuerpos con sus propios jefes.[356]

Todas estas prevenciones quedaron, finalmente, descartadas. El 18 de junio, Tejedor llamó a D'Atri para asignarle a la legión un puesto en las líneas de defensa. Por su parte, el batallón de los Bersaglieri instaló su campamento en la Estación Centroamérica.[357]

EN MARCHA

Si bien el plan inicial de Arias había sido batir a Levalle y luego marchar hacia Santa Fe, Gainza le indicaba otro curso de acción. "Lo importante –le decía– sería que Ud. se moviese sobre la ciudad, así pondremos en jaque al enemigo y combinaríamos nuestro plan de ataque [...] [É]stas no son órdenes por ahora, porque no se pueden dar en la casi incomunicación que nos encontramos". Los chasques, telegramas y mensajes, sin embargo, iban y venían a Mercedes desde diferentes puntos de la provincia. El día 13, Tejedor le informaba a Arias sobre el fracaso de la misión del juez Leguizamón frente a Roca, y sobre la llegada a Zárate de "dos batallones de Córdoba, dos id. de Santa Fe, un regimiento de id. y otro de Entre Ríos".[358]

Por entonces Gainza avisaba por telegrama y chasque a Arias del desembarco de la división de Racedo en Campana. "Presumo –le decía– que sea en auxilio de Levalle que anoche llegó a Las Flores".[359] Arias, por su parte, decidía ponerse en marcha hacia Buenos Aires con todo su ejército, con excepción de las fuerzas al mando de Plaza Montero que debían unírsele en Olivera. Envió por tren al batallón de Giles como partida exploratoria, indicándole que evitara "el combate con fuerzas superiores" y le comunicara cualquier novedad de inmediato. El resto del ejército, más de 8000 hombres de caballería y casi 4000 de infantería, se preparaba para partir. En la madrugada del 16 de junio, dos batallones fueron despachados por tren mientras algo más tarde, en un día de sol radiante, salían de Mercedes las demás tropas, que, una vez pasadas las quintas de los alrededores, formaron en "cuatro grandes columnas paralelas en el orden siguiente: la división Sanabria a la derecha, en el centro cinco batallones de infantería montados y los regimientos Lanceros de Buenos Aires, Policía Rural y San Pedro; y a la izquierda toda la demás caballería". Arias y su estado mayor cerraban la marcha.[360]

Llegaron a Olivera como a las cuatro de la tarde, adonde ya se encontraban los batallones enviados por tren y las fuerzas de caballería comandadas por Plaza Montero. Acamparon en unas lomas ubicadas cerca de la estación del ferrocarril, en cuya casa central se instaló Arias con sus ayudantes. Los telegramas de Espejo, jefe del batallón exploratorio, y de varios jueces de paz de la zona no dejaban dudas: el enemigo estaba cerca. Una partida de 30 a 40 hombres enviada en avanzada por Espejo, pronto informó que estaba rodeada por el enemigo. Enterado Arias, ordenó el repliegue inmediato de esos hombres hacia Luján, mientras recomendaba a su jefe: "Marche a pie y no a caballo. La gente que usted tiene peleará bien de a pie; pero si la lleva montada hasta cerca del enemigo, puede huir toda ella, pues es muy bisoña". El coronel conocía las limitaciones de su tropa y los riesgos de desbande. Pero sus órdenes llegaron tarde. Ya en plena noche, a orillas del río Areco, se produjo el choque entre esa partida y una avanzada de los nacionales, compuesta por unos 100 miembros de la caballería de línea. Los de Buenos Aires echaron "pie a tierra y formaron en cuadro rompiendo un fuego granado mortífero", que sostuvieron de quince a veinte minutos. Luego escaparon a la persecución, aunque sólo doce de los treinta llegaron a reincorporarse a su batallón.[361]

Arias esperaba un ataque mayor. A la mañana del 17 su ejército se puso nuevamente en movimiento. A su pedido, el Ferrocarril del Oeste había concentrado máquinas y vagones en Luján para que estuvieran a disposición de las tropas. Los batallones de Mercedes, San Nicolás y Pergamino fueron embarcados por tren hacia General Rodríguez, mientras el resto marchaba "por el costado derecho de la vía férrea, en cinco paralelas [...] una fuerte guardia de infantería de Chivilcoy marchaba cubriendo la retaguardia". Iba a la cabeza el jefe del Detall, comandante Domingo Rebución, mientras que Arias se quedaba atrás, supervisando la salida de los batallones, las caballadas y las tropas de vacunos para el abasto. Pronto comenzaron a escucharse detonaciones que anunciaban al enemigo en camino. Lo que sucedió a continuación ha sido contado por los contemporáneos de maneras diversas, como se verá enseguida.

Según la crónica de Basabilbaso, el enemigo, "aunque inferior en número [...] era sin embargo diez veces superior [...] en cuanto a armamento y también á la calidad de soldado", por lo que Arias decidió no hacer entrar a sus fuerzas en batalla. Dispuso, en cambio, entretenerlo "con algunas guerrillas de infantería y cargas de caballería, mientras el grueso del ejército ganaba terreno hacia Luján". Así, cuando Racedo, con sus 3000 hombres de infantería, 1000 de a caballo y seis piezas de artillería, comenzó la persecución, dos regimientos de Buenos Aires con sólo sus lanzas "contuvieron la marcha de una columna de infantería enemiga". Pero a la primera descarga de ésta, "se desbandaron completamente". Por su parte, un regimiento de la Policía Rural cargaba sobre el 2° de caballería de línea, que buscaba apoderarse de las caballadas, y "lo arrolló y lo llevó sableándolo hasta bajo los fuegos de la infantería". Muchos soldados quedaron muertos en el campo y "hasta hace quince días, se veían en el sitio [...] infinidad de osamentas de caballos que cayeron con sus jinetes". Cumplida su misión de recuperar las caballadas, se batieron en retirada.

El grueso del ejército de Arias seguía su camino. Racedo, entonces, atacó con la artillería: "Era una verdadera lluvia de granadas que se continuó sin interrupción hasta las mismas orillas del pueblo de Luján – matando algunos hombres pero sin desorganizar ningún cuerpo de caballería". Arias ordenó a los tres batallones de infantería que habían partido en tren, que regresaran para contener a los nacionales por la retaguardia. Las guerrillas de éstos fueron sorprendidas por los recién llegados y retrocedieron. Racedo reorganizó sus fuerzas y volvió a la carga, intensificando además el fuego de la artillería. Los tres batallones se defendieron durante varias horas, sufriendo bajas considerables, hasta que se les ordenó la retirada. "Pero la jornada estaba cumplida –concluye Basabilbaso– y pocos instantes después el silbido de la locomotora contestaba al último cañonazo del enemigo anunciando a éste que el ejército de la provincia se había salvado". En suma, según esta versión, si bien las tropas nacionales, mejor equipadas y organizadas que las provinciales, habían atacado la retaguardia de las fuerzas de Arias, ocasionándole bajas y deserciones, éste había logrado su objetivo central: salvar al grueso de su ejército en su marcha hacia Buenos Aires. En el camino habían quedado 63 muertos, 90 heridos y unos 1500 "dispersos", más 250 hombres de un batallón licenciado por su jefe, pero quedaban 10 000 que siguieron su marcha.[362]

El parte oficial de Arias sobre los sucesos de Olivera coincide con esta crónica positiva aunque sin euforias. Los diarios porteños, en cambio, exudaban entusiasmo. "El primer triunfo", tituló *El Comercio del Plata* una nota en la que afirmaba: "Racedo fue vencido en Luján", para luego resumir el más realista informe de Arias. *La Libertad* hablaba de la "victoria" obtenida, el *Buenos Aires* se preciaba de ser el primero en dar a conocer al público el "hecho de armas favorable al ejército de la defensa", y *La Nación* anunciaba el "rechazo victorioso de las cargas enemigas" y la llegada del ejército de Arias a Merlo.[363]

En las filas nacionales también reinaba el optimismo. Desde Luján, Racedo daba su parte al ministro Pellegrini en los siguientes términos: "Los rebeldes fueron completamente derrotados por el empuje de las fuerzas de mi mando y por el pánico que la sorpresa introdujo en sus filas [...] Arias ha salido del campo de batalla solamente con quinientos infantes y setecientos ginetes". Mencionaba "numerosísimos prisioneros, paisanos arrebatados violentamente de sus hogares", quienes "fueron licenciados y se retiraron entusiasmados y contentos a sus quehaceres". Decía haber "tomado hasta los carruajes de los ex coroneles Arias y Plaza Montero, toda la proveeduría, un notable botiquín, armamento Chassepot, lanzas, sables, banderas y muchísimos artículos de guerra". Y anticipaba que Arias buscaría refugio en la ciudad, lo que podría ser evitado por las fuerzas de la Chacarita.[364]

El triunfo se consideraba completo. "Nuestro amigo Racedo es el héroe de esta jornada y tiene ya conseguidos los entorchados de General de la Nación", escribía desde Belgrano el cordobés Ismael Galíndez a Juárez Celman. El juez de paz que acababa de imponer Levalle en Ranchos felicitaba a Rocha por el triunfo e ironizaba: "El encuentro de Luján habrá demostrado al Gobierno rebelde y a sus partidarios la fuerza de la bandera de la resistencia y la popularidad de que goza". Las noticias sobre fuerzas de Arias dispersas por la campaña, de hombres provenientes de sus filas en desbandada, aumentaban la certeza del triunfo nacional.[365]

El general Roca estaba convencido: "para concluir cuanto antes la guerra es necesario redoblar la actitud y energia. Es necesario aprovechar [...] para amontonar ahí soldados y estrechar a los sitiados [...] es necesario quitarles toda esperanza de transacción que es lo que los ha precipitado en la guerra sin pensarlo tal vez".[366] Sin embargo, esa victoria era sólo parcial. Los jefes de uno y otro bando sabían de las debilidades del ejército de Arias. Los nacionales quisieron enfrentarlo y batirlo en esas condiciones, para evitar su marcha hacia la ciudad, donde podría equiparse y sumarse al resto de las fuerzas porteñistas. No pudieron conseguirlo, porque Arias también sabía que llevaba las de perder. Evitó con éxito un choque frontal y buscó, en efecto, acercarse lo más posible a la ciudad.

TENSIONES

En esas horas, la provincia mostraba un panorama conflictivo e incierto. Tropas de uno y otro lado recorrían la campaña, acampaban en sus montes, se adueñaban de caballadas y ganado, ocupaban sus pueblos, cambiaban sus autoridades de acuerdo con su signo político, perseguían a los evasores del servicio, y destruían y volvían a montar ferrovías y telégrafos. Además, grupos sueltos de soldados, individuos desertores y fuerzas dispersas transitaban de un lado al otro y con ellos circulaban también rumores sobre movimientos de tropas y el estado de los ejércitos. "Llegan tres dispersos de Arias...

que dicen después combate infantería enemiga embarcose tren para Moreno, siguelé caballeria, regular órden, mala organización, otra parte dispersóse. Tenían pocas y malas ármas", reportaba Manuel Brid desde Tigre. En Las Conchas, Fermín Montes de Oca hacía referencia a "once hombres y un teniente, armas Remington y sable, con uniforme, sin numero el Kepi, dicen derrotas y fuerzas de Tejedor. Según ellos cruzan treinta hombres mas, dirección al Pilar, no se sabe a quien pertenecen y varios grupos pequeños caen más derrotados de la fuerza de Olivera, aquí sin armas y sin organización. Las Chacras del Partido en poder de los bandoleros".[367]

Los diarios porteñistas denunciaban las persecuciones sufridas por los "hombres importantes del Partido Liberal" en San Nicolás, ocupado por los nacionales. "La quinta del doctor Tejedor en las Conchas y la estancia del General Gainza en Baradero han sido destruidas por la soldadesca que obedece a los Doctores Avellaneda y Pellegrini", se indignaba *El Porteño*. Y *La Tribuna* se refería a las "sangrientas tropelías por la campaña del Norte", perpetradas presumiblemente por las fuerzas de los comandantes Reynoso y Godoy. Estas noticias, que más tarde se revelaron exageradas, contribuían al clima general de guerra, en medio de acusaciones mutuas de "bandolerismo", "barbarie" y "salvajismo".[368]

A ese clima concurría en la ciudad el bloqueo del puerto. Varias veces hubo tiroteos entre buques de la Armada nacional y los de la capitanía, que respondían a Buenos Aires, episodios que eran narrados con detalle por la prensa. También se difundían día a día las vicisitudes del ejército de Arias y del movimiento de tropas en la propia ciudad. La sensación generalizada de que la confrontación armada era inminente impulsó una mayor organización de los dispositivos médicos y sanitarios. La flamante Cruz Roja convocaba a todos, "argentinos, extranjeros... católicos y disidentes" sin distinción de banderías políticas, para que donaran "hilos, vendas, vendajes, medicinas, camas, ropas, dinero, etc. etc.", y apelaba a las "nobles matronas" para que constituyeran juntas auxiliares. "El fragor de las armas anuncia la proximidad de un combate: el ejército de la caridad debe entrar también en campaña brevemente: engrosad sus filas". Se instalaron hospitales de sangre; las Damas del Socorro recibían donativos y se preparaban para atender a "los defensores de la patria".[369]

Ante el primer enfrentamiento armado, Mitre renunció a la Comisión de Paz, que todavía funcionaba, y ofreció "su espada como soldado de la libertad" al gobierno de la provincia. Algunos funcionarios del gobierno nacional, por su parte, renunciaron a sus cargos para ocupar "un puesto en las filas de la defensa de Buenos Aires" o para evitar estar obligados a tirar contra la "heroica Buenos Aires".[370]

CAMPAMENTO DEL RIACHUELO

El ejército de Arias se acercaba a la ciudad. Desde Luján, la caballería con el coronel al frente marchaba al costado del tren, donde se desplazaba la infantería. "A las cinco de la tarde [del 17 de junio] se llegó a General Rodríguez; a las ocho de la noche a Moreno; a las diez a Merlo; a las 2 en punto de la mañana [...] a la Estación Ramos Mejía". Allí se cortaba la vía del ferrocarril, por lo que la marcha continuó de a pie. Hacía un frío intenso, y desde la noche del 16 que estos hombres no comían ni descansaban. Al llegar a San Justo, se hizo una breve parada para seguir a las cinco y media, "a favor de una espesa niebla" y en total silencio. Según Basabilbaso, "fue aquella [...] una escena imponente. ¡Diez mil hombres avanzando en la sombra...!". Al alba, llegaron a las quintas al oeste del Bañado de Flores, y aumentaban los temores de un encuentro con las fuerzas enemigas. Habían recibido avisos de que una fuerte columna de los nacionales se encontraba en Ramos Mejía. Desplegando guerrillas de caballería para evitar cualquier sorpresa, hacia el mediodía del día 18, Arias ordenó avanzar al resto de su ejército para ubicarse junto al Riachuelo, donde instalarían el campamento (véase el mapa de la pág. 224). A través del bañado, en la loma opuesta, las tropas del teniente coronel Manuel Campos desplegaban su fuego de artillería, para luego retirarse a la Chacarita.[371]

Nuestro campamento, cuenta Basabilbaso, quedó establecido al Sud Oeste de la ciudad sobre la márjen derecha [se trataba, en realidad, de la margen izquierda] de ese río de aguas profundas [...] Teníamos [...] al Sud (nuestra reta-

> guardia) el Riachuelo, con los terrenos de su margen [dere-
> cha] poblados de una espesa arboleda; al Norte (nuestro
> frente) un bajo muy profundo y estenso que es el bañado de
> Flores; al Nordeste Buenos Aires, y al Oeste (nuestra iz-
> quierda) una vasta llanura […] El puente Alsina venía a
> quedar […] al Este del campamento.

De inmediato, se armaron los fogones y la tropa procedió a comer y descansar después de la fatigosa marcha.[372]

A las tres y media de la tarde llegaban en comitiva el ministro de Milicias Gainza y varios otros militares y civiles para saludar a Arias. También hacía su entrada el Batallón Provincial con sus 600 hombres, sus banderas y su banda de música, listo para unirse al ejército, y algo más tarde, un piquete de artillería a cargo de ocho cañones Krupp. Al día siguiente, se recibía la visita del Gobernador, quien llegó "en carruaje descubierto, acompañado por los ministros [de Gobierno] Alcorta y [de Hacienda] Balbín" y "una escolta de veinte soldados del batallón Tejedor". Recorrió las filas de los soldados que le presentaban armas, al son de la música de los tambores y de los vivas de la tropa. Y prometió a Arias enviarle armas y vestuario.[373]

La presencia de semejante ejército despertó euforia en los porteños. "Gran cantidad de gente se veía hoy en dirección a Barracas, al Puente Alsina, a visitar al bravo ejército del coronel Arias –decía *El Comercio del Plata*–. Multitud de carros con víveres frescos salían de la ciudad para llevarlos a esos soldados". Por su parte, *El Correo Español* reportaba: "En nuestras filas, y en toda la capital, grandísimo entusiasmo". Arias, mientras tanto, procedía a reorganizar sus fuerzas y a prepararse para la pelea. Recibió vestuario, armas y municiones que debían repartirse entre la tropa. Leyría había llegado desde el sur con sus hombres y se estacionaba en Barracas. Los telegramas indicaban que el coronel Levalle se acercaba a la ciudad. Se acortaban los tiempos.

La retórica porteñista subía de tono. "Ya no hay remedio –decía *El Porteño*–, la guerra es un hecho." Buenos Aires no la había querido, pero su "pueblo […] no quiere la paz a costa de su honor". Frente a un ejército "mercenario", sus hijos "cumplirán su deber". El *Buenos Aires* hablaba de la revolución: "El poder de las fuerzas populares es incontrastable, cuando se encamina a la defensa de sus propios derechos". Para *El Correo Español*, la guerra era necesaria "para asegurar la unión e integridad del país y el respeto de sus instituciones".[374] Incluso un observador lúcido como Vicente Fidel López le escribía a su hijo Lucio: "La ciudad está en las condiciones de una defensa completa, y a este respecto hay mucha tranquilidad: nada nos falta, ni creo que pasemos por otras angustias que las morales de descrédito y vergüenza por tan grande escándalo. Pero la presidencia de un Avellaneda tenía que concluir así".[375]

Sobre Avellaneda cargaban también las tintas *El Nacional* y la pluma de Sarmiento. Éste pedía al Presidente que detuviera la guerra civil y observaba, desesperanzado:

Hoy no son los caudillos [...] los que traen las perturbaciones y preparan el desquicio. Son los hijos de las universidades [...] [L]a vida constitucional ha desaparecido, ya no tenemos Congreso, ya los poderes públicos están dispersos, el Poder Ejecutivo en un campo, el Poder Judicial en otro, el Poder Legislativo dividido entre ambos. Ya la trasmisión del mando no puede hacerse constitucionalmente y será la obra de la fuerza [...] por la RAZON KRUP y el derecho remington, ya la dictadura de la guerra impera.[376]

En el campo roquista, por su parte, se celebraba el control de la mayoría de las provincias, con la sola excepción de Corrientes. Se dudaba, sin embargo, del gobierno de Belgrano. Andrade describía la atmósfera como "asfixiante". "Mentira si dijese que sé como piensa el Presidente. Pero sé como piensan Zorrilla, Plaza, Pacheco, Cortínez, sus íntimos, hasta alguien de tus mas fieles amigos! Piensan que no debe tirarse un tiro sobre la ciudad sagrada, la Meca de los pueblos del Plata." Roca, desde Rosario, no dudaba y volvía a escribirle a Rocha: "Aprovechando el entusiasmo de los pueblos, estoy constantemente apurándolos por fuerzas y más fuerzas... Si dejamos todo para último momento, la guerra se puede hacer crónica". Y dos días más tarde: "[...] para concluir cuanto antes la guerra es necesario redoblar la actitud y energia.[...] Es necesario quitarles toda esperanza de transaccion".[377]

BARRACAS (I)[378]

Pocas horas más tarde, en la mañana del 20 de junio, Arias reportaba al ministro Gainza: "Tengo noticias de Levalle. Es conveniente que mande dos o tres batallones y cuatro piezas de artillería al puente de Barracas, porque tal vez tengan ellos el plan de atacar del lado de Flores, al mismo tiempo que Levalle se encargue de picarme la retaguardia". No se equivocaba respecto de los movimientos de tropas al mando de Levalle, y mucho más pronto que lo esperado éste llegaba a la ciudad por el lado de Barracas, al mando de unos 650 hombres de los batallones 5° y 7° de infantería de línea, el Regimiento 6° de caballería de línea y unas pequeñas piezas de artillería. Para apurar los tiempos y sorprender a los porteños, había transportado a sus infantes en ferrocarril, reparando al paso las vías dañadas precisamente para evitar ese uso, mientras la caballería marchaba al costado de los vagones.[379]

El vigía de Lorea le avisó por telégrafo a Gainza del paso del tren y las columnas por Lomas y éste a su vez advirtió a Arias, quien a las 10.35 recibió un mensaje de Leyría, jefe de la caballería apostada en la vanguardia, que informaba de la llegada de Levalle. Los nacionales habían descendido del tren a unas cuadras del puente de Barracas. Formaron en columnas con las banderas desplegadas y, antes de avanzar, tocaron el Himno Nacional. Del otro lado, sonó la metralla. El 7° de línea marchó para tratar de tomar el puente. Sus guerrillas exploradoras pronto se toparon con las de Leyría y comenzaron los disparos. La caballería porteña intentaba defender palmo a palmo el terreno, empujada por las superiores fuerzas de línea. Según el parte posterior de Levalle a Pellegrini, éstas marcharon "de frente sobre el enemigo [los porteños], el que fué derrotado en todas sus posiciones". Así también lo informaba el coronel Julio Campos a Gainza: "Cuando yo llegué al lugar del combate, encontré al enemigo [los nacionales] dueño del Puente y que sus fuerzas habían penetrado como dos cuadras hacia el centro de la ciudad".

Pero la resistencia pronto recibió refuerzos. Desde Puente Alsina, Arias envió 50 hombres de a caballo, un regimiento de la Guardia Provincial con 370 soldados y dos cañones Krupp. Los batallones de voluntarios Mitre y Sosa, a las órdenes del comandante Morales, marcharon desde sus cuarteles cercanos (en el barrio de Santa Lucía) a Barracas. Eran cerca de 500 hombres; los del Mitre munidos de fusiles Mauser; los del Sosa con remingtons y bayonetas, pero todos con cartuchos contados: sólo 25 por cabeza. También había llegado el 2° batallón del 5° regimiento de Guardias Nacionales, y cuando el propio Campos se hizo presente en el lugar, con el ministro Gainza, movilizaron los tranvías de la compañía Buenos Aires para buscar tropas adicionales. Así vinieron el primer batallón del 5° regimiento de Guardias Nacionales, el 3° de Policía, el San Martín del Tiro Nacional y una compañía de bomberos voluntarios: en total, unos 600 hombres más dos piezas de artillería. Al comando general ubicado cerca del puente se sumaron el jefe de policía, coronel Garmendia, y sus ayudantes.

La batalla no había menguado y los que llegaban se incorporaban al combate siguiendo las órdenes de sus oficiales, reemplazando a los que quedaban sin municiones o sufrían demasiadas bajas. Ante la nueva ofensiva porteña, los nacionales retrocedieron sobre el puente, empujados una y otra vez por sucesivas oleadas de renovadas tropas. La lucha era feroz, a fusil pero también a revólver y bayoneta, frente a frente, sobre el puente y en las calles y barrancas adyacentes. Las cuatro piezas de artillería no daban tregua a los nacionales. El terreno estaba sembrado de hombres y caballos caídos en combate. "Después de dos horas de recio fuego a quema ropa –informaba luego Levalle– emprendí mi retirada hasta encontrar un campo limpio a unas cinco cuadras de distancia y allí esperé". Pero luego de soportar la andanada de los Krupp, "siendo las 41/2 p.m., agotadas nuestras municiones y con la tropa fatigada, la que hacía dos noches que no dormía, resolví emprender mi retirada a Lomas con la infantería a pie al lado del tren. El enemigo, al ver mi movimiento, mandó fuerzas en persecución". Eran los hombres del Guardia Provincial, que se trenzaron en un intercambio de disparos con los nacionales. Y seguía la metralla:

Todos reunidos ya –cuenta Fotheringham– nos aprontamos para subir al tren y retirarnos a Lomas […] Los Shrapnels cruzaban silbando […] uno cayó en el medio mismo de un armón de municiones que teníamos sobre una zorra a vanguardia de la máquina. Estalló. Una lluvia de hierro junto con un estruendo ensordecedor […] No teníamos con qué contestar. Estabamos formados en columna al lado del tren con aire de indiferentes: desafiando. –Y observaba:– Me admiré del efecto *decapitador* de un Shrapnel; a dos granaderos les separó la cabeza íntegra y parte del cráneo a un tercero; sólo pasando lista se pudo identificarlos.

Por fin subieron al tren para llegar tarde de noche a Lomas. Con ellos, se llevaron también muchos de sus heridos, algunos de sus muertos –entre ellos al comandante de Ipola– y unos cuantos prisioneros.[380]

Los caídos de ambos lados eran ¿cuántos? No tenemos cifras ciertas. Levalle reportó "un Gefe herido, once oficiales y cuarenta y tres de tropa – muertos un gefe y diez de tropa", cifra que resulta sospechosamente baja frente a otras que circularon entonces. Fotheringham mismo contabilizó, sólo para su 7° regimiento, 18 muertos y 48 heridos. No hay mayores precisiones en los demás partes, que mencionan bajas pero no dicen cuántas. Unos 100 "entre muertos y heridos por ambas partes", aventuraba *La Prensa.* Pero sólo en las filas del Guardia Provincial, 52 de sus 370 hombres habrían caído en batalla, mientras se decía que los batallones Mitre y Sosa habían quedado con la mitad de sus hombres. Basabilbaso aventura 800 bajas para Levalle y 250 para los porteños. Como se ve, no hay coincidencia en los números. Todos acordaban, en cambio, en la nómina de jefes y oficiales de ambos bandos que cayeron ese día.[381]

Los médicos, practicantes y colaboradores del Cuerpo de Sanidad, de la Cruz Roja, de la masonería y de las sociedades de caridad se volcaron a Barracas para recoger y atender a los heridos. Los de Sanidad improvisaron un hospital en vagones y zorras de tranvía y usaban ese medio como transporte hacia los hospitales de la ciudad. Los diarios del día siguiente contaron también que, en cuanto cesó el combate, los residentes de Barracas se lanzaron a las calles a recoger los heridos para prodigarles los primeros auxilios en sus propias casas. No sabemos, en cambio, qué pasó con los muertos; algunos fueron recogidos, otros arrojados al río, quizá muchos quedaron expuestos a pudrirse entre el barro de las barrancas.

¿Cuál fue el balance de la jornada? El mismo día, el coronel Campos daba un comunicado oficial: "[…] las armas de la defensa de Buenos Aires, han obtenido la mas espléndida victoria sobre la columna del coronel Levalle [...] Nuestra guardia nacional se ha batido con bravura, dando un día mas de gloria á la patria. El coronel Levalle se retira en completo desórden, quedando en nuestro poder toda su artillería". Los diarios de Buenos Aires replicaban el júbilo: "El estreno del tiro y guardia nacional ha sido heroico", proclamaba *La Patria Argentina*, mientras *El Comercio del Plata* hablaba de una victoria digna "de los nobles hijos de Buenos Aires", y *La Nación* confirmaba que "El triunfo ha sido completo".³⁸²

Los nacionales tenían otra visión. Si se habían retirado, decía en su parte el coronel Levalle, era "porque nos *daba la gana y no porque él* [el enemigo] *nos obligase a ello*". En el *Boletín* informativo que se editaba en Belgrano se hacía referencia a "la hábil retirada que llevó a cabo [Levalle] con el mejor éxito, burlando completamente el intento de los enemigos y haciendo en sus filas numerosas bajas". Roca desbordaba de entusiasmo en telegrama oficial a Rocha el día mismo de la batalla: "En estos momentos se echan a vuelo las campanas de toda la Republica festejando el triunfo de Barracas". Pero el propio Levalle, muchos años más tarde, reconocería que en Barracas "me derrotaron. Me retiré entonces a Lomas de Zamora con todos los heridos para descansar y reponerme".³⁸³

Lo cierto es que, si bien los nacionales tuvieron que batirse en retirada, los porteños no los persiguieron más que unas cuadras y luego abandonaron el intento. ¿Por qué? Según Levalle, porque la resistencia de sus tropas convenció al enemigo de que sería imposible derrotarlos. Según Morales, en cambio, cesó la persecución por órdenes de Campos, quien, a su vez, explicaba a Gainza su decisión en estos términos: "Rechazado el coronel Levalle en su ataque, su División hubiese sido irremisiblemente perdida, si las fuerzas del Comandante Arias hubiesen obrado en combinación con las de la plaza [...] Pero no habiendo ordenado V.S., según parece, este movimiento, el enemigo tenía segura su retirada; y la persecución que V.S. me ordenó llevase a cabo, carecía de objeto práctico". Insinuaba así una crítica a Gainza, para justificar su accionar en un momento clave, accionar que más tarde recibió fuertes cuestionamientos como éste, muy elocuente, de Basabilbaso: "¿porqué se escapó la division de Levalle?... ¿No teniamos fuerzas de sobra y elementos bastantes para haber alcanzado en Barracas esa verdadera victoria?... ¿porqué no se cortó la retirada?". Fue decisión de Campos,

dice, y "él sabrá porque no dió ese paso tan sencillo á la par que fe-
cundo... De suerte que el combate de Barracas no fue otra cosa que
una victoria del valor arjentino sin distinción de bandera política".
Y concluye: "A nadie aprovechó aquella gran efusión de sangre,
pues las cosas quedaron como antes para seguir en breve su curso
fatal".[384] De esta manera, Levalle quedaba en condiciones de repo-
nerse y unirse a la ofensiva del día siguiente.

Entreacto 6. Perfiles

Los combates del 80 movilizaron miles de hombres al mando de diferentes figuras de reconocida actuación pública. ¿Quiénes eran esas figuras? ¿De dónde venían? ¿Cuáles eran sus trayectorias? Por empezar, dos rasgos sobresalen claramente. En primer lugar, todos los jefes –porteñistas y nacionales por igual– habían participado de la campaña militar del Paraguay, en la represión de las rebeliones federales y en las fuerzas de frontera. También habían intervenido, aunque no siempre del mismo lado, en las luchas entre Buenos Aires y la Confederación (Cepeda, Pavón) y en el enfrentamiento de 1874, provocado por la revolución mitrista. Y los de más edad provenían, en general, de las filas antirrosistas.

En segundo término, la mayoría de ellos tenía, además de su historia militar, actuación política y pública, como hombres de partido, legisladores o periodistas. Por lo tanto, identificarlos –como se ha hecho con frecuencia– simplemente como "militares" puede dar lugar a confusiones y anacronismos. En efecto, los alcances y límites de esa profesión estaban todavía en definición. Y si bien existía una carrera posible en el ejército y en la Guardia Nacional, ésta resultaba sobre todo de la actuación en el campo de batalla y de las lealtades políticas, y no de una formación profesional sistemática o de un escalafón jerárquico estricto. Esa carrera no era, por otra parte, incompatible con otras "profesiones".

Esta situación puede, quizá, explicar un tercer rasgo de estos jefes: su identificación con la fuerza no era corporativa y podía quedar subordinada a otras identidades. Los protagonistas de nuestra historia formaban parte del mismo ejército, habían sido compañeros de varias campañas (algunas largas y penosas, como la guerra contra el Paraguay) y habían peleado del mismo lado más de una vez. Esa situación no les impidió en el 80, sin embargo, ubicarse en lados opuestos del campo de batalla. No era la primera vez que esto ocurría y poco tiempo antes, en 1874, varios de estos jefes ya se habían enfrentado entre sí. En ese momento, la lealtad militar había quedado subordinada a la adhesión política, pues los rebeldes eran todos de filiación mitrista. En 1880, en cambio, la división era un poco más compleja, en la medida en que la puja política ubicó, de un lado, a mitristas y parte de los autonomistas y, del otro, al resto del autonomismo que se ampliaba y renovaba con fuerzas políticas del interior. Se perfilaba, además, una presencia relativamente nueva: la de un gobierno nacional que, si bien tenía simpatías partidarias, a su vez buscaba fortalecer el poder central y colocarlo por encima de los partidos.

Encontramos así un recorte diferente del de 1874, ya que varios de los jefes que entonces habían peleado contra los rebeldes, como Julio Campos, José I. Arias, Hilario Lagos y José I. Garmendia, entre otros, en el 80 lideraron las fuerzas de Buenos Aires, junto con mitristas consecuentes como José Miguel Arredondo, José María Mora-

José Inocencio Arias, 1890. Fuente: AGN, Departamento de Documentos Fotográficos.

les y Miguel Leyría. Otros, en cambio, mantuvieron su posición oficialista, como Luis María Campos (hermano de Julio), Nicolás Levalle, Eduardo Racedo y Francisco Bosch.

Recorriendo las carreras de estos jefes podemos, quizá, explorar sus razones. De ellas no surgen pautas diferenciales por su distinta extracción social o siquiera por su lugar de origen (Buenos Aires, otras provincias). Éstas parecen provenir, más bien, de sus opciones profesionales y políticas. Así, por ejemplo, Racedo y Levalle representan casos de compromiso fuerte con la vida militar y, por lo tanto –se puede conjeturar–, habrían tenido una identificación mayor con el ejército como institución. Ambos habían participado activamente de las campañas de Roca en la frontera y se habrían mantenido, a la vez que leales a su figura, subordinados al poder central. Arias y Lagos, en cambio, que eran de la misma generación de los

Nicolás Levalle, 1880. Fuente: Cnel. Héctor J. Piccinali: *Vida del Teniente General Nicolás Levalle*, Buenos Aires, Círculo Militar, 1982.

anteriores (todos nacidos en la década del 40) y habían sido parte del mismo ejército, interviniendo juntos en varias empresas guerreras y en la expedición de Roca del 79, estuvieron, al año siguiente, dirigiendo las operaciones en su contra. ¿Fue su compromiso político partidario lo que los decidió a dar ese paso? ¿Fue, quizá, su fuerte adhesión a "la causa de Buenos Aires"? ¿Fue el vínculo personal que los ligaba a otros jefes rebeldes? Tal vez un poco de cada cosa, pero lo cierto es que por entonces nadie se sorprendía frente a estos alineamientos fundados sobre identidades y lealtades políticas (y aun personales) que tenían precedente sobre la carrera militar. Al mismo tiempo, y aunque pueda parecer paradójico, aquéllas con frecuencia se habían forjado o alimentado en el seno mismo de las instituciones armadas, pues el ejército y la Guardia Nacional constituían espacios de sociabilidad donde se construían y reproducían redes políticas. Eran estas últimas, sin embargo, las que para un Arias o un Lagos tenían precedencia. Así fue como ellos –y otros jefes rebeldes– pidieron la baja en el año 80, en un gesto que indicaba dónde estaban sus prioridades.

7. 21 de junio. El combate

La noche llegaba tensa ese 20 de junio a Buenos Aires. La ciudad había resistido el primer avance de las tropas nacionales, pero todos sabían que no sería el último. En el campamento de Arias, los fogones se apagaban y los hombres se echaban, intranquilos, a descansar. A las diez de la noche, el coronel había recibido un mensaje del ministro Gainza: "Por varios conductos que no doy mucha importancia, se me dice que esta madrugada será usted atacado", y agregaba: "(no lo creo)". Pero en el campamento, cuenta Basabilbaso, los jefes estaban alertas; mandaron avanzadas en varias direcciones y una guardia de caballería se apostó sobre el propio puente. Hacía frío y el cielo estaba claro, alumbrado por una invernal luz de luna.[385]

A las cuatro de la madrugada, cuando ya se anunciaba el toque de diana, llegaba al detall un jinete agitado para avisar que se venía el enemigo. No había terminado el soldado de dar la noticia cuando se escucharon los estruendos de la artillería y las descargas de la fusilería de los nacionales, que estaban encima. Era el coronel Racedo, con su división de línea, que había marchado toda la noche desde Flores haciendo un rodeo para llegar por el sur al Puente Alsina, a las puertas de la ciudad. Cubriría así a la división que, al mando del comandante Bosch, trataría de unirse a las fuerzas de Levalle, apostadas en Lomas de Zamora, para entrar todos a Buenos Aires. Eran en total 4200 hombres, que incluían cuerpos de línea y guardias nacionales de Santa Fe, Buenos Aires y Córdoba. Para reforzar la posición de Racedo, se apostaron del lado norte del río, en el sitio conocido como la Pólvora de Flores, las fuerzas al mando del coronel Manuel Campos, compuestas por el Regimiento 1° de línea, el 10° de caballería, el Batallón 1° de voluntarios, al mando del comandante Marcos Paz, y la artillería con dos cañones que pronto empezaron a hacer fuego sobre el campamento.[386]

El avance de los hombres de Racedo en medio de la oscuridad sorprendió a las guerrillas de Arias, acampadas en avanzada junto al puente, las que "fueron acribilladas por el enemigo". "Procedí inmediatamente a posesionarme del Puente –dice Racedo en su parte de batalla– mandando al Coronel Vázquez con la 1ª Brigada de infantería, mientras yo me ocupaba en reconocer el campo enemigo, colocar convenientemente la artillería y caballería, reserva de infantería y fuertes guerrillas, sobre las barrancas del rio. Todo se hizo con tanta rapidez y tan profundo silencio que el enemigo […] se apercibió de mi llegada recién cuando las descargas de la infantería se lo avisaron". También, sabemos por Arias, cuando uno de sus jinetes llegó al campamento con la noticia. Entonces, el ejército porteño hizo un cambio de frente y se puso en movimiento. Mil quinientos hombres de infantería más ocho piezas de artillería avanzaron hacia el puente, en medio de las descargas enemigas. A la vanguardia, se organizó una línea de ataque con tres batallones: a la izquierda, el Guardia Provincial y al centro, las brigadas de Mercedes y San Nicolás. A la derecha se colocaron cuatro piezas de artillería. Más atrás, seguía el resto de las fuerzas y de los cañones, a cargo de jóvenes cadetes de la Escuela Naval y del Colegio Militar.[387]

La Guardia Provincial de Santa Fe, al mando del comandante Vázquez, estaba ya en el puente. Las fuerzas porteñas se acercaron al mismo punto y estalló el combate. Por más de una hora se enfrentaron a corta distancia de cien, doscientos metros, los dos ejércitos. "En medio del fuego del cañón, las infanterías entraron en choque. El batallón de Vázquez avanzó sobre los demás, siendo recibido por el batallón San Nicolás, que se entreveró con él". Según la misma crónica de *El Porteño*, la pelea fue sangrienta, cuerpo a cuerpo. Ya antes, habían entrado en acción el Guardia Provincial de Buenos Aires y el batallón de Mercedes, mientras que el 1º de línea venía en auxilio de los santafesinos, quienes habían perdido su bandera en manos porteñas. "Después de dos horas de combate encarnizado", con la carga a bayoneta, ordenada por Racedo, la batalla alcanzó su momento más sangriento. Muchos cayeron en la acción; entre ellos, el comandante Vázquez, herido de muerte por un proyectil de metralla. Hombres y caballos se desplomaban sobre el puente. "Los cadáveres de [los soldados] alfombraban materialmente aquella tierra barrida por el cañón y la metralla", cuenta Basabilbaso.[388]

Despuntaba el amanecer con ambas fuerzas disputándose el control del puente. A partir de este punto, las crónicas difieren. Según los porteños, los nacionales finalmente se retiraron para reorganizar sus huestes y el puente quedó en manos de los hombres de Arias, quienes lo despejaban llevándose a los heridos y arrojando cuerpos de animales y de soldados al río. Según Racedo, "los cuatro batallones que sostenían el Puente [cumplieron la orden de cargar a la bayoneta] con tanto valor y resolución que el enemigo operó su retirada hacia los Corrales". Sin embargo, esa "retirada" no se concretó sino más tarde y por órdenes superiores, de manera que hasta entonces los nacionales habían permanecido del lado sur.[389]

Del lado norte, mientras tanto, a Vázquez lo recogieron los de la Guardia Provincial. Su jefe, Martín Díaz, lo hizo transportar a la pulpería La Blanqueada, donde rato antes el mismo Díaz había estado tomando mate y esperando. Allí, sobre el mostrador, cuenta Julio Costa, testigo de la escena: "le pusimos su espada y un crucifijo en las manos cruzadas sobre el pecho, lo alumbramos con cuatro velitas de baño y todos los presentes nos arrodillamos alrededor". Era un homenaje a un enemigo al que todos reconocían su valor y su temeridad en la acción.[390]

Antiguo Puente Alsina (hoy Puente Uriburu). Fuente: AGN.

Algo después Arias entró también en el almacén. El mismo Costa, ayudante del jefe del Estado Mayor coronel Garmendia, traía una carta de éste para el comandante Díaz, con consejos para Arias.

> Le ruego –escribía Garmendia a Díaz– […] le diga lo siguiente: Que nadies es mas celoso que yo de su gloria militar y por lo tanto le aconsejo como su mejor amigo, que esta noche mismo se reconcentre en los corrales, apoyando su derecha en esa altura y su izquierda si quiere en las lomas que corren hacia la convalescencia […] Que interne su caballería en la ciudad, que mañana será tal vez tarde, porque sera indudablemente atacado por su retaguardia y flancos por las fuerzas convinadas de la Chacarita y Levalle.

Combate de los Corrales. Litografía publicada en *La Cotorra*, 27/6/1880.

También volvía de la ciudad el mayor Rivera, a quien el propio Arias había enviado esa madrugada para dar aviso del ataque al jefe Campos y al ministro Gainza. Y traía instrucciones precisas: debían reconcentrarse en la ciudad. Arias, sin embargo, se resistía. "¿Cómo quieren que me retire si vengo triunfante, a pesar de todo, desde Olivera…? ¿Qué voy a hacer en la ciudad, donde mis

Trayectorias aproximadas de las tropas de los coroneles Arias, Racedo y Levalle, provincia de Buenos Aires, junio de 1880

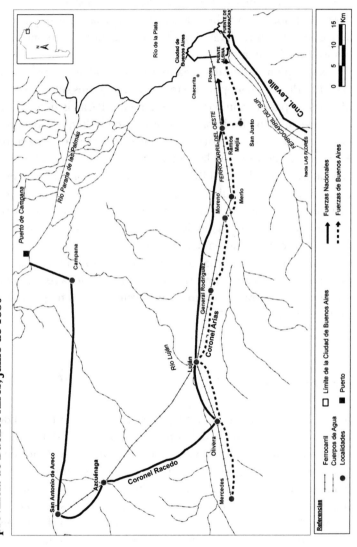

pobres gauchos no tendrán ni carne para ellos ni pasto para sus caballos? Yo no se defender trincheras, apenas se tomarlas. A la muerte lenta del sitio, prefiero los cañones de la Chacarita. Aquí estoy y aquí me quedo. ¡Viva Buenos Aires!". Ésa fue, según Julio Costa, la respuesta que llevó a Garmendia. Díaz, por su parte, contaba que ante sus reservas, Arias le había dicho: "No tenga cuidado hemos de salir bien".[391]

Los regimientos de caballería fueron, sin embargo, enviados para el centro de la ciudad, pues no tenían armamentos suficientes ni podían servir para el combate en ese terreno. Para las siete de la mañana, el campamento había sido evacuado y sólo quedaban las carpas vacías. Las tropas porteñas, a las que se sumó el batallón 2º Resistencia que venía de la ciudad, se movieron hacia el este, concentradas todavía junto al Riachuelo. Arias se había ubicado en una casa de altos en la esquina de la calle de la Arena con la que servía de límite a la capital (actuales Almafuerte y Sáenz) para observar los movimientos de los nacionales. Éstos procedían a cruzar el río y avanzaban sobre el campamento abandonado, mientras los cañones seguían tronando. El comando porteño reiteraba entonces la orden de repliegue, y finalmente Arias tomaba por la de la Arena hacia la meseta de los corrales, con todo su ejército, bajo el fuego de la artillería nacional.

LOS CORRALES

Sobre la meseta ya estaban ocupando posiciones otras fuerzas de Buenos Aires, al mando del coronel Lagos. Por órdenes de Julio Campos, Lagos se había movido desde su cuartel en el Once de Septiembre para proteger la retirada de Arias y había juntado varios regimientos de la Guardia Nacional de Buenos Aires que se apostaron sobre la elevación conocida como la "meseta de los corrales" (hoy Parque Patricios, pero entonces zona de los corrales de hacienda y mataderos de la ciudad). Allí se habían emplazado cinco piezas de artillería: unas apuntaban hacia el oeste, enfrentando la artillería enemiga, y otras hacia el sur, barriendo el terreno donde se desplegaba, detrás de un cerco de tunas, el 8º de línea, a no más de doscientos metros. "Hice avanzar por la derecha tres batallones al mando del Teniente coronel Dantas, con orden de sostener la posición y cubrir la retirada del coronel Arias", explicaba Lagos en su parte de combate. Cañones y fusiles rompieron el fuego, "conteniendo de esta manera el avance del enemigo". Pero "con todo, el enemigo cruzó sus fuegos de artillería sobre la columna del coronel Arias, que avanzó lentamente, sufriendo la explosión de las granadas sin conmoverse". Y agregaba: "[...] imponía respeto [...] el avance lento y marcial de aquellos valientes".[392]

Cuando llegaron al pie de la meseta "aquello se convirtió en un volcán de proyectiles, especialmente de granadas". Una de esas granadas explotó debajo del caballo del propio Lagos. "No había más que fuego y truenos", recordará Basabilbaso. *La Nación* reportaba al día siguiente: "En el aire, en el suelo, á la derecha, á la izquierda, á vanguardia, á retaguardia, por todas partes, el horizonte ardía, las granadas estallaban, la metralla rompía, hería y mataba, llevando en sus cascos hechos pedazos la desolación, el espanto y la muerte". Un humo denso iba cubriendo el campo. Los muy jóvenes cadetes a cargo de las baterías porteñas no daban abasto: "Cada tanto tiempo –cuenta Gutiérrez– uno de estos artilleros rodaba al pie de la pieza y en el acto era reemplazado por otro [...] así cayeron Rojas, Sáenz Valiente y Vieyra".[393]

Entonces comenzó el avance de las columnas enemigas por el sur. "Este fue –según Lagos– el momento general y decisivo de la batalla". Del lado porteño, se batieron allí unos 3000 hombres de los batallones de la Guardia Nacional de Pergamino, Navarro, Giles, Chivilcoy y Bragado; el Provincial de Buenos Aires y los voluntarios del batallón Tejedor. Se menciona también un batallón de bomberos y el Ituzaingó. Del lado nacional, entraron en combate las divisiones de los coroneles Eduardo Racedo, Teodoro García, Manuel Campos y Octavio Olascoaga, con unos 4000 hombres del Ejército de Línea y de la Guardia Nacional de Córdoba, Entre Ríos y Santa Fe.[394] Presenciaba las operaciones el ministro Pellegrini.

Los porteños estaban en posición ventajosa para contener el ataque, pues desde la elevación de la meseta Lagos dominaba el campo. Su infantería peleaba cuerpo a tierra, "de barriga", protegiendo desde arriba las tropas que, al mando de Arias, enfrentaban a los nacionales en el llano. La lucha fue, según Basabilbaso, "cruel

[y] encarnizada. No había tregua, ni un minuto de descanso… Allí también, como en el Puente Alsina, se peleaba cara á cara, á pecho descubierto". Y Gutiérrez: "Las lomas, los potreros y los cercos semejaban otros tantos cráteres que vomitaban sangre y fuego". Varias

Batallas de Puente Alsina y los Corrales, ciudad de Buenos Aires, 21 de junio de 1880

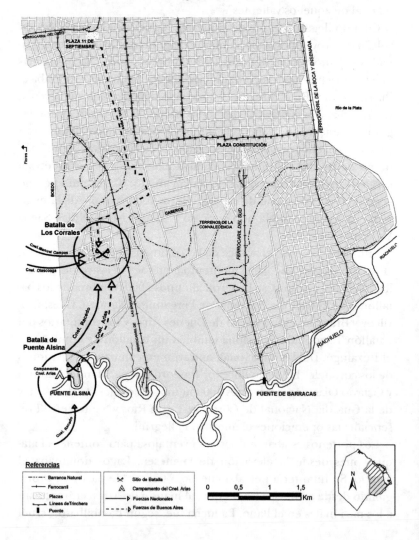

horas duró el combate. Los porteños lograron contener a los nacionales "haciendo grandes destrozos en sus columnas, pero sufriendo nosotros también lamentables bajas, tanto en la tropa como en los oficiales".[395] Los carruajes que operaban como ambulancias de la Cruz Roja iban y venían a la ciudad llevando al campo de batalla los médicos, enfermeros y asistentes voluntarios que recogían a los heridos y los muertos, y cuando era posible y necesario los transportaban a los hospitales preparados para recibirlos.

Era pasado el mediodía, casi las dos de la tarde. El fuego había mermado, aunque las baterías seguían disparando aisladamente y había guerrillas activas de uno y otro lado. Arias ordenó el retiro de su artillería hacia la ciudad, salvo una pieza que quedó hasta última hora para apoyar la marcha de su ejército por la calle Caseros y luego por Rioja hasta las trincheras. Los nacionales tomaban el camino de regreso hacia San José de Flores y la Chacarita. Lagos también se replegaba con sus tropas hacia su cuartel en Once, cubierto por dos compañías de policía a retaguardia. Así, después de unas cinco horas ininterrumpidas de lucha, todos abandonaban el campo de batalla, que había quedado cubierto de restos del combate, de caballos muertos, de cascos de metralla, de armas abandonadas, de pedazos de correajes y uniformes, de sangre y de cuerpos.

BARRACAS (II)

El día, sin embargo, no había terminado y ahora se escuchaba el ruido de metralla y fusilería en dirección sur. Reforzado por el comandante Bosch, al mando del 11° de línea y de dos batallones de Río Cuarto, Levalle y sus tropas habían salido de la plaza de Lomas hacia la ciudad. Marchaban en columna los batallones 4°, 5°, 7° y 11° de infantería de línea, 1° y 2° de Guardias Nacionales de Río Cuarto y 6° de caballería. A las nueve estaban cerca del puente de Barracas y Levalle ordenó al 7° de infantería ocupar la vanguardia de sus tropas.

Hacia allí se habían movilizado también las fuerzas porteñas al mando del coronel Morales, que el día anterior habían tenido su primer encuentro de fuego en el mismo sitio. Por órdenes del jefe Campos, en la mañana del 21 Morales había ordenado a los voluntarios del Mitre y el Sosa estacionarse en la Comisaría 6ª (por Constitución) mientras él, con el batallón General Paz y dos piezas de artillería se dirigían al puente. Allí estaban también los comandantes Leyría y Manuel Rocha, con algunas fuerzas a su mando, y pronto llegaron cuatro cañones Krupp más que se instalaron sobre el puente. Morales envió dos compañías del general Paz en guerrilla del otro lado del río, ordenó a Rocha y varios de sus hombres que se ubicasen como piquetes en casas de la zona y dispuso que otras fuerzas ocuparan la barranca. Llegaba entonces el batallón San Martín, con el cual Morales buscó "hostilizar algunas fuerzas enemigas que iban retirándose por el camino de las basuras", hacia el oeste.[396]

Pero Leyría recibió instrucciones del comando en jefe para efectuar el repliegue de todas las fuerzas. Se retiraron entonces hacia adentro, apostando los cañones sobre la barranca de Santa Lucía junto a las vías del Ferrocarril del Sur. Algunos piquetes se distribuyeron en las azoteas cercanas a la estación Constitución y sobre la calle Caseros, mientras que el grueso de las tropas del Sosa y el Mitre, de los batallones 4º de policía y 6º de guardias nacionales, marchaban por esa calle hasta Santiago del Estero, para contener allí el ataque enemigo. Otras fuerzas se acantonaron en las calles Salta, Brasil y Garay.[397]

Los nacionales ya habían cruzado el puente de Barracas y avanzaban. En sus memorias, Fotheringham, al mando del 7º que iba adelante, cuenta que llegaron a una casita donde "se habían guarnecido unos bersaglieri y otros". Intimados a rendirse, éstos primero aceptaron pero luego hicieron una descarga sobre sus atacantes e hirieron de gravedad a los dos subtenientes y a varios soldados. Los demás, furiosos, "se lanzaron [...] a la orden de un sargento y siento decirlo, se extralimitaron". No dice cómo, pero podemos imaginarlo.

Por las calles de Constitución iban y venían tropas y los choques podían darse en cualquier esquina. La situación era bastante caótica. Además, era fácil confundir los soldados enemigos con los propios. Es que, relata el mismo Fotheringham: "La exacta similtud del uniforme de caballería y aun de parte de la infantería de 'Adentro y de afuera' (así distinguíamos Tejedoristas y Roquistas) producían confusiones a cada rato". Y cuenta cómo, sólo cuando estaban cerca, descubrió que tenía al frente fuerzas de caballería, artillería e infantería enemigas. Consultó de inmediato con Levalle, que dio la orden de ataque.

Se hizo un combate general. Ni serenidad, ni calma; ni táctica, ni orden, ni formación correcta. Un pandemonium. Un brillante ataque de valerosos exaltados [...] Unas compañías del 7° tomaron dos piezas Krupp completas [...] Las balas de fusil desgajaban los árboles [...] Avanzó un poco más ordenado el 11 [...] Los del Rio IV marchaban joviales y entusiastas [...] Levalle cargaba con el 6 de caballería; rosado, buen mozo, más alegre cuando más grave el peligro. [...] en la confusión y el barullo caótico, sin saber yo cómo, nos hallamos dueños del campo y el enemigo en plena retirada hacia el centro de la ciudad.[398]

Tal vez fue ése el momento en que, "persuadido de lo inútil de nuestra permanencia en ese punto", Morales decidió retirar sus fuerzas hasta las trincheras. Las de Levalle llegaron así hasta Constitución, desde donde sus guerrillas hacían incursiones para debilitar la defensa porteña. Ésta ofreció resistencia, pues voluntarios y guardias nacionales de la ciudad salieron a hostigar a los nacionales hasta que éstos retrocedieron para reconcentrarse unas cuadras más al sur, en la Convalecencia.[399]

Este frente de batalla estaba en medio mismo de la ciudad. Muchos vecinos de ese barrio cerraban casas y negocios y huían hacia el centro. "Hubo lucha en las calles –reportaba *La Nación*– á través de los cercos; entreveros de caballería en las callejuelas, se disputó el terreno pantano por pantano, cuadra por cuadra, palmo á palmo, sin saber á quién se hería ni cuál era el enemigo, en medio de la confusión del heroismo y la turbacion sublime del entusiasmo que no mide los peligros [...] Las balas salían del campo de batalla; caían en las casas, mataban gente en los patios y en las azoteas". No faltaban las "hazañas" de los soldados. Ese mismo día, "unos foragidos del 7° –relata su propio jefe, el comandante Fotheringham– habían ido hasta el centro y traían cantidades de provisiones, conserva, pan, vino, velas, ¡qué se yo! Los reprendí severamente –aclara– pero... pero aprovechamos los víveres, pues el día anterior no se había tocado 'rancho'".[400]

EN LA CIUDAD

La población estaba convulsionada. Ya a las nueve de la mañana del 21, un boletín de *El Porteño* se hacía eco del clima reinante: "La ciudad se halla en este momento en tremenda agitación. Las fuerzas de la defensa se están batiendo con las del infame Avellaneda. Escribimos en el momento en que está tronando el cañón". El ruido del combate llegaba lejos. "En la calle de San Juan –según *La Pampa*–, mientras tenía lugar el combate [...] varias familias salían a las puertas a oir el cañón y tomar noticia de lo que pasaba". La población había sido literalmente despertada por el tronar de la artillería. A las diez de la mañana –contaba *The Standard*–, "desde las ventanas del hotel La Paix [...] mirábamos el combate, y podíamos ver claramente los movimientos de las tropas de afuera avanzando hacia las elevaciones de los Corrales. El fuego se escuchaba con claridad en toda la ciudad".[401] La ansiedad crecía en la medida en que las detonaciones sonaban cada vez más cerca. Y los rumores corrían rápido.

Además, seguía *El Porteño*, "las calles están llenas de carros y carruajes, a los que se están tomando los caballos". Es que, desde temprano, la policía llevaba adelante una orden del gobierno de expropiar todos los caballos disponibles para el servicio de la defensa, por lo que los vigilantes paraban a cuanto carro y carruaje circulaba por la ciudad y le requisaban los animales, mientras carrocerías y contenidos eran depositados en plazas y calles. Se pedían también vehículos a las "personas pudientes" para el transporte de heridos; el dueño de una cochería hacía punta ofreciendo todas sus unidades al Consejo de Sanidad y a él mismo como conductor.[402]

En el mismo boletín de las nueve se anunciaba que "los carruages y médicos han marchado ya al campo de batalla". Todo el día hubo movimiento de coches-ambulancia que traían a los heridos y las líneas de tranvía transportaban gratuitamente a médicos y enfermeros adonde se los requería. Por la calle circulaban a toda hora personas con "la insignia de la Cruz Roja". Se veían, además, "grupos de cuatro y de seis hermanas de la caridad [...] dirigiéndose a los hospitales de sangre", donde también se destacaban "señoras distinguidas que ayudan por su propia mano al transporte, a los preparativos y a las curaciones mismas". Catorce hospitales, entre públicos y privados, estaban disponibles para la atención de los heridos, además de varios locales y barracas ofrecidos por sus dueños para fungir como hospitales de sangre. La Cruz Roja, el Comité Masónico, el Cuerpo de Sanidad, las Damas del Socorro, y otros grupos involucrados pedían insistentemente sábanas, frazadas, hilas, vendas y toallas, y los diarios de ese día reproducían las listas de donaciones de esos objetos y de dinero hechas por la población.[403]

Para los porteñistas de *La Patria Argentina*, "El entusiasmo de los habitantes de la ciudad rayaba [...] en el delirio. Todos querían concurrir en algo al bien común y a las necesidades del momento. Al pasar los heridos por las calles para ser conducidos a los hospitales, las personas los pedian ofreciendo sus casas. Otras salían a su encuentro y los obsequiaban con provisiones, cigarros, dinero". Esa actitud no estaba reservada a los heridos, pues "Al pasar cuatro escuadrones por la calle de la Piedad las familias de Balvanera salieron a las veredas y entre vivas entusiastas a Buenos Aires les repartieron pan, cigarros, dinero, agua con cognac e infinidad de comestibles". Y todavía: "Cuando las caballerias del Coronel Arias entraban a la ciudad, los puesteros del mercado viejo se agolparon a las entradas, cargados de todo genero de comestibles que ofrecian a los defensores de las libertades argentinas" y "las familias y dueños de almacenes ofrecían a los soldados víveres, ropa, pañuelos y ponchos".[404]

Pero no todos fueron "vivas" frente a la entrada de la caballería de Arias. El grueso de esos 3000 hombres montados se estacionó primero en plaza Constitución, hasta que después del mediodía se les ordenó marchar hacia las plazas más céntricas del Parque y del Retiro. Entonces, creyendo que el ejército volvía derrotado y que le seguirían las tropas nacionales de ocupación, la población entró en pánico. "Se ha producido en el centro de la ciudad un 'cierra, cierra' tan imprevisto como infundado", reportaba el italiano *La Patria*. No bien se vieron las columnas que entraban desde el sur, "en un abrir y cerrar de ojos casi todos los comercios y las calles más populosas quedaron desiertas [...] Corrían de boca en boca las más extrañas y temibles noticias". Algo semejante contaba *El Porteño*: "Todo el mundo cerró precipitadamente las casas como si Atila estuviese a las puertas de Roma. ¿Por qué? Se dice que algunos vijilantes ordenaban se cerrasen las casas y que al grito de *ahi vienen* se cerraran otras". Era, coincidían más tarde todos los diarios, "una alarma sin fundamento": no eran nacionales enemigos sino tropa propia. Sin embargo, ante esos miles de paisanos de a caballo, seguramente mal vestidos y mal dormidos, armados de machetes, los porteños tuvieron miedo, bajaron las persianas de sus negocios, se encerraron en sus casas… Sólo más tarde, cuando el paso de esos hombres se mostró apenas como un desfile relativamente ordenado de tropas cansadas y que no parecían, al fin, tan amenazantes, la gente salió a vivarlas, y a ofrecer "naranjas y cigarros [y] vasos de vino".[405]

A pesar de la incertidumbre de la situación, "la ciudad está animada", le contaba Vicente López a su hijo Lucio, que estaba en Londres. La población no sufría demasiadas estrecheces materiales, si bien la vida cotidiana tenía sus complicaciones. "A pesar del sitio tenemos leche en abundancia y buena –seguía López–, porque los sitiadores dejan entrar ese artículo, desde que no siendo alimento de soldados, sirve sólo para los niños. No nos ha faltado la carne tampoco, aunque un poco escasa, pero buena". Si bien no parecía haber problemas serios de abastecimiento, sí había carestía. "El domingo por la mañana –anunciaba *The Standard*– los mercados de la ciudad mostraban un marcado aumento en los precios de todo –carne, cordero, papas y verduras; […] y el pescado también estaba caro". Los negocios en general estaban abiertos, salvo en las zonas donde se peleaba, si bien ante cualquier rumor alarmante, bajaban las persianas y cerraban sus puertas.[406]

Los diarios siguieron publicándose, pero varios de ellos advertían a los lectores que, como sus trabajadores estaban en la línea de combate, sólo podían proveer un servicio restringido. Por su parte, la circulación de vehículos también sufrió restricciones. Los tranvías siguieron funcionando, aunque parcialmente afectados a atender las necesidades de la defensa. En cuanto al resto del transporte, el día 21, como vimos, hubo requisa de caballos y quedaron fuera de circulación la mayor parte de los carros y carruajes, lo que dificultó no sólo el movimiento de gente sino la distribución de alimentos. Había, además, problemas con la basura. La municipalidad avisaba que no podía hacerse el servicio regular de recolección, por lo que pedía colaboración e instruía a los porteños para que quemaran las "basuras putrecibles" y diminuyeran al máximo la restante. A los olores habituales de la ciudad, se habrán sumado así otros nuevos y el humo de tantas quemas individuales.[407]

La seguridad era otro tema que preocupaba a los porteños. Como la policía estaba involucrada en la defensa, y se produjeron en esos días algunos robos de casas particulares y comercios, hubo alarma entre la población. También en esta cuestión intervino la municipalidad, que invitó a los "vecinos estranjeros y a los nacionales que no estén en servicio militar, a reunirse en sus respectivas manzanas para organizar el servicio de policía nocturna en la ciudad", y propuso pautas para su puesta en marcha.[408]

Si la actividad de comercio cotidiana siguió funcionando, los "negocios mercantiles", en cambio, se habían interrumpido y "no podrán tomar movimiento hasta tanto que haya terminado esta situación. Durante el día de ayer no se hizo nada en la Bolsa de Comercio... Por consiguiente, las operaciones comerciales son nulas en estos momentos". Esta parálisis mercantil se reflejaba en el nivel de actividad, que había disminuido drásticamente. En consecuencia, tampoco había trabajo. Si bien muchos hombres estaban de alguna manera involucrados en las operaciones de defensa, ya fuera como soldados o en tareas de apoyo y aun como peones –para el cavado de trincheras, por ejemplo–, la caída en la demanda de trabajadores afectaba a muchos otros. Los más castigados eran aquellos que habitualmente encontraban ocupación temporaria en la miríada de actividades que requerían peones y jornaleros en la ciudad y sus alrededores. Si bien de ese grupo había salido buena parte de los que se incorporaron a la lucha, incluidos tanto los de origen argentino como algunos inmigrantes, la mayor parte de estos últimos fue víctima del parate laboral. Los consulados salieron entonces a tratar de paliar la situación de sus nacionales. Los franceses crearon un Comité de Socorro, que reunía donaciones en dinero para comprar víveres que se distribuían a los "indigentes" de esa nacionalidad a través del Hospital Francés. Los italianos también formaron un "Comitato di soccorsi agli italiani indigenti" que, aclaraba *L'Operaio Italiano,* "no pretende hacer caridad de lujo [sino que] se limita a proveer lo indispensable".[409]

Todo esto ocurría mientras se luchaba en Puente Alsina, los Corrales y Constitución. Reinaba, además, una excitación generalizada. La defensa de la ciudad había quedado casi enteramente en manos de civiles. A la ansiedad provocada porque "quienes no tenían a sus hijos, a sus hermanos en este combate [...] tenían al menos a sus amigos", hay que agregar la incertidumbre y el miedo, fogoneados por los rumores. "El movimiento inmenso de la ciudad se había detenido en presencia de estos sucesos. Por todas las calles se reunían las gentes, conversaban en bajo, hacían uno que otro comentario del caso, y seguían su camino en busca de novedades tan esperadas". Corría todo tipo de versiones sobre lo que estaba pasando en el frente, pero también sobre presuntos abusos e iniquidades cometidos por los nacionales. Se hablaba de saqueos a comercios y casas de familia, asaltos a mujeres y ancianos, hostigamiento de extranjeros. Algunos diarios se hacían eco de esas historias y contribuían a su difusión. "Las fuerzas de Levalle han saqueado el pueblo de Barracas –reportaba escandalizado *La Libertad*–, han asesinado, han atropellado mujeres y cometido todo género de barbarie". El italiano *L'Operaio Italiano* no era menos alarmista y reportaba que las tropas "llamadas *regulares*, saqueaban casas, asaltaban a los que pasaban para apropiarse de los relojes y el dinero, y en los negocios rompían cuanto no podrían llevarse". La mayor parte de estos rumores nunca fueron confirmados, pero lograron generar indignación y temor entre la población.[410]

BALANCES

A media tarde, Arias dejaba sus tropas en las trincheras, entraba en la ciudad y se dirigía a la casa de gobierno. Recibía muestras de entusiasmo público y las felicitaciones del gobernador y sus ministros, pero –según cuentan– todo ello no alcanzaba para aplacar su enojo por las órdenes de repliegue que lo habían obligado a retirarse del campo de batalla.[411]

¿Cuál había sido el resultado de la violenta jornada? "¿Quién perdió? ¿Quién ganó?", se preguntaba Basabilbaso. Su respuesta era terminante: "Dígase lo que se quiera, pero es la verdad que las ventajas de la jornada jigante del veintiuno corresponden al Ejército Nacional". No habían alcanzado, sin embargo, "la victoria soñada" que "pertenece al pueblo de Buenos Aires, á sus heróicos hijos que se batieron ese día como leones, rechazando en todas partes los terribles ataques del enemigo". Éste siempre había abandonado las posiciones y sólo las volvía a ocupar cuando "nosotros las abandonábamos" por razones que no alcanzaba a entender. En suma, decía, "la batalla del 21 ha sido un *gana pierde* para el ejército de Buenos Aires".[412]

Con esas palabras, publicadas algunos meses más tarde, Basabilbaso daba cuenta de su desencanto por una derrota que no entendía y que atribuía a la decisión del gobierno porteño de no seguir la lucha para evitar "que corriera tanta sangre". Pero su evaluación del combate mismo era, como la de muchos de sus protagonistas, que Buenos Aires había triunfado en el campo de batalla. "Cesó el fuego. El enemigo ha sido rechazado en toda la línea... Reciba mis felicitaciones por el nuevo triunfo obtenido", decía Arias en una primera comunicación a Gainza, y luego, con mayor precisión, en su parte de batalla: "[A]cabo de obtener una completa victoria sobre las numerosas fuerzas que me han atacado en la mañana de hoy en mi campamento de Puente Alsina". Desde Once, a las seis de la tarde del mismo 21, Lagos también informaba a Gainza: "Opino que el enemigo ha sido severamente escarmentado; mil felicitaciones".[413]

Los diarios de Buenos Aires estaban exultantes. "*Triunfo en toda la línea Derrota de las fuerzas de la Chacarita ¡Honor y gloria á los denonados defensores de Buenos Aires!*", titulaba *La Nación* una de sus columnas del día 22. Y seguía:

> Hemos triunfado. ¡Viva Buenos Aires! ¡Gloria a sus heroicos defensores! [...] [El ejército de la Chacarita ha] sido completamente derrotado por los bravos soldados [...] a las órdenes superiores del Coronel Arias. El enemigo ha sido totalmente batido y perseguido en retirada hasta las inmediaciones del pueblo de Flores.

El *Buenos Aires* coincidía: "¡VIVA BUENOS AIRES! El coronel Arias acaba de cubrirse de gloria rechazando el simultaneo doble ataque [que] fuerzas superiores le han llevado á favor de las sombras de la noche". Y un entusiasmo similar mostraba el italiano *La Patria*: "Viva Buenos Aires! La fortuna de las armas ha coronado los heroicos esfuerzos de las milicias de la defensa".[414]

Sin embargo, como había ocurrido el día anterior con el combate de Barracas, los nacionales también proclamaban su triunfo. El *Boletín* del gobierno de Belgrano era enfático: "La mas completa victoria ha coronado los esfuerzos de los bravos sostenedores de la nacionalidad y de la ley. [...] El sitio de Buenos Aires queda, pues, definitivamente establecido por nuestro valiente ejército, por medio de brillantes operaciones militares que realzan el valor y la pericia de las fuerzas de la Nacion y de los leales é intelijentes que lo mandan". "Nuestro amigo Racedo es el héroe de esta jornada y tiene conseguidos los entorchados de general de la Nación, lo mismo que Levalle", le escribía el 21 a Juárez Celman el diputado Galíndez. Y agregaba: "Como cordobés, estoy orgulloso del renombre que han adquirido nuestros batallones en el campo de batalla".[415]

Un telegrama de Rocha a Roca confirmaba el triunfo a la vez que advertía sobre los riesgos corridos. "Los últimos combates han sido completamente favorables a las armas nacionales", pero la operación "[...] ha sido en estremo peligrosa y hemos podido ser desgraciados muy facilmente [...] El enemigo ha mostrado valor pero mucha impericia, apenas necesitaría hora y media para reconcentrarse y nosotros seis por lo menos, dominaba todas las alturas y ha podido *ecraser* á Levalle aisladamente". Sin duda, agregaba, "Dios proteje… a la nacionalidad argentina".[416]

¿Habrían podido los porteños "*écraser*" al ejército nacional, como lo sugiere Rocha y lo pedía Arias? ¿Se equivocaron los jefes de la defensa ordenando la reconcentración de fuerzas de Buenos Aires en lugar del avance y la persecución de las nacionales? No hay respuesta para estas preguntas sobre lo que no fue, pero sí algunos indicios de que habría sido muy difícil para los porteños, con sus guardias recién reclutados, sus voluntarios y sus limitados armamentos, sostener un ataque ofensivo contra las tropas profesionales, entrenadas y bastante bien armadas del ejército nacional. El gobierno provincial optó por una estrategia de defensa, concentrando hombres y armas en la ciudad para impedir la ocupación y, presumiblemente, desde una posición de relativa fuerza, negociar con la nación. Desde esa perspectiva, las jornadas del 20 y del 21 habían sido exitosas: los porteños habían logrado frenar a los nacionales, que no pudieron penetrar más que en los márgenes urbanos.

El gobierno nacional, por su parte, también había triunfado. Si bien había sufrido bajas, su ejército seguía fuerte y estaba listo para sostener el sitio efectivo. El *Boletín* de Belgrano anunciaba: "Nuestra línea queda establecida en la forma siguiente: El coronel Levalle con sus fuerzas ocupa Barracas y llega hasta el Puente Alsina. El coronel Racedo sigue desde este punto hasta la Pólvora de Flores y está en comunicación con el coronel Olascoaga, que se une á su vez á las fuerzas de Belgrano, que se estienden hasta el puente de Maldonado."[417] En esas condiciones, podían esperar el desgaste de los locales.

BAJAS

Los dos lados lamentaban sus bajas, que habían sido numerosas. "La sangre ha corrido ayer a torrentes... El luto cubre en estos momentos el corazón de centenares de familias", deploraba *La Tribuna*. No sabemos a ciencia cierta cuántos cayeron en los enfrentamientos del día 21, pues circularon cifras muy diversas de muertos y heridos. La historiografía ha recogido el dato de 3000 bajas para los combates de los dos días, que se repite en distintos textos sin que quede claro su origen. Los diarios del momento y los testimonios contemporáneos hablaban de cifras muy diversas.[418] Los partes de guerra eran más precisos, pero tal vez tendían a minimizar las pérdidas. El informe de Racedo a Pellegrini parece bastante minucioso sobre sus propias bajas: "1 jefe, 2 oficiales y 98 soldados muertos, más 10 oficiales y 182 soldados entre heridos y contusos, lo que arroja un total de 1 jefe, 12 oficiales y 280 soldados fuera de combate". Además, declara haber tomado 1265 prisioneros con armas y equipamientos, incluidos 3500 caballos. Arias es menos preciso: "Las pérdidas que he sufrido en esta serie de combates son importantes: calculo 200 a 300 el número de hombres puestos fuera de combate". Y agrega: "El enemigo ha sufrido mucho mas que nosotros". No era la opinión que tenían los contrarios, quienes afirmaban que las fuerzas porteñas tenían más del doble de bajas que las propias.[419]

Aun con las estimaciones más conservadoras, en conjunto las cifras eran impactantes: más de 10 000 hombres movilizados por la provincia y otro tanto por la nación; un combate donde cada bando tenía al menos 5000 hombres, además de los enfrentamientos menores y, en apenas dos jornadas, heridos y muertos que probablemente superaran los 2000.[420] La sangre había corrido a las puertas mismas de la ciudad, algo que nunca había ocurrido en esa escala. Y en ambos bandos habían caído algunos personajes conocidos, jóvenes de familias acomodadas, militares destacados: sus nombres se repetían en los diarios, las cartas personales y los informes de guerra.[421]

Entreacto 7. Muerte

Buenos Aires había vivido días de violencia y de muerte. El enfrentamiento había sido breve y acotado en el espacio, pero el saldo fue luctuoso. Unos 10 000 hombres intervinieron en los combates, una quinta parte de los cuales quedaron heridos o muertos en los campos de batalla. Las pérdidas materiales no fueron menores y todavía varios meses después del conflicto, había reclamos de indemnización por caballos requisados o muertos, propiedades dañadas y bienes expropiados para abastecer a los ejércitos.

Si ésos son los datos duros de una realidad cruenta, las imágenes que de ella nos transmiten los contemporáneos resultan tanto más desconcertantes para nuestra sensibilidad actual. Contamos con partes militares, crónicas de testigos y, sobre todo, con noticias, comentarios y ensayos de la prensa que dan cuenta de la situación vivida. Los primeros tienen las características típicas del género: detallan los movimientos realizados por las tropas bajo las órdenes de quien informa; dan cuenta de la actuación de los diferentes jefes y oficiales; destacan el heroísmo de sus hombres y en general –al menos en este caso– celebran sus logros y minimizan los ajenos. En las crónicas y en la prensa, en cambio, encontramos mayor variación, desde los relatos de experiencias personales hasta informaciones pretendidamente objetivas y, sobre todo, en la pluma de los editorialistas, análisis críticos y opiniones fuertes sobre lo que estaba pasando. Cualquiera fuera el formato, sin embargo, llama la atención la manera en que se presentaban los resultados de la violencia.

No hay dramatismo en esos textos. La retórica es muchas veces encendida pero carece de *pathos*. Encontramos, por una parte, el tono de descripción objetiva, despojada, como en la cita ya mencionada del comandante Fotheringham: "Me admiré del efecto *decapi-*

tador de un Shrapnel; a dos granaderos les separó la cabeza íntegra y parte del cráneo a un tercero; sólo pasando lista se pudo identificarlos" (véasel el capítulo 6). Este tono abundaba también en los diarios. Así, *La Tribuna* decía: "La herida que el domingo recibió […] don Felipe Aristegui […] en la rodilla derecha […] es de fusil remington y la bala le ha destrozado la articulación. El señor Aristegui, de cuya comportación se hacen los más grandes elogios, se asiste en su casa, calle de San Juan num. 470". Y *La Prensa*: "La refriega fue sostenida con encarnizamiento por ambas partes. No sabemos en qué oportunidad acudió una parte del Guardia Provincial, que perdió al mayor Leguizamon herido de bala en la cabeza. El batallón de línea logró tomar nuevamente el tren y emprendio su retirada hacia Lanús".[422]

Pero aun cuando se introdujera una observación sensible, como en esta nota de *La Patria Argentina*: "Los destrozos del rémington y del Krupp son horribles... De un lado y del otro esto no es combate... es carnicería", de inmediato se pasaba a otro registro: "[E]l coraje y la decisión son admirables... Los combatientes son leones. La serenidad de Levalle y Bosch por un lado, el arrojo de Arias, Leyría, Campos, Morales y Lagos por otro, enaltecen el suelo argentino! Cuánto generoso valor, cuánta sangre generosa".[423] Este tono heroico era, por otra parte, predominante en la retórica del momento, sobre todo en la prensa y en las proclamas y los discursos públicos. La ironía, tan propia de los diarios de la época, había desaparecido en esta coyuntura; sin embargo, pocas semanas más tarde retomaría su lugar habitual en el contrapunto político de los diarios.

En todos los casos analizados, la muerte se representa limpia, casi estilizada y siempre honorable, digna. El dolor se enuncia pero no se muestra. Tampoco hay referencias a escenas sórdidas, escabrosas u obscenas. En cambio, la muerte aparece como una presencia familiar, triste pero inevitable. A su vez, el terror y la venganza, tan típicos de las revoluciones modernas, están prácticamente ausentes de estos relatos.[424] En el momento más crítico del conflicto, los diarios incluían denuncias de "iniquidades" cometidas por los soldados de uno y otro lado, no obstante, salvo en algún caso aislado, pronto desaparecieron de sus páginas o fueron desmentidas en ediciones posteriores. Más sostenidos, en cambio, eran los reconocimientos a la calidad humana del adversario, considerado respetable e igualmente valiente, un hermano y no un "otro" ajeno y, por lo tanto, eliminable (véase el capítulo 8).[425] Esta actitud era ya un gesto reiterado en los enfrentamientos de la época, que encontraba su traducción empírica en el momento del desenlace. Los revolucionarios podían ser castigados con el destierro, el aislamiento forzoso o la prisión, pero nunca con la muerte. En este caso, como veremos, ni siquiera se sancionaron esos castigos.[426]

La violencia revolucionaria se presentaba así como "civilizada". Sin embargo, los daños humanos y materiales podían ser considerables. Sabemos, a través del relato de Fotheringham, que la represalia no estaba ausente, y podemos sospechar que ese caso no fue el único. Por otra parte, si la muerte en el campo de batalla se celebraba como un acto heroico y honorable, ¿cuál habrá sido su significado en el mundo privado, entre familiares y amigos de las víctimas? Es difícil saberlo, pues otras eran las imágenes que dominaban el discurso público. La fuerza y la vigencia de esas representaciones quedan bien ilustradas por un artículo del diario *The Standard* publicado a pocos días del fin del conflicto: "[A]quí en Buenos Aires [...] la guerra ardió, brilló y ya no es más, sin un sólo exceso. Nunca en la historia de este país, o de cualquier otro, se llevó a cabo una guerra con mayor humanidad. La libertad, la civilización y el Republicanismo no tienen –realmente– nada de que avergonzarse; y si la guerra puso de relieve una pasión política profunda, también nos mostró una combinación de virtudes cívicas y militares en el seno del mismo pueblo". El órgano de la colectividad británica no podía haber expresado con mayor elocuencia la imagen que los protagonistas habían forjado y querían transmitir del conflicto del 80.[427]

8. Fines de junio.
Invierno incierto

La lluvia había llegado a Buenos Aires en la noche del 21 para prolongarse al día siguiente. Hacía frío en las trincheras. En los campos de los Corrales, donde se había peleado pocas horas antes, se anegaban en el barro restos de caballos, armas y hombres. En la ciudad sitiada, la euforia de algunos por el supuesto triunfo de la víspera contrastaba con la incertidumbre de la mayoría. Los diarios pronto hicieron lo suyo: dar sus versiones de los sucesos y buscar generar opinión. Los porteñistas proclamaban victoria, alababan la conducta de las fuerzas propias e incitaban a redoblar la defensa. "Los horrores de la guerra no han de intimidar a este pueblo varonil, animado por el fuego sagrado del patriotismo", aseguraba *La Nación* y luego sentenciaba: "Desde hoy en adelante, lleva el Dr. Avellaneda en su frente una marca de fuego y sangre en que se lee: *Asesino, degollador del pueblo de Buenos Aires*". Varios diarios se sumaban a la condena al Presidente y sus partidarios por buscar la destrucción de Buenos Aires. "Empobrecerla, arruinarla, perseguir á sus hijos es en estos momentos la tarea de su corrompida administración", denunciaba *La Tribuna*. La provincia debía defenderse, pues, como decía *El Comercio del Plata*, "los horrores de la guerra civil son incalculables pero en estos momentos hay que pasar sobre esos horrores, a fin de defender á Buenos Aires de los secuaces de un ambicioso". Era seguro: "La victoria nos cubre con su manto, Dios está con nosotros, adelante que el campo es nuestro".[428]

Otros diarios eran más cautos y simplemente clamaban por la paz. "La paz! La paz! Tal es el grito general. Una guerra fratricida jamás tiene un resultado definitorio; termina invariablemente a través de un acuerdo", sostenía *Le Courrier de la Plata*, que nunca fue porteñista. A ese pedido se sumaban los periódicos antes abiertamente opositores que sobrevivían en Buenos Aires, pues aunque la situación y el estado de sitio los disuadían de manifestarse en contra de la defensa, podían –en cambio– mostrar distancia con el entusiasmo de sus colegas. Así, *La Pampa* pedía: "Que haya paz [...] que termine la lucha [...] No esperemos pues a que se derrame mas sangre".[429]

Todos coincidían en que ésa era sangre de hermanos. "Al fin toda la sangre que corre es argentina, y argentinos son los que han caido ya al pie de sus banderas respectivas", se lamentaba *El Porteño*, y por eso "al festejar cada triunfo, un sentimiento de tristeza se mezcla a las espansiones del placer [de] la victoria". Desde otra posición, *La Pampa* coincidía: "Somos argentinos los que estamos matándonos de un lado y de otro, y este ardor y este entusiasmo con que cruzamos las armas en el campo de la guerra han de traer mañana la relajacion y el desmayo, cuando dándose ambas fracciones el abrazo fraternal con que siempre terminan estas luchas, caigan bajo el peso del arrepentimiento". En estas representaciones, el enemigo no aparecía, por lo tanto, como un otro ajeno, enteramente diferente sino, por el contrario, como un igual, un "hermano", otro "argentino". La imagen se repetía también en correspondencia privada: "Es dolorosa [...] esta lucha entre argentinos", le decía Rocha a Roca en el telegrama donde, por otra parte, anunciaba la victoria.[430]

La guerra se presentaba como circunstancial, como un episodio que no alcanzaba para borrar el vínculo fraterno que unía a los hombres ahora enfrentados pero destinados a compartir un destino nacional. Había, por cierto, acusaciones, denuncias e ironías mutuas, sin embargo el tono general de lo que se decía en público implicaba siempre la aceptación del otro como un igual; también, el reconocimiento de su valor. Unos y otros referían explícitamente a la valentía y la bravura de jefes y soldados del bando contrario, que en la lucha ponían en juego su honor. La invocación al honor era una constante, aunque comenzaban a aparecer matices en las significaciones que cada uno daba a ese término, como veremos enseguida.[431]

LA RESISTENCIA

"¡Honor a los defensores de Buenos Aires!", exclamaba el ministro Gainza en una proclama dirigida a las tropas bajo su comando ese día 22, donde desplegaba los motivos centrales de la retórica republicana y porteñista del momento. La sangre ofrecida por la libertad, que aseguraba la gloria: "La resistencia de la provincia se ha iniciado con dos combates sangrientos en que os habeis cubierto de gloria, luchando, venciendo y muriendo como sólo saben hacerlo los hombres libres". El valor propio y el reconocimiento del ajeno: "Habeis tenido al frente un enemigo aguerrido, un ejército formado en cien combates, y á pesar de su disciplina, no habeis vacilado un instante en los momentos de prueba". El sacrificio por la patria: "Las instituciones de la República os agradecen tanta abnegación y patriotismo". La causa de Buenos Aires y la historia de sus luchas por la libertad: "La heroica ciudad que resistió en épocas remotas el asalto de naciones poderosas, sabrá hoy como entonces cubrirse de gloria". Finalmente, la consigna: "Que nuestra divisa sea: Ser libres ó morir". Y la firma, que indicaba el vínculo que lo ligaba a sus hombres, a la vez institucional y personal: "Vuestro general y amigo".[432]

El honor que invocaba Gainza refería al hombre como ser político, a su compromiso con la virtud y a sus obligaciones de proteger y defender la libertad, y se conectaba con el coraje, con el tipo de coraje que llevaba al heroísmo. El premio era la gloria, la gloria republicana, que no se asociaba a un futuro celestial sino a la inmortalidad terrena, en los anales de la historia de la libertad y de la patria.

Junto con esas invocaciones, seguían firmes en el discurso porteñista las representaciones de la "resistencia", que parecían mantener su eficacia en el difícil momento que les tocaba vivir. A pesar del sitio, del luto de muchas familias, de las dudas sobre el futuro inmediato, la población seguía movilizada tanto en el plano militar como en el civil. En esos momentos, llegaban noticias de Corrientes que hablaban de sublevación contra las fuerzas nacionales y del apoyo militar y financiero de Buenos Aires, lo que alentaba las expectativas de los porteños.[433]

El Ejecutivo provincial procedió a la reorganización militar. En primer lugar, declaró a la ciudad en "estado de asamblea", por el cual los batallones de la Guardia y los cuerpos voluntarios quedaban sujetos a la ley de milicias y los ciudadanos que no ocuparan sus puestos en las filas de la primera incurrirían "en las penas de la ley". Al mismo tiempo, designó a Mitre comandante en jefe de la defensa y, a pedido de éste, nombró al veterano brigadier general Juan A. Gelly y Obes su jefe de Estado Mayor. En tercer lugar, dividió a la ciudad inicialmente en dos circunscripciones, del norte y del sur, a la que luego agregó una tercera, la vanguardia del oeste, y las puso respectivamente a cargo de los coroneles Arias, Campos y Lagos. El coronel Garmendia fue nombrado jefe de la reserva y encargado de aumentar el reclutamiento de guardias nacionales para el servicio activo. Al día siguiente, Tejedor creó un Consejo Militar de Defensa, bajo la presidencia de Mitre, con atribuciones de dirección de las operaciones militares, inspección de tropas y líneas de fortificación, superintendencia de telégrafos y ferrocarriles y la dirección del Cuerpo de Ingenieros de la plaza.[434]

Hubo entusiasmo en la prensa porteña frente a la designación de Mitre. No sólo el órgano de su propio grupo, *La Nación*, celebraba el nombramiento, también *El Porteño*, de estirpe autonomista, afirmaba: "La defensa necesitaba esto: otro gran nombre que lo simbolizase". Entre los diarios más independientes, los italianos *La Patria* y *L'Operaio* elogiaban la medida y *El Correo Español*, por supuesto, exclamaba: "¡Regocijámonos de esa eleccion, que trae vigor y aliento á las fuerzas de la resistencia!".[435]

En esas horas iniciales después de las sangrientas batallas, parecía que las fuerzas se reorganizaban para seguir la pelea. Una vez nombrado, Mitre recorrió las líneas de la defensa. Batallones de infantería que habían entrado con Arias y cuerpos de voluntarios ocupaban las dos líneas de trincheras y baterías Krupp protegían la ciudad del lado del río. Este jefe procedió a convertir parte de su caballería en seis nuevos cuerpos de infantería, más útiles en el ámbito urbano, y estableció su cuartel general en el Retiro. *La Patria Argentina* convocaba a la ciudadanía a donar armas y al gobierno a repartirlas. Para agitar más los ánimos, al anochecer del 22, el vapor Vigilante, de la Armada nacional, se acercó a la costa e hizo fuego de Remington y luego de cañón sobre el muelle de Catalinas, fuego que fue contestado inmediatamente hasta que el atacante decidió retirarse. Aunque sólo hubo algunos daños materiales menores y nadie resultó herido, el ruido de los cañones puso en movimiento a miembros de la Cruz Roja, que temieron lo peor. También atrajo a "una cantidad no menor de mil personas" que, más curiosas que asustadas, concurrieron al paseo para ver de qué se trataba.[436]

Los preparativos avanzaban asimismo en el frente civil. En la Legislatura, los diputados se reunieron en sesión el 22 por la noche. Allí decidieron la cesantía de dos de sus colegas que, sin licencia de la Cámara, se habían ausentado de la ciudad para unirse al gobierno de Belgrano. También elaboraron un proyecto de ley de expropiación de alimentos y artículos de primera necesidad. El tema de los víveres preocupaba asimismo a la Comisión Municipal. Reunida en la noche del 23, pedía autorización a la Legislatura para fijar su precio, buscando eliminar la especulación "que se hace hoy en perjuicio á las clases menesterosas".[437]

Muchos esfuerzos se dedicaban a la atención de los heridos. La tarea estaba muy descentralizada, pues si bien existía un Consejo Central de Sanidad, también operaban –como vimos– otras organizaciones. El Consejo contaba con un total de treinta médicos y cirujanos, cuarenta y un practicantes y siete farmacéuticos en servicio activo. Atendían primordialmente a los caídos de la defensa, en tanto que la Cruz Roja no hacía distinción de bandos y se ocupaba de todas las víctimas. En los días que siguieron a los combates, el trabajo de médicos y enfermeros, asistidos por "señoras y niñas", continuaba sin descanso. Las sociedades de caridad se encargaban de pedir, recoger y distribuir donaciones y de organizar la asistencia. Algunos comerciantes, como Samuel Hale y los fabricantes de cerveza Hummer y Peltzer, pusieron sus barracas y locales a disposición como hospitales de sangre. También lo hizo el Club Industrial, en cuya sede se instalaron las sociedades masónicas bajo la dirección de José Hernández.

El Consejo intentó centralizar la información sobre los heridos, así como sobre los dados de alta y los muertos. Por su parte, el gobernador decretó que las donaciones podían ser utilizadas únicamente en beneficio de quienes se atendían en los hospitales de la ciudad. También, para evitar la evasión del servicio de las armas, se estableció que "[n]ingún individuo obligado al servicio militar podrá formar parte de las asociaciones de caridad sin prévia autorizacion del Ministerio de Milicias". Los miembros de esas organizaciones debían llevar documentos que los acreditasen, pues se reiteraban las denuncias de abusos y espionaje. En suma, la actividad en torno a los caídos en batalla era muy intensa y no muy ordenada, el resultado de iniciativas diversas y no siempre coincidentes que lograron, sin embargo, movilizar recursos rápidamente y cubrir las necesidades inmediatas planteadas por la guerra. Todos se preparaban, además, por si volvían los combates.[438]

En paralelo con este clima de movilización militar y civil, alentado por buena parte de la dirigencia y de la prensa porteñas, en círculos de la diplomacia y de la comunidad de negocios se buscaban los canales para tramitar la paz. El Club Industrial, que reunía a un conjunto de propulsores de la actividad productiva, dirigió una carta a los ministros extranjeros para pedir "una mediación colectiva de los Agentes Diplomáticos" a fin de lograr la suspensión de hostilidades. El texto era muy crítico de la situación política vigente y fue mal recibido por la prensa porteñista, pero logró su cometido, pues varios miembros del cuerpo diplomático se pusieron en movimiento, encabezados por el nuncio apostólico, Luigi Mattera, para proponer a ambos gobiernos un armisticio durante el cual se avanzaría en las negociaciones de paz.[439]

La paz parecía estar también en el horizonte del gobierno de Buenos Aires, o al menos así lo creyeron quienes vieron en el nombramiento de Mitre un paso en esa dirección. Luego de colocarlo "en el primer rango entre los patriotas", *Le Courrier de la Plata* consideraba que a él "le tocará la gloria de haber pacificado el país". Vicente López, cuyas relaciones con Mitre nunca fueron fáciles, se manifestaba confiado en su figura cuando le contaba a su hijo que aquél había dicho "no tener ambición ninguna sinó la pacificación, dando unidad a la defensa. Veo –seguía– que los jefes autonomistas se han congraciado con él; y parece animado de verdadero celo patriótico, y no muy ligado a los hombres furiosos de su partido, que se inclinan hacia otro lado". Estos últimos criticarían más tarde la inclinación de Tejedor por buscar una salida negociada y la influencia de Mitre en ese sentido. Por su parte, en el final de su testimonio sobre la campaña de Arias, Basabilbaso echaba una mirada desencantada sobre aquella designación que

[...] encerraba un gran significado, pero en los primeros momentos muy pocos fueron los que lo penetraron, continuando por un día mas la creencia general de que la guerra sería elevada al último estremo; y nadie pensó en los arreglos que en esos instantes, precisamente, se iniciaban. Bien pronto se supo la verdad. El nombramiento del general Mitre no era de guerra. Era un nombramiento de paz.[440]

El mismo 22, entonces, se pusieron en marcha las tratativas de los diplomáticos para lograr un armisticio. Pronto se llegó a un acuerdo: el cese de hostilidades por veinticuatro horas y la designación de comisionados para iniciar negociaciones entre las partes. Por el gobierno nacional fue designado el ministro de Hacienda, contador Santiago Cortínez, y por el de Buenos Aires, el infatigable Félix Frías. Los dos designados eran descalificados por los contrincantes, que no esperaban demasiado del encuentro entre ambos. Del primero decía Eduardo Gutiérrez que era una "especie de mueble, que se adapta a todas las posiciones y servicios", que no tenía ninguna importancia personal o política "para el desempeño de una misión tan delicada", mientras *El Porteño* lo declaraba "persona [...] *poco apta*" para la negociación. Sobre Frías, sólo un par de días antes, el roquista Galíndez le escribía a Juárez Celman: "Hoy vino de la Ciudad el viejo Frías en mición de paz y afirmaba que con la renuncia de Roca todo se arreglaría; pero no conseguirá nada este viejo tonto, que cree que a pesar de todos los sacrificios hechos y de las preciosas vidas sacrificadas, se puede aun hablar de arreglos con un revelde". Y agregaba: "El Presidente está bien templado y no acepta mas arreglo que el sometimiento de los reveldes y se someterán por la razón o fuerza".[441]

LAS FUERZAS NACIONALES

El Presidente, en efecto, estaba firme y anunciaba públicamente el triunfo. "¡Honor al Ejército!": como un eco del saludo de Gainza a los defensores de Buenos Aires, así empezaba la proclama que hizo a sus tropas. Pero en sus palabras el término "honor" se asociaba a la defensa de la patria, la consolidación de las instituciones y el afianzamiento del gobierno nacional y de su autoridad. "Jefes, Oficiales, Soldados y Guardias Nacionales de todas las provincias: habéis derramado valientemente vuestra sangre, pero no la habéis derramado en vano!!" Los resultados eran claros: "[…] el ejército de Arias disuelto, – [toda] la campaña de Buenos Aires obedeciendo al Gobierno de la Nación, – las avanzadas de nuestras fuerzas llegando hasta las plazas de la ciudad misma, – y la insurrección […] encerrada por vuestro brazo dentro del recinto de algunas cuadras". La obra realizada era grande: "Toda la República hablará en breve de vuestra obra, que será la consolidación de nuestras instituciones –el prevalecimiento del Gobierno Nacional como principio en los espíritus y como autoridad en los hechos…– y la supresión, por fin, en la rebelión presente de todas las rebeliones futuras, puesto que se habrá evidenciado para siempre su imposibilidad". La práctica de la revolución quedaría así erradicada para siempre; pronto el "episodio doloroso" habría terminado y "la Nación proseguirá por las vías pacíficas su desenvolvimiento poderoso". Era una aspiración colectiva: "[…] tras de vosotros se encuentra la Nación entera". En nombre de esa Nación, el presidente "y amigo" saludaba y agradecía al Ejército y a la Guardia Nacional movilizada.[442]

Si ésa era la versión pública, en privado Avellaneda no estaba tan seguro de la resolución. El mismo 22 escribía en un telegrama a Roca: "Muchas gracias por su telegrama, pero la jornada aún no está concluida". Pellegrini también se dirigía a Roca en comunicación "reservada": "No he recibido todavía […] los 25 000 rémingtons que tenemos encargados y creo que los gobernadores de Santa Fe y Entre Rios me mesquinan armas… Influya en este sentido". Una versión recogida por Yofre refiere que los nacionales habían frenado su avance no por razones humanitarias, como querían algunos, sino por escasez de pólvora seca. Y que aprovecharon el armisticio para proveerse de ese recurso en Montevideo. Cuenta además que, con todas las fuerzas sitiando la ciudad, Belgrano había quedado algo desguarnecido. El rumor de que el coronel Arredondo atacaría por el lado de Palermo circuló rápidamente y Avellaneda ordenó desmontar parte del bosque y colocar allí una batería para impedir cualquier sorpresa.[443]

A pesar de estas dudas, el gobierno nacional estaba confiado. "Espero –decía en el mismo telegrama Avellaneda– que la causa de la justicia prevalecerá por fin". El sitio de la ciudad estaba firme, y si bien había huecos por donde pasaban gente y animales, las tropas porteñas permanecían en el recinto marcado por las trincheras. El río estaba, por su parte, enteramente custodiado por la Armada nacional. Para reafirmar su poder institucional sobre la provincia, Avellaneda dio un decreto declarando el estado de sitio y la intervención en todo su territorio. Seguían, además, llegando tropas del Interior a la Chacarita: esta vez fue el turno de la división del general Villegas, que venía del sur, y del 3º de línea de Santiago del Estero. Roca anunciaba a Rocha: "[...] tendrán todos los batallones que quieran; yo no me ocupo de otra cosa". Algo más tarde, *La República* evocaba esos días cuando, decía, "[L]as provincias vomitaban batallones".[444]

En la campaña, varios partidos estaban ya controlados por las fuerzas nacionales. Dardo Rocha recibía a diario informes sobre esas operaciones de ocupación, que consistían básicamente en reemplazar las autoridades como juez de paz y jefe de policía por partidarios fieles, desplazar a los empleados simpatizantes de los rebeldes para poner gente propia, y tratar de reorganizar la Guardia con los que hubiesen quedado luego del reclutamiento de Arias. A veces, el recambio era relativamente fácil. Las fuerzas al mando de Marcos Paz se presentaron a las puertas de Lobos y de allí ese jefe escribió al juez de paz: "Tengo orden [...] de marchar a ese pueblo con mi batallón a cambiar autoridades: la campaña es nuestra y si ustedes se someten a la autoridad nacional suspendere mi marcha". La respuesta fue inmediata: aunque las autoridades del pueblo respondían al gobierno de la provincia y "decorosamente no pueden responder a la política nacional [...] acatarán cualesquiera fuerza o jefes nacionales sin ninguna oposición". En otros casos, se usaba la fuerza: "En este instante –telegrafió Alberto Ugalde a Rocha– hemos tomado el juzgado de Las Heras", e informó que no habían podido hacerlo con Cañuelas porque "no teníamos gente bien armada y estaban allí acantonados en las casas de la Plaza". En Chivilcoy, cuando llegaron los nacionales, los rebeldes se retiraron a poca distancia del pueblo, donde se pertrecharon: "[...] tienen 150 reminton y la policía rural... también armada a reminton, incorporándose a ella varios cabecillas de los que se sublevaron el 74 [es decir, mitristas]".[445]

En el noroeste de la provincia, Ataliva Roca, a la cabeza de 800 hombres de tropa, reportó que todo estaba bajo control: "En todo el Norte –decía– no hay una persona que no sea un entusiasta sostenedor del gobierno nacional". En cambio, desde el Ajó, en el sur, Julio Celesia se confesaba "el único partidario (al menos bien definido) del gobierno nacional [...] que existe aquí", y pedía que le mandaran fuerzas de línea por mar para operar en la zona. Estaba convencido de que con "una centena de polainas blancas se arrea toda la Guardia Nacional [...] [pues] están desmoralizados los caudillitos que son la cabeza y los paisanos van voluntarios (codo con codo)". Entre ambos extremos, en Ranchos, los amigos políticos de Rocha anunciaron que el pasaje de las fuerzas nacionales había alejado a los grupos de opositores armados, por lo que era importante asegurar el territorio designando en Chascomús, Monte y Pila, nuevas autoridades "que ovedescan á la Nacion".[446]

En suma, todavía el gobierno de Belgrano no controlaba el conjunto de la provincia y encontraba resistencia en varios lugares, pero los "rebeldes" estaban aislados del grueso de su ejército y contaban sólo con recursos militares locales –lo que quedaba de la Guardia movilizada, los que volvían, parte de la policía rural, algunos voluntarios– y con escaso armamento. Mientras que en la ciudad el cruce de fuego prácticamente había cesado, en el interior provincial seguía la disputa por los espacios y, aunque con algunas dificultades, el avance de los nacionales era sostenido. En ese terreno Belgrano llevaba las de ganar.

DIPUTADOS

Ante este panorama, entendiendo que su posición era de fuerza, los roquistas decidieron avanzar en el Congreso. Se recordará que la Cámara de Diputados había quedado dividida, con la mitad de sus miembros en Belgrano y la otra mitad en Buenos Aires. En las sesiones tumultuosas de mayo había quedado pendiente la aprobación de las elecciones de Córdoba y La Rioja, en manos de una comisión que debía proponer soluciones. Nada de ello había ocurrido después de la división de la Cámara. La incorporación de esos diputados era clave para los de Belgrano, pues con ellos podrían formar quórum y funcionar legalmente. Además, los ocho de Córdoba eran roquistas. En los planes inmediatos de este grupo estaba no sólo la aprobación de los diplomas pendientes, sino también la cesantía de los diputados que seguían en Buenos Aires. Esta estrategia había sido iniciada a principios de junio, cuando constituyeron el cuerpo en minoría y nombraron una comisión especial que debía aconsejar las medidas a tomar con respecto a los diputados "rebeldes".[447]

En plena guerra, el 21 de junio, uno de los representantes por Córdoba que esperaba su confirmación (Ismael Galíndez) le anunció a su jefe político Juárez Celman que la Cámara se reuniría al día siguiente para tratar los diplomas. Y añadía, irónico: "Estos padres de la Nación son flojos y temen declarar disidentes a los que estan en la ciudad... Todas estas consideraciones son hijas legítimas de la cobardía. No se animan á destituirlos y quieren transar con los principios... de manera que no puedo asegurarle cuando nos aceptarán". Dos días más tarde, la Cámara reunida en Belgrano aprobó el dictamen de la comisión de poderes que confirmaba la elección de los diputados por Córdoba y La Rioja, quienes se incorporarían oficialmente el 4 de julio. Sin esperar esa incorporación y, por lo tanto, siempre en minoría, el 24 se trató y aceptó el despacho que declaraba vacantes los puestos de los diputados que seguían en Buenos Aires. También se designó otra comisión para redactar un manifiesto dirigido al pueblo de la República para explicar la resolución adoptada.[448]

Ese documento se dio a conocer seis días más tarde. Para exponerle "al Pueblo Argentino [...] los poderosos motivos que la obligaron a dictar la resolución del 24", la Cámara recorría varios puntos. Calificaba la actitud del gobierno de Buenos Aires como "injusta resistencia de un gobernante extraviado" convertida en rebelión contra la Nación y sus autoridades, que impedía "las funciones del Gobierno Federal". Defendía el poder del Presidente para fijar la residencia de ese gobierno y acusaba a los diputados que se negaron a trasladarse a Belgrano de suprimir "la vida constitucional" del Congreso, pues la Cámara se encontraba allí en minoría y en la imposibilidad de formar quórum. Así, "colocada en la dura alternativa de [...] conservar su existencia [...] o dejar al país sin Congreso y expuesto a caer en una dictadura [...] se ha visto en la penosa necesidad de dictar la única medida salvadora", la de declarar vacantes los lugares de los diputados que residían en Buenos Aires y luego llamar a elecciones para cubrirlos con nuevos representantes. De esta manera, por la vía del hecho, el Congreso de Belgrano volvió a funcionar con las dos Cámaras. A los diputados que seguían en Buenos Aires sólo les quedó la posibilidad de responder con otro manifiesto.[449]

El Presidente, entre tanto, contestó el pedido de mediación del cuerpo diplomático con una carta a Mattera, donde anunciaba que las armas "no volverían a su reposo" hasta que la "insurrección" no hubiese sido suprimida "de un modo completo". Al mismo tiempo, expresó su deseo de que ella terminara "por la razón y no por la fuerza", por lo que aceptaba suspender las hostilidades a partir de las ocho de la noche del día 23 hasta la tarde del 24. A Belgrano llegaba entonces, una vez más, Frías para iniciar las negociaciones.

TRATATIVAS

Mientras tanto, cuando no habían pasado más que unas pocas horas desde el comienzo del armisticio, como a las diez de la mañana del 24, un fuerte cañoneo se hizo sentir en Buenos Aires. Desde el vapor Villarino, de la Armada nacional, fondeado frente a la ciudad, disparaban granadas sobre el Retiro y metralla sobre la costa. Una vez repuesta de la sorpresa, la artillería de tierra contestó el fuego hasta que cesó el ataque de parte del buque. Las bombas causaron daños en numerosas viviendas y comercios, a la vez que una veintena de heridos y algunos muertos, tanto entre soldados de la defensa que acampaban en el Retiro como entre la población civil. Los diarios de la ciudad condenaron escandalizados el ataque, en tanto que el gobierno nacional mantuvo silencio y un boletín de Belgrano trataba de buscar razones para un hecho difícil de explicar.[450]

Las autoridades de la provincia estaban más preocupadas por la situación general de la defensa que por este episodio. Frías había llegado de Belgrano y, según relata *El Porteño*, sus conferencias con Cortínez habrían sido "largas y *curiosas*", pues éste se limitaba a transmitir las indicaciones de su gobierno y cuando Frías hacía alguna observación, Cortínez, "no atreviéndose á contestarlas *motu propio*, salía á cada momento á consultar con Rocha". Finalmente, seguía la crónica, Frías se retiró "*sin haber arreglado nada*" e indignado contra las pretensiones de Avellaneda. Ya en la ciudad, se reunió con Tejedor, Mitre y el gabinete para dar cuenta de su misión. Traía las exigencias del gobierno nacional: la separación de las autoridades y los poderes que habían encabezado la resistencia, la disolución y el desarme de todas las fuerzas de Buenos Aires y la remoción de los empleados y militares que hubieran participado de la "insurrección". Prometía a cambio no procesar a civiles ni a militares y respetar bienes y personas.[451]

Por esos días, Tejedor convocó al Consejo de la Defensa para evaluar el estado de la plaza y las posibilidades de continuar la lucha. Según cuenta el gobernador, expuso frente a sus ministros y a los jefes militares que todas las fuerzas de Buenos Aires estaban dentro del recinto de la ciudad y que "limitar el plan de defensa a sostener un sitio mas ó menos tiempo, con resultados poco seguros, delante de fuerzas de tierra, que cada día aumentaban, apoyadas ademas por una fuerte escuadra […] le era repugnante como una calamidad general, que nada justificaría". Se inclinaba, más bien, por "jugar el todo por el todo" librando batalla a las fuerzas nacionales "en su mismo campamento" y quería, por lo tanto, evaluar si ello era posible. No hubo respuesta unánime. Arias aseguraba no sólo que la empresa era viable sino que él estaba dispuesto a llevarla adelante. Otros jefes manifestaron, en cambio, que "esa batalla era imposible". Mitre había hecho un recorrido por las fuerzas de la defensa y estaba convencido de que no contaban con "el armamento, organización y disciplina" para enfrentar al ejército nacional. Ante la pregunta del gobernador respecto a la firmeza de la plaza para resistir el sitio, la mayoría respondió que todo dependía del tiempo que tuvieran para adelantar los trabajos de fortificaciones, crear artillería y disciplinar mejor a las tropas. Salieron así a relucir las diferencias y rivalidades que atravesaban a los mandos de Buenos Aires desde el comienzo mismo del conflicto y que se hicieron manifiestas en los días posteriores a los combates.[452]

A continuación de esta reunión, Tejedor juntó a su equipo de gobierno para tomar decisiones. "Sobre la batalla resolvió que no podía ordenarse" y sobre el sitio decidió consultar a la Legislatura para ver si "todos querían participar de la responsabilidad tremenda que ese hecho envolvía". También, la consultaría sobre los arreglos de paz que habían tomado un nuevo rumbo. El gobernador le había pedido a Mitre que se hiciese cargo de las negociaciones con Belgrano y envió al Presidente una carta donde planteaba su posición. Elegía allí ignorar las condiciones transmitidas a Frías y empezaba el texto con una frase contundente: "Hay en la ciudad –decía– fuerza bastante para resistir los ataques que se le traigan. Hay la opinión que alienta en los contrastes y sostiene en la lucha", es decir, Buenos Aires podía y quería resistir. Pero, seguía Tejedor: "Quiero [...] en cuanto de mí depende, ahorrar más escenas de sangre. Quiero librar de la muerte a la juventud [...] a la clase menesterosa y trabajadora del hambre; y a la campaña de las depredaciones de una guerra duradera". Dado que prefería "las bendiciones de las madres a la vanagloria del triunfo mismo", resolvía "solicitar un arreglo pacífico, honorable, para la provincia". Por ello, concluía, había pedido al general Mitre que lo visitara para "un arreglo decoroso" que pusiera fin a la situación reinante.[453]

La respuesta de Avellaneda no se hizo esperar. En cartas a Tejedor y al propio Mitre, decía que había nombrado a tres de sus ministros para recibir al general –Zorrilla, de Interior, Pellegrini, de Guerra y Cortínez, de Hacienda–, quienes lo aguardaban en la residencia del primero de ellos. Según notas de Pellegrini, el Presidente había convocado a sus ministros para manifestarles que él no podía recibir personalmente a quien era, en ese momento, "General en Jefe de un ejército rebelde", pero que los autorizaba para hacerlo, escuchar sus propuestas e iniciar la negociación.[454]

Mitre se dirigió por la mañana del día 25 en carruaje a Belgrano, acompañado por Frías y Eduardo Madero, y regresó sólo al filo de la medianoche. Se reunió entonces con Tejedor y, poco después, pasó a la casa del vicegobernador, José María Moreno, con quien conversó hasta pasada la una de la mañana. Después de esos encuentros, Mitre se había limitado a declarar en la puerta de su casa, al despedirse de quienes lo rodeaban: "Señores: esta noche podemos dormir tranquilos; pero ni traigo paz ni traigo la guerra". Dada la falta de información, en la ciudad se multiplicaban los rumores, pues nadie sabía a ciencia cierta qué estaba pasando. "Con tal motivo –observaba *El Porteño*–, cada cual hace una conjetura y procura, si no saber, cuanto menos *adivinar* lo que va a suceder". Los diarios informaban incluso que Mitre había sido convocado por Avellaneda, lo que luego fue desmentido por aquél. A la mañana siguiente, las versiones recrudecían, pues esta vez era Moreno quien partía hacia Belgrano. El 27, en reemplazo del vicegobernador y a pedido de éste, fue Amancio Alcorta a seguir las conversaciones, retomadas el 28 y el 29 por Moreno. Cada noche, al regresar, éste se reunía con el Gobernador, Mitre, Gainza, Frías y los ministros Balbín y Alcorta en casa de Tejedor. En Belgrano, Avellaneda se mantenía en contacto permanente con Pellegrini y el resto del gabinete. Pero el contenido de todas estas conversaciones se mantenía reservado y sólo llegaban a la población filtraciones y rumores que no hacían sino aumentar la ansiedad y la incertidumbre.[455]

FERVORES PATRIÓTICOS

En la ciudad, los diarios porteñistas trataban de mantener en alto el ánimo de la población y aseguraban que no iba a haber pacto "á costa del honor y de la suerte de Buenos Aires". Informaban sobre el estado de las tropas y sus ejercicios, la donación de armas por parte de los ciudadanos, las iniquidades que cometían los soldados nacionales, y la disposición de la población para la resistencia. "*La ciudad está resuelta* –afirmaba *El Porteño*–. "No hay fanfarronadas. No hay balandronadas... Hay una resolución heróica... Cada ciudadano está en su puesto, *decidido a cumplir su deber*." Las trincheras eran el testimonio de ese fervor. "Los barrios del Sud por donde se encuentra establecida la primera línea –reportaba *La Nación*– presentan un aspecto pintoresco. Las trincheras y los cantones están llenas de soldados de Buenos Aires, animados de patriótico entusiasmo y decididos á defender hasta el último estremo la noble causa en que están empeñados". Además, decía, "las matronas y las niñas de aquellos barrios se entretienen en hacer hilas y vendajes para los bravos que caigan cumpliendo su deber". *L'Operaio Italiano* se felicitaba de ver el patriotismo de los jóvenes Bersaglieri en las trincheras de la calle Lorea, aunque reclamaba por su condición, ya que no llegaban a ellos las armas y los víveres de la defensa. Según *El Porteño*: "Con el frío, nadie andaba en las calles. En cambio, las trincheras estaban llenas de gente, causando placer el entusiasmo que en ellas reina". Éstas se habían convertido en un lugar de encuentro y celebración. "Allí todo el mundo se acerca, ya sea á tomar *un verde*, ya á conversar la situación o á ensalzar el tiempo que transcurre con entretenimientos". Es que "las trincheras son el *rendez-vous* de todo ser que ama esta provincia".[456]

El entusiasmo brotaba de la pluma de improvisados poetas en versos publicados por la prensa. "El libre no piensa/ si escucha el clarín/ y el poncho á las balas/ presenta gentil/ La muerte es la gloria:/ corramos allí, / Y en esa trinchera, / Vencer ó morir": era la cuarta estrofa de un poema que firmaba "Un voluntario" en *La Patria Argentina*. "A la Heroica Juventud Porteña. Canto de Guerra!" titulaba un tal Salvatore Curzio sus versos publicados en *L'Operaio Italiano*, que repetían todos los motivos caros a la retórica de la resistencia y que, luego de enumerar los estragos hechos por los "hombres fatales" del ejército nacional, terminaban así: "A las armas! hermanos, ya suena el clarín/ de lejos se escucha el cañon que retumba/ La patria nos llama… corramos a luchar/ que en las manos libres no tiembla el acero!".[457]

El fervor patriótico se desplegaba también en un contexto más solemne, el de los funerales de los muertos en combate. El día 29 tuvo lugar el entierro de Rodolfo Rojas, teniente de artillería herido en los Corrales. En el cortejo fúnebre, presidido por los oficiales, "[h]acían los honores militares compañías del 'Maipú', 'Resistencia', 'Ituzaingo', 'General Mitre' y Regimiento de Artillería… La banda de música del Guardia Provincial tocó varias marchas fúnebres durante el trayecto a la Recoleta". Cuando llegaron a la Catedral, el féretro fue cargado a pulso hasta el altar mayor. Luego de la misa, el cortejo avanzó por la calle Florida, seguido de veintidós carruajes y acompañado por la gente desde ventanas y veredas. *El Buenos Aires* lo consideraba un "mártir" y un "ejemplo de patriotismo y valor". Ese mismo día se dio a conocer una ley votada por la Legislatura provincial otorgando pensiones para los jefes, oficiales y soldados "inutilizados en la defensa de la provincia" y para las familias de los muertos "en acción de guerra".[458]

LA PAZ

Finalmente, el 30 de junio los diarios anunciaron que la paz estaba hecha. Cada uno daba su versión de las tratativas y de sus resultados y reaccionaba con diferente humor ante la conclusión de la guerra. Los testimonios posteriores de quienes participaron personalmente de las conversaciones –que los historiadores han recogido– también difieren, porque los arreglos de esos días fueron de palabra y cada uno ha querido, además, quedar bien parado frente a los suyos y a la historia. Pero más allá del papel que cumplieron unos y otros, de las idas y venidas a Belgrano por parte de Mitre, Moreno y Amancio Alcorta, de las actitudes del Presidente y de sus ministros, es posible aventurar cuáles eran los puntos en disputa.

En la primera ronda, las condiciones que el gobierno nacional puso vía Frías fueron desechadas: separación de las autoridades y los poderes de la defensa, disolución y desarme de todas sus fuerzas y remoción de su cargo de los empleados y militares participantes en ella. El segundo capítulo fue el viaje de Mitre, quien a lo largo del día 25 se reunió tres veces con los ministros. Según el testimonio del propio general, en el primer encuentro volvió a plantearse la primera condición, que él rechazó, afirmando que, de no lograrse un "arreglo decoroso", "los defensores de Buenos Aires, o resistirían o romperían sus armas sobre las trincheras… retirándose a sus casas salvando el decoro". En una segunda reunión, los ministros trajeron una propuesta escrita que exigía la separación de Tejedor del gobierno, la que tampoco fue aceptada por Mitre, pues en lugar de pedirse una renuncia "espontánea" del gobernador para allanar el acuerdo, "aparecía en forma de imposición". Después de este segundo intento, Avellaneda escribió "de su puño y letra" las condiciones, que fueron entregadas a Mitre en un último encuentro, a las diez de la noche. Allí se exigía que, dada la separación de Tejedor, el gobierno que lo sucediera –y que se aceptaba fuera encabezado por el vicegobernador Moreno– prestara acatamiento a los poderes nacionales y obediencia al presidente. Se establecía que debía procederse de inmediato al desarme de todas las fuerzas "que componen la guarnición Buenos Aires" y la entrega de sus armas al Parque Nacional. Volvía a prometerse que no habría procesos, y se fijaba un plazo, hasta las ocho de la mañana del día siguiente, para la ratificación del acuerdo por ambas partes. Mitre tomó conocimiento de esas bases y, aún sin avanzar en su discusión, pidió y obtuvo seguridades de que, en caso de aceptarse, las tropas nacionales no harían "ninguna ostentación militar".

A la mañana siguiente, sin embargo, Buenos Aires todavía no tenía una respuesta definitiva y enviaba al vicegobernador a seguir con la negociación. Moreno se entrevistó directamente con Avellaneda; eran amigos personales y además, aquél no se encontraba involucrado directamente en la "insurrección". Según el testimonio de Pellegrini, el Presidente entendía que se trataba de conferencias de índole "privada y amistosa", "sin que pudiera dársele el carácter de pactos o tratados, que [...] no podía admitir tratándose de un gobierno de provincia". Desde la primera entrevista Avellaneda hizo conocer a Moreno las condiciones exigidas, algo más detalladas que las anteriores, las que se fueron discutiendo punto por punto.

Un primer tema, que resultaba clave para salvar el honor de las fuerzas de la defensa, era el de la forma en que se haría efectivo el desarme. La propuesta oficial establecía que los cuerpos de la guarnición de Buenos Aires debían trasladarse todos al Parque Nacional para entregar sus armas al nuevo jefe de la institución. Esta operación aparecía como humillante para los porteños. El gobierno de la provincia contrapropuso: que los cuerpos provinciales se desarmaran en la casa de gobierno, que los batallones nacionales se embarcaran, desarmados y fuera de la ciudad, para retornar a sus lugares de origen, y que las fuerzas de línea de la guarnición de la capital volvieran a sus cuarteles "sin aparato alguno", a fin de evitar el despliegue de tropas nacionales por las calles de Buenos Aires. Amancio Alcorta fue el encargado de cerrar el acuerdo sobre este delicado punto, que aparentemente quedó zanjado. Ese mismo día 27 Avellaneda escribió a Moreno:

> Querido José María: El doctor Alcorta me dice que se habla de ostentaciones militares en las calles de Buenos Ai-

res. Me veo al abrigo de esas sospechas. ¡Por Dios! No creo que se me ocurra jamás convertir mi cortaplumas amanuense en la espada de un conquistador. Nada y nada en este sentido. Me siento Presidente de la República cuando se trata del honor de todos y cada uno de sus pueblos, y hasta de sus vanaglorias.

Otro punto controvertido fue el de la intervención y el estado de sitio a los que estaba sometida la provincia. Los porteños pedían la cesación de ambas medidas, que consideraban innecesarias una vez que asumiera Moreno. Pero el gobierno nacional no estaba dispuesto a ceder en esa cuestión.

Volvió Moreno el 28 y el 29 a Belgrano y a reunirse con Avellaneda, hasta que quedaron acordadas las bases del arreglo, las que reflejaban los últimos compromisos alcanzados por las partes. Del lado de Buenos Aires: Moreno reemplazaría a Tejedor (quien renunciaría "espontáneamente") y declararía su acatamiento a los poderes públicos nacionales; el nuevo gobernador procedería al desarme de las fuerzas provinciales "en la forma y lugar que el mismo eligiese para enviar después a depósito las armas al Parque"; la provincia conservaría el batallón Guardia de Cárceles y las milicias de ciudad y campaña "sin organización militar". Avellaneda, por su parte, se comprometía a no iniciar "procesos políticos ni militares a causa de los últimos sucesos", pero mantendría el estado de sitio "hasta la completa pacificación de la provincia". Sobre la intervención y las unidades del Ejército de Línea presentes en Buenos Aires, los testimonios difieren, pues, mientras que Tejedor afirmaba que el acuerdo había incluido la interrupción de la primera y el alejamiento de las tropas, los flamantes redactores de *El Nacional,* Miguel Cané y Aristóbulo del Valle, sostenían que ésos no habían sido los términos convenidos. Avellaneda, decían, había supeditado el cese de la intervención a "la política de pacificación y de reparación" que debía llevar adelante Moreno, perfilada "con hechos y con hombres", lo que implicaba exigencias respecto de las designaciones en el gabinete y en la jefatura de policía. En cuanto a la presencia de las fuerzas de línea, el Presidente "mantendría en Buenos Aires las que creyese necesarias". Había, también, otros aspectos en discusión, como el cronograma para el retorno del gobierno nacional a la ciudad, que parecen haber sido parte de las conversaciones. La noticia de la decisión, adoptada en la Cámara de Diputados en minoría, de dar de baja a los diputados que no aceptaron reunirse en Belgrano dio lugar a un reclamo de revisión por parte de los porteños. Pero poco y nada se filtró sobre esos puntos.[459]

De todas maneras, esta cronología de las tratativas y sus detalles sólo fueron dados a conocer por los protagonistas algunas semanas después de ocurridos, cuando ya el compromiso que parecía sellado había mostrado sus límites. En el momento en que la paz se anunció, en cambio, sólo había versiones y opiniones, entusiasmos o desilusiones.

EL HONOR DE BUENOS AIRES

Desde Rosario, el 1° de julio Roca felicitaba "de todo corazón" a Avellaneda y "al valiente ejército de la República, por la terminación de la lucha entre hermanos" y se manifestaba complacido por que "se han salvado los principios y la autoridad de la Nación sin desdoro ni humillación para el pueblo porteño". Ambos aspectos, sin embargo, serían respectivamente puestos en duda por los hombres de Belgrano y por los de Buenos Aires.[460]

Desde que habían comenzado las conversaciones de paz, muchos porteños estaban intranquilos. Corrían rumores sobre las discrepancias en el seno de los jefes de la defensa sobre las posibilidades de resistir y sobre las inclinaciones de Tejedor por ir a un arreglo. El secreto en que se mantenía toda la operación generaba enorme inquietud. *El Porteño* confesaba: "La lealtad nos obliga a decir, que hay varios de los próhombres de la defensa que conociendo algunas de las bases del arreglo de paz, no están contentos con ellas". Al día siguiente, al anunciar que finalmente se había alcanzado un acuerdo, advertía: "Es natural que suceda en el pueblo lo que ha estado sucediendo respecto a la paz [...]: se teme, se duda, se desconfía de que sea cierto por dos razones: Primera, porque todavía no hay una palabra oficial sobre el asunto. Segunda, porque infinidad de hojas sueltas, sin responsabilidad y lanzadas á la circulación como una mercancía, han estado anunciando [...]

que la paz estaba hecha y una cantidad de absurdos, que nadie en el pueblo ha debido creer".[461]

Sólo un día antes, *La Libertad* había observado: "En el campo enemigo, existen grandes pasiones encontradas. Los cuerpos enviados por los gobernadores de la Liga quieren humillar y postrar a Buenos Aires. Muchos jefes porteños no quieren tal cosa", y aconsejaba: "La paz tiene que cimentarse bajo bases que satisfagan el honor de todos y restablezcan la vida constitucional". ¿Se habían cumplido esas condiciones? Las respuestas diferían. Para *The Standard*: "En este tratado de paz no hay vencedores ni vencidos. La paz con honor nunca ha sido mejor expresada, los derechos de la provincia se mantienen intactos, y la autoridad nacional reina suprema". El *Buenos Aires* usaba palabras semejantes, pero para decir otra cosa: "No ha habido vencidos ni vencedores y sólo una suspensión de hostilidades, sin abandono por nuestra parte de las posiciones anteriormente ocupadas". Había que aceptar "los hechos producidos", decía, pero para seguir la lucha por otros medios; era una forma de justificar lo ocurrido, manteniendo a la vez la actitud de desafío. Quizá las palabras más duras hayan sido las de *L'Operaio Italiano,* que hablaba sin eufemismos de la "rendición" de la provincia:

> […] qué se resolvió con la paz? Pues si con la paz no se ha decidido nada, una cosa ha decidido la rendición de Buenos Aires. El gobierno nacional de ahora en adelante puede decir: aquello que quiero, lo quiero; y si una provincia se opone, la pongo en orden con los Krupp y los remingtons –como he hecho con Buenos Aires.[462]

En Belgrano se levantaron voces contra lo negociado por el Presidente. *La Tribuna* difundía versiones de lo que supuestamente estaba ocurriendo allí: "Del Valle, Miguel Cané y Lagos García […] dicen que es una traición la que comete Avellaneda al pactar con el Dr. Tejedor, pues la provincia queda en manos de los enemigos de la Nación […] Esos jóvenes dicen á voz en cuello que debía imponerse ministerio a José María Moreno y Gefe de Policía, y que sin esto será imposible volver a Buenos Aires". Al mismo tiempo, la fuente afirmaba: "Todos, por otra parte, anhelan aquí el arreglo, pues es imposible que pueda sostenerse la situación en que se vive, en la que no hay un peso, y sí las quejas constantes y alarmas de todo género". Más contundente era la crítica que hacía Galíndez en carta a Juárez Celman: "Ud. lamenta como yo y los amigos leales, que despues de tantos sacrificios hechos por las provincias se venga a transar con los reveldes, dejandoles en pie una lejislatura que es mas revelde que Tejedor o tanto como éste", y agregaba refirién-dose al acuerdo:

> [...] estas bases no garanten el principio de autoridad ni pueden satisfacer á los que miramos con dolor los ultrajes hechos á la autoridad Nacional y á la Constitución que nos rije, desde el momento que á los reveldes de Buenos Ayres se les trata como á belijerantes.[463]

Entreacto 8. Capital[464]

C'est surtout une grande capitale qui fait l'esprit général d'une nation.

MONTESQUIEU

En el 80 se resolvió "la cuestión capital". El punto de partida de esta cuestión era viejo, pues se vinculaba estrechamente con los debates y las disputas sobre la forma que adoptaría la comunidad política (en singular o en plural) luego de la caída del poder colonial en el Río de la Plata. La regla enunciada por Montesquieu era una de las variantes posibles, que suponía la opción por una nación que tuviera un foco central de formación e irradiación del poder. Sabemos que ésa no fue la única opción disponible y en las primeras décadas posrevolucionarias compitieron diversos proyectos de organización institucional. Pues si la posición enunciada por Rivadavia en 1826 al asumir como presidente seguía ese precepto –en tanto proponía "dar a todos los pueblos una cabeza, un punto capital que regle a todos y sobre el que todos se apoyen"–, pronto encontraría sus límites. Cuando envió al Congreso el proyecto de ley que declaraba a la ciudad de Buenos Aires capital del estado y delimitaba el territorio que constituiría la cabeza de la nación, despertó la crítica de quienes estaban contra el centralismo y defendían, además, la integridad de la provincia de Buenos Aires. Dos posiciones que indicaban, a su vez, dos maneras de entender la organización política. La ley fue finalmente aprobada pero no tuvo vigencia, pues el conflicto entre quienes abogaban por un poder central fuerte (conocidos ya como "unitarios") y quienes lo rechazaban ("federales") desembocó en el fracaso del gobierno de Rivadavia y poco después, en la conformación de un orden político descentralizado, al estilo de una confederación.

La cuestión capital volvió a tener protagonismo a partir de la definición por una república federal alcanzada después del triunfo de Urquiza sobre Rosas en 1852 y de la sanción de la Constitución nacional un año más tarde. Adoptada ya una organización que suponía un compromiso entre un poder central y las soberanías provinciales, resultaba necesario definir una sede para el primero. Este tema, aparentemente sencillo, daría lugar a sucesivas disputas a lo largo de casi treinta años.

Los constituyentes del 53 habían legislado en el artículo 3 que "Las autoridades que ejercen el Gobierno federal residen en la ciudad de Buenos Aires, que se declara Capital de la confederación por una ley especial". Pero no pudo ser y, debido a la ruptura de Buenos Aires con la Confederación, el gobierno de Urquiza se instaló en Paraná, declarada capital provisoria. Ese mismo artículo 3 fue uno de los que se revisaron en 1860, con la reforma exigida por los porteños para reintegrarse, y quedó con el siguiente texto definitivo: "Las autoridades que ejercen el Gobierno Federal residen en la ciudad que se declare Capital de la Confederación por una ley especial del Congreso, previa cesión hecha por una o más Legislaturas provinciales del territorio que haya de federalizarse". Resultó así salvado el principio de autonomía de las provincias, que obtuvieron el poder de veto a cualquier disposición nacional en ese terreno.

Ese poder fue utilizado por la provincia de Buenos Aires ante la primera propuesta de federalización. A poco de asumir provisionalmente la presidencia, el dirigente máximo de los porteños, Bartolomé Mitre, planteó al Congreso la necesidad de determinar "lo que corresponde por lo que respecta a la Capital". Las Cámaras no lograron ponerse de acuerdo en ese punto, por lo que aprobaron la federalización de todo el territorio provincial por tres años o hasta que hubiera ley de capital. La Legislatura provincial rechazó la solución, y sólo aceptó una nueva propuesta de Mitre, que establecía que las autoridades nacionales residirían por cinco años en el municipio de Buenos Aires, "bajo los términos y condiciones ofrecidas por la legislatura". Vencido el plazo en 1867, el Congreso no renovó la jurisdicción federal sobre la ciudad, de manera que las autoridades nacionales quedaron desde entonces como huéspedes de la provincia.

En los años que siguieron, la cuestión de la capital se discutió varias veces, hubo propuestas de ubicarla en otras ciudades del país y en tres ocasiones el Congreso aprobó instalarla en Rosario, sólo para sufrir el veto del Ejecutivo de turno (una vez con Mitre y dos con Sarmiento en la presidencia). La coexistencia vigente no siempre resultó pacífica. La provincia era poderosa. Ya desde el momento mismo en que el mitrismo perdió apoyos locales en manos de los autonomistas, la residencia del presidente en el territorio político controlado por el gobernador alimentó tensiones recurrentes. Un inestable equilibrio se estableció durante la presidencia de Sarmiento y los comienzos de la de Avellaneda, pues ambos llegaron al poder en alianza con el autonomismo porteño dominante en la provincia. Esta situación cambió después de la muerte de Alsina y la solución de la conciliación fue sólo temporaria. En ocasión de la campaña presidencial del 80, las tensiones volvieron a sentirse no bien se perfilaron los dos candidatos, pues uno era, precisamente, el gobernador de Buenos Aires y el otro tenía el apoyo del presidente de la nación.

Sobre ese trasfondo de pujas partidarias se superponía una cuestión de mayor envergadura: el fortalecimiento del poder central. Por entonces, esta empresa ganaba adeptos entre la dirigencia política, y aunque los defensores de las autonomías provinciales seguían teniendo predicamento y una nada desdeñable cuota de poder, pronto se encontraron a la defensiva. Avellaneda estaba entre los primeros, Tejedor entre estos últimos. Y el proyecto de definir de una vez por todas una capital para la República se inscribía claramente en la ofensiva que el Presidente y sus aliados, así como el nuevo candidato y los suyos, estaban dispuestos a llevar adelante.

Así es como Avellaneda, quien en 1862 y en 1867 se había manifestado expresamente en contra de la federalización de Buenos Aires, en octubre de 1879 presentó una postura nueva en su mensaje de clausura del Congreso, en el que afirmaba: "[...] reputo indispensable y oportuna la solución de esta cuestión [dar una capital definitiva a la República]". A su entender, ese lugar le correspondía precisamente a la ciudad de Buenos Aires, "una capital histórica y tradicional que no podría ser reemplazada sin graves perturbaciones". Prometía, entonces, enviar al Congreso una ley en ese sentido. Esa ley fue, en efecto, propuesta en 1880, pero sólo después del enfrentamiento político que ocupó a los gobiernos provincial y nacional durante varios meses y que terminó en guerra.

¿Qué papel cumplió la cuestión capital en el conflicto? Los historiadores difieren en este punto, pues si bien algunos –como Carlos Heras– sostienen que aquélla fue clave en el desencadenamiento de éste, otros –entre ellos, Isidoro Ruiz Moreno– encuentran que más que una causa de la disputa, la federalización de Buenos Aires fue una de sus consecuencias. Nuestra propia (re)construcción de esta historia termina por acercarse más a esta segunda interpretación que a la primera.

"Lo que es la federalización de Buenos Aires reducida a su mas sencilla expresión." *El Mosquito*, 1/8/1880. (Los personajes son Nicolás Avellaneda y José María Moreno.)

Como vimos, el tema fue puesto sobre la mesa por Avellaneda al principio de esta historia, todavía en 1879. Sin embargo, no constituyó el motivo central que agitaría los ánimos en los meses que siguieron, cuando las preocupaciones políticas y públicas giraban en torno de otros ejes: las candidaturas, el derecho electoral y, como consecuencia de las medidas decretadas por Tejedor, la potestad de las provincias para movilizar a la Guardia Nacional estuvieron en el centro de las disputas. Fueron la propia actitud del gobernador y la envergadura del accionar porteñista ante esas disputas las que avivaron la cuestión de la capital. El desafío que las fuerzas locales hacían al gobierno nacional convenció a éste y al roquismo de la necesidad de resolverla, aunque no había coincidencia en cómo hacerlo. Esa discusión ocupó un segundo plano, como materia de conversaciones y cartas entre dirigentes, con pocas repercusiones públicas. No todos estaban convencidos de que Buenos Aires debía ser la elegida y es conocida la posición de Roca en favor de Rosario, posición que todavía defendía hacia junio. En la provincia, por su parte, el tema no figuraba entre los que más apasionaban a los porteños.

La situación dio un vuelco con la decisión de Avellaneda de mudarse a Belgrano, cuando el conflicto de jurisdicción se planteó en los hechos antes que en las palabras. Hubo que esperar el desenlace armado, sin embargo, para que la cuestión capital estallara en el debate político. Y lo hizo provocando un realineamiento en las posiciones de los protagonistas. Como había ocurrido con el tema de las milicias, la capitalización de Buenos Aires dividió a los antiguos aliados según sus respectivas posturas sobre el problema de fondo: el fortalecimiento del poder central. Los roquistas llevaron adelante la ofensiva centralizadora, a la que con reticencias finalmente se sumaron Avellaneda y su gente. Dentro de las filas del autonomismo, sin embargo, hubo resistencias a la concentración del poder que la capitalización conllevaba. Por fin, la resolución se tomó por la vía del hecho, como veremos en el próximo y último capítulo.

9. Julio y después.
Invierno decisivo

El 30 de junio Carlos Tejedor presentó su dimisión al cargo ante la Asamblea Legislativa, que lo aprobó al día siguiente, con 48 votos a favor y 10 en contra, emitidos por los diputados que rechazaban las negociaciones en curso y bregaban por sostener la resistencia. Asumió la gobernación José María Moreno y, tal como había convenido con el Presidente, expresó el "pleno acatamiento a los poderes públicos de la Nación" y ordenó "el desarme de las fuerzas de la guarnición". También, aceptó la renuncia del ministro Santiago Alcorta.

Desde Belgrano, el gobierno nacional respondió con otro gesto: una nota del ministro Zorrilla en la que aseguraba que el Presidente "no promoverá ningún proceso político ni militar, con el objeto de propender a la pacificación de los espíritus". Y el acto siguiente fue la liberación de los prisioneros.[465]

Se cumplía así con el primer paso establecido por los acuerdos de paz alcanzados en Belgrano. Nada de lo que siguió, sin embargo, respondería a esos acuerdos; ninguno de los actores se hizo cargo de lo prometido y la acción política se desenvolvió por otros carriles. En los dos meses siguientes, las luchas por el poder fueron descarnadas y se dieron en todos los planos, desde la vida pública del Parlamento y la prensa hasta las negociaciones de círculo y las más privadas de familias y amigos, e incluyeron una buena dosis de violencia. Pero el enfrentamiento militar abierto entre fuerzas había quedado atrás, y –como veremos– la vida política retomó sus formas más habituales.

EL CONGRESO EN ACCIÓN

En Belgrano, como dijimos, las negociaciones de paz habían despertado la desconfianza de los roquistas, quienes reaccionaron de inmediato cuando se filtraron sus contenidos. Fortalecidos en el Congreso luego de la incorporación de los diputados por Córdoba, usaron ese espacio institucional para objetar y tratar de desmontar la operación armada por Avellaneda, así como para promover sus propias iniciativas. Las Cámaras ocuparon de este modo un lugar clave en la vida política de esos meses febriles, hasta el 12 de octubre, cuando Roca finalmente asumió la presidencia.

Empezaron los senadores disputando al Presidente el haber ignorado al Poder Legislativo en sus tratativas con los rebeldes, así como su decisión de establecer el estado de sitio de la provincia por decreto. Reclamando los poderes del Congreso, el 3 de julio enviaron a Avellaneda una minuta interpelándolo en relación con doce puntos referidos a la situación planteada. "Cuáles son las bases del arreglo celebrado para la rendición de la plaza", inquirirían en primer lugar los senadores, para seguir luego con dos puntos que preocupaban especialmente a los roquistas: si se había pactado "el desconocimiento de la sanción de la Cámara de Diputados que declara cesantes a los diputados inasistentes" y la continuación de los poderes públicos de la provincia, en particular la Legislatura. Le preguntaban por las medidas para la "represión judicial contra el delito de rebelión" y por las razones de haber puesto en libertad a los prisioneros. Querían saber, además, si se había pactado el desarme del ejército, si las armas de la provincia serían entregadas a la Nación y si el Poder Ejecutivo nacional contaba con "suficientes para que no se produzcan nuevos actos de rebelión bajo la tregua celebrada". Finalmente, interpelaban, hasta cuándo debía mantenerse la residencia de las autoridades nacionales en Belgrano, cuándo y con qué garantías volverían a Buenos Aires y cuáles serían "las bases de coexistencia de los poderes públicos de la Nación y de la provincia [...] mientras se dicta la ley de capitalización definitiva de la Nación".[466]

Pocos días más tarde, el Presidente envió al Congreso el decreto del 22 de junio que había establecido el estado de sitio en Buenos Aires por el término de cien días, para su aprobación por las Cámaras, junto con el del 3 de julio se disponía la intervención de la provincia de Corrientes y establecía allí el estado de sitio, así como en las de Santa Fe y Entre Ríos, por los hechos de rebeldía que se estaban verificando. Pero la aprobación no fue fácil. Varios senadores, encabezados por Manuel D. Pizarro (senador por Santa Fe, de origen cordobés y filiación roquista), discutieron duramente con el ministro Pellegrini, presente en la sesión, y se negaron a tratar el tema antes de haber tenido respuesta del Presidente a los puntos de la interpelación. Dado que no se conocían oficialmente los términos de las negociaciones establecidas con la provincia rebelde, decía Pizarro, "estamos [...] inhabilitados para juzgar y resolver sobre este asunto" puesto a su consideración. "El señor Senador –respondió Pellegrini– se muestra inquieto porque no conoce los términos o condiciones del pacto. No es extraño que no los conozca, porque no ha existido semejante pacto". Más allá de las aclaraciones del ministro, el Senado votó por suspender el proyecto en discusión hasta tanto "el P.E. dé las esplicaciones solicitadas en la interpelación pendiente".[467]

Dos días más tarde, Avellaneda hacía llegar su respuesta al Senado: "Nada hay reservado", decía, pues no se habían "cambiado otros documentos" que las notas entre Moreno y Zorrilla. El acatamiento a la autoridad nacional "es absoluto y completo" y las atribuciones del presidente "han sido reconocidas en su plenitud". En uso de sus facultades constitucionales, había decidido no promover procesos civiles ni militares, así como liberar a los prisioneros para propender a la pacificación. Todos los jefes y oficiales militares que abrazaron la rebelión así como los empleados que se rehusaron a trasladarse a Belgrano ya habían sido destituidos de sus puestos. Nada se había acordado sobre el ejército ni sobre la Guardia Nacional movilizada, que seguirían en pie mientras fuera necesario. Las armas de la provincia, por su parte, serían entregadas al Parque de la Nación. En cuanto a la composición de la Cámara de Diputados, "se halla fuera del dominio del Poder Ejecutivo. Nada ha podido en consecuencia pactarse ni decirse sobre esta clase de asuntos". Y sobre los poderes públicos de la provincia: el Poder Ejecutivo había reconocido como gobernador "al Presidente del Senado [el vicegobernador], lo que importa la subsistencia de este cuerpo y aún de la Legislatura misma". El mensaje terminaba con una referencia a la guerra y a la paz. "El Poder Ejecutivo debe decir altamente que no hay tregua sino paz", respondía Avellaneda. "[L]a noble sangre de sus hijos no se ha derramado en vano, sino para que su prosperidad y su existencia misma queden garantidas contra futuras turbulencias". Confiaba, decía, "en el honor y el patriotismo del Gobernador de Buenos Aires", pues, aunque hasta el momento poco se había modificado "la situación interna de la Provincia", esperaba que ésta volviera cuanto antes "a su estado normal". Por lo tanto, la respuesta a la pregunta del Congreso sobre la residencia de las autoridades nacionales, dependía "totalmente del desarrollo de los sucesos".[468]

No conformó el mensaje a Pizarro, que volvió a la carga en la sesión siguiente cuestionando su contenido. Varios eran los puntos que seguía considerando inaceptables, pero el más irritante era el que se refería al reconocimiento de la Legislatura porteña, "la principal agente de la rebelión". Si la persistencia de Moreno como autoridad podía justificarse porque no había participado directamente en los sucesos, la subsistencia de la Legislatura era, en cambio, inadmisible. Estaba, en primer lugar, su carácter "rebelde", que se mantenía sin cambios, pues seguía provocando con sus declaraciones y alentaba la continuación de la resistencia. Era indispensable dar de baja a ese cuerpo y hacer efectivo el poder de Bustillo, el interventor designado, quien hasta el momento casi no había actuado en la ciudad, limitando el ejercicio de su poder a partes de la campaña. La discusión llevó varias sesiones, en las cuales los roquistas enfrentaron las posiciones contrarias a la prolongación de la intervención y del estado de sitio en Buenos Aires, que encabezaron los senadores Vélez (de Córdoba) y Ortiz (de Santa Fe).[469]

Más allá del carácter rebelde de la Legislatura, lo que preocupaba a Pizarro y a tantos otros era el papel que le cabría en el tema de la capitalización. A estas alturas, ese asunto se había convertido en uno de los ejes de la puja política y la idea de federalizar la ciudad de Buenos Aires parecía imponerse sobre la otra variante en algún momento sostenida por Roca mismo y todavía defendida por algunos dirigentes, la de ubicar la capital en Rosario (véase el Entreacto 8). En el Congreso, la cuestión ya estaba planteada y, si la medida se aprobaba, como era de esperar dada la correlación de fuerzas, correspondía a la Legislatura provincial decidir sobre la cesión o no del territorio destinado a tal efecto. Y todos sabían que, con la composición actual, la capitalización no tenía chances.

Con estas cuestiones en juego, el 14 de julio el Senado aprobó el decreto del Presidente que había establecido el estado de sitio y la intervención de Buenos Aires, y prorrogó el primero hasta el 30 de octubre y la segunda "hasta la reorganización de los poderes públicos de la provincia". El proyecto pasó a Diputados, donde después de un debate intenso también fue aprobado por mayoría.

Luego del eclipse impuesto por la descomposición del Congreso, el traslado parcial a Belgrano y la prioridad de las armas sobre la palabra, éste recuperó su lugar en la escena política. Allí volvían a desplegarse los debates y los conflictos que atravesaban a los nacionales, hasta ese momento relativamente acallados por las urgencias de la guerra. "Los enemigos conque vamos a tener que combatir en adelante no saldrán tanto de las filas de la plaza [Buenos Aires] como de las de los vencedores de la Chacarita", vaticinaba Roca en carta a Juárez Celman. Para ellos y sus amigos políticos, el Presidente junto con sus ministros y otros personajes del autonomismo no roquista buscaban tramar acuerdos con figuras del bando rebelde, en especial del mitrismo, para encontrar una solución que no implicara aplastar a Buenos Aires. "Del Valle –seguía Roca–, a pesar de su gordura y de su panza se mueve como una ardilla. El toma parte en los acuerdos del presidente, que no se emancipa nunca de influencias extrañas [...]; interviene en todos los nombramientos; hace de ayudante y cortesano de Pellegrini; en el senado regentea a los sarmientistas [...] No puedo calcular á donde va ni que es lo que pretenden. Me dicen que Pellegrini se mezcla también en sus intrigas".[470]

Juárez tenía información parecida y criticaba a Roca las posiciones de algunos senadores en las sesiones de esos días. "Me ha indignado –cablegrafiaba a su cuñado– mosión Velez y conducta del Valle, Ortiz, etc. etc. Creen que somos tan tontos para dejarnos arrebatar el triunfo con enjuages en las cámaras?". Como un eco, el mismo día Roca escribía: "No han podido Tejedor con todo el poder oficial de Bs. As. y los mitristas desmontarnos. ¿Qué pueden hacer estos con intrigas de palacio y unos 6 votos en el senado?".[471]

Los roquistas sabían que uno de los puntos de la negociación entre Avellaneda y Moreno era la cuestión de los diputados dejados cesantes por el Congreso de Belgrano, una cuestión que para ellos no admitía vuelta atrás. El propio ministro Zorrilla, le contaba Galíndez a Roca, había propuesto la reincorporación de algunos de aquéllos, pero "[l]a opinión de todos los diputados con excepción de dos ó tres, es que no podemos mover atrás... Es indudable que Zorrilla ha prometido á Mitre la reincorporación de los Diputados de Buenos Ayres: pero la Camara no aceptará ese compromiso infame". La desconfianza de los roquistas hacia el gobierno no hacía sino crecer. "Hace 8 dias que estoy viviendo sobre este volcan", le escribió Bernardino Acosta a Juárez desde Buenos Aires. "Hay un mundo de intrigas y lo que es peor que tratan de anarquisar el Ejercito y francamente yo temo que lo consigan... creo que la presencia de Roca es indispensable".[472]

EL PRESIDENTE

El presidente Avellaneda buscaba, por su parte, mantener la iniciativa política, sin ceder a las presiones del roquismo ni a las provocaciones de los porteñistas. Su relación personal con Moreno había facilitado el diálogo inicial, pero luego las tensiones fueron en aumento. A poco del acuerdo, en respuesta a un reclamo de su amigo, Avellaneda le escribió con sus propias quejas: "¿Qué se ha hecho allí? –le preguntaba retóricamente–. El desarme no está verificado en su totalidad. Las trincheras están en pie. Hay ejercicios diarios. No se ven en las calles sino uniformes. Todo el personal de la rebelión subsiste.... Nada se ha modificado ni se modifica". La responsabilidad era de Moreno: "Es necesario que tú abras el camino y des facilidad á mi acción. Necesito garantir á la República contra futuras turbulencias". Y finalmente: "Confío mucho en ti... pero no confío en los instrumentos de gobierno que se hallan montados y en la situación que pueden crear. Esta es también la verdad".[473] En suma, Avellaneda reprochaba al gobernador la lentitud en el cumplimiento de los puntos pactados referentes a Buenos Aires y daba a entender que ello comprometía su propio margen para dar curso a otros aspectos del acuerdo. Si bien este pase de cuentas podía ser tan sólo una excusa para explicar la propia reticencia del Presidente para actuar, lo cierto es que la desafiante actitud porteña servía a los roquistas para presionar sobre él y pedir medidas más duras.

Avellaneda no estaba solo y, aunque no tenía aparato partidario propio, su lugar institucional lo convertía en un actor clave y le servía para atraer el apoyo de figuras del autonomismo que seguían teniendo muy pocas simpatías por Roca. Estaban, por un lado, los hombres de su gabinete, con los cuales tenía relaciones complejas pero que en este momento lo secundaban. Contaba, además, con algunos antiguos republicanos y sarmientistas, como Aristóbulo del Valle, que todavía guardaban alguna esperanza de reemplazo presidencial. Porteños autonomistas que no se habían sumado a las filas del roquismo y que buscaban preservar la integridad de la provincia, también esperaban que lograra evitar la ofensiva de éste sobre Buenos Aires. La reapertura del diario *La República*, el 9 de julio, dio al Presidente un lugar autónomo en la siempre influyente prensa periódica, otra de las arenas –junto con el Parlamento– en las que se desenvolvía la acción política.[474]

Ese mismo día, aniversario de la independencia nacional, Avellaneda puso en escena el poder de su investidura en un acto público realizado en el campamento que había sido sede militar de su gobierno. Allí se celebró una misa "por la feliz terminación de la guerra", seguida de un desfile de las tropas. Desde temprano, fue llegando la gente para presenciar el evento –varios miles de ciudadanos, según las crónicas– mientras los cuerpos del ejército formaban filas en torno al campamento. Luego de la entrada de Avellaneda y sus ministros, como a las once comenzó la misa, oficiada por el cura párroco de Belgrano en una plataforma donde se ubicaban, además, otros personajes del gobierno y sus familias. En la síntesis más elocuente de las publicadas por la prensa en esos días, *The Standard* transmitía sus impresiones: "Hay una cierta solemnidad indescriptible en las misas militares celebradas al aire libre y en presencia de un gran ejército [...] El despliegue de las tropas con sus armas; la presencia de la artillería; la multitud cubierta delante de la plataforma; el brillo de las bayonetas en la lomas y en el valle; y el sacerdote en el altar con el Cielo por palio, todo ello daba a la escena una peculiar solemnidad".

Concluida la misa, el Presidente y parte de la concurrencia se dirigieron al edificio que funcionaba como cuartel del Regimiento 1 de caballería, desde cuya azotea la vista era imponente. "En la punta de las lomas estaban las carpas de los soldados; la caballería y la artillería se extendían hasta donde llegaba la vista, y el valle frente a nosotros estaba negro cubierto por los hombres en armas". Eran más de 10 000 las tropas que desfilaron ese día, encabezada cada división por su banda de música y sus banderas. Así marcharon el coronel Levalle y su primera división, la segunda a las órdenes del coronel Racedo, la tercera encabezada por el coronel Donovan (por ausencia de su jefe el coronel Olascoaga), la quinta por el coronel Nelson y la 1ª de caballería por el coronel Manuel Campos. Al pasar por delante del edificio donde estaban las autoridades, "cada jefe daba un viva al Presidente de la República, al Ministro de la Guerra y á la Nación; viva que era contestado por las tropas y por los aplausos con que los ciudadanos [...] saludaban a los cuerpos del Ejército".[475]

Después del desfile, que duró como una hora, se sirvió un *lunch* para las autoridades presentes, mientras en las carpas se "churrasquiaba" y tomaba mate. A la hora de los brindis, el Presidente alzó su copa de oporto: "Señores, por la victoria!", dijo.

Brindemos por la victoria, porque ella nos ha dado la paz; la paz que es el progreso y la civilización. Hago votos porque nunca volvamos a festejar una victoria obtenida por las armas entre argentinos. Que la paz y la concordia reinen entre los argentinos y la union sea imperecedera. Conseguido esto, el pueblo argentino se convertirá en industrioso y fabril.

Afirmaba así Avellaneda la victoria del ejército nacional y hablaba de paz (y no de una "tregua", como querían los duros de ambas partes), condición a su vez de lo que aparecía como su programa fundamental: el progreso y la civilización. Y volvía a uno de sus temas preferidos, el de la necesidad de terminar con las rebeliones, para garantizar la unión nacional o, como dijera en su discurso de mayo frente al mitin de la paz: "Nada hay dentro de la Nación, superior a la Nación misma".

Le tocó al ministro del Interior, Zorrilla –pues el de Guerra, Pellegrini, había sido convocado a una reunión del Senado–, hacer los honores al Ejército, a quien se sumó Avellaneda, que habló nuevamente para referirse a la victoria militar: "Hemos triunfado porque la autoridad debía triunfar y el honor del Ejército Argentino lo exigía". Luego de celebrar su "valor heroico", proclamó: "El pueblo argentino puede decir sin reparo que nacion alguna le aventajara en valor porque este es innato a cada argentino". Como en mensajes anteriores, volvía a reafirmar el principio de autoridad del Ejército Nacional, a la vez que reconocía el valor de todos los argentinos, preciada virtud pública cantada por todos los sectores. Y terminaba celebrando a los protagonistas de la jornada, señalando que "por vez primera en Sur-América" en un combate campal no se encontraba al frente de las fuerzas ningún general. "Puede decirse, pues, que esa batalla ha sido la batalla de los coroneles".[476]

No terminaron allí los homenajes y discursos, pues, mientras que recorría el campamento, el Presidente recibió un telegrama del ministro Pellegrini que pedía lo esperase allí, adonde llegaría una hora más tarde acompañado de unas 200 personas. Traía las novedades del Senado: se habían aprobado los ascensos a general de siete coroneles y de otros dieciséis jefes a coronel. "[C]on los ojos arrasados en lágrimas", según *La República*, el ahora general Viejobueno dirigía al Presidente unas breves palabras que incluían un manifiesto de deber y obediencia: "El soldado argentino no sabe otra cosa que defender la bandera nacional, morir defendiendo la ley y obedecer la autoridad de quien depende". Con un abrazo "emocionado" del presidente al flamante general, terminó el acto, una "fiesta á la que –según el diario oficialista– han podido concurrir todos, sin distinción de colores políticos".[477]

Fue, sobre todo, una fiesta oficial, una celebración del ejército victorioso sobre las fuerzas "rebeldes" (aunque éstas no hayan sido mencionadas en los discursos del acto) y un despliegue del poderío de la Nación y, de manera indirecta, de su presidente. No pasó inadvertido para nadie, sin embargo, el desaire del arzobispo, monseñor Aneiros, que no asistió a la misa, así como los más previsibles del vicepresidente de la República, Mariano Acosta, y de los miembros de la Corte Suprema; todos ellos seguían residiendo en Buenos Aires.

LUTO EN BUENOS AIRES

El mismo Aneiros había presidido, en cambio, la celebración en la ciudad de los funerales realizados el 6 de julio en la Catedral a iniciativa de las Damas del Socorro y "por el descanso de las almas de los valientes que sucumbieron en la Defensa de Buenos Aires". Ya varios días antes, los diarios traían el anuncio y la invitación "al pueblo" a participar del solemne acto así como notas en las que se rendía homenaje a "esos patriotas de corazón y de valor". "Enlútese la ciudad –convocaba *La Tribuna*– que vá á resonar la oracion por los mártires de una epopeya digna de 1807 y 1852". Al día siguiente, las crónicas rivalizaban en la descripción de los funerales. "Imponente era el espectáculo que [...] presentaba la plaza de la Victoria", reportaba el mismo diario. "Una inmensa concurrencia, imposibilitada de penetrar en la Metropolitana, se agolpaba en el atrio y en las veredas adyacentes." Aunque el tiempo estaba "insorportable", "ni las nubes del cielo, ni las ráfagas heladas que azotaban los rostros, alejaron del templo y las cercanías a los millares de personas que iban a rogar por el eterno descanso de los defensores de Buenos Aires".

Los oficios religiosos se iniciaron a las nueve y media de la mañana y se prolongaron hasta el mediodía. En la pluma siempre sugerente de *The Standard*, la ceremonia fue "una de las más grandes nunca vistas en esta ciudad". La Catedral estaba ornada de luto. En la nave central se había levantado "un catafalco sencillísimo, terminado por una pequeña cruz con una corona de laureles... y en el centro del mausoleo se leía esta inscripción E.P.D. LOS VALIENTES DEFENSORES DE BUENOS AIRES". En sus naves, parados, de dos en fondo, formaban las filas de voluntarios y "aquí y allá, se encontraban voluntarios heridos con sus vendajes". Estaban presentes el gobernador y sus ministros, jefes militares de la defensa, los diputados nacionales que residían en la ciudad, la Legislatura provincial en pleno, los distintos batallones y "nuestras principales y beneméritas matronas". Destacaba, además, la asistencia de un importante número de mujeres, como nunca antes se había visto en un funeral de estado, y mencionaba que la multitud presente era enorme. "La ceremonia –decía– no era sino una demostración del sentimiento del pueblo."[478]

Este acto podría interpretarse como la contracara del de la Chacarita, pues aquí no se desplegaba un ejército triunfante, ni se celebraba una victoria, sino que se homenajeaba a los muertos en el recinto sagrado de un templo. Sin embargo, fue también una demostración de la popularidad de una causa, de la permanencia de la organización armada presente en los regimientos que poblaron la iglesia, de la unidad (muy cuestionada) de la dirigencia civil y militar y de los fundamentos por los que habían luchado los porteños. "Disipado el humo de los combates –apuntaba *El Comercio del Plata*–, calmada la tempestad, la Iglesia alza sus cánticos sagrados para bendecir la tumba de los que murieron luchando por el honor y la libertad del pueblo en que nacieron." Honor y libertad eran, como ya vimos, dos palabras clave en la retórica republicana de Buenos Aires, que por esos días redoblaba, paradójicamente, su vigencia. "¡Dichoso el que cae cual mártir de una idea! –pregonaba *El Correo Español*–. La gloria le espera, nace á la vida eterna de la historia y obtiene al morir el más hermoso y brillante triunfo sobre su enemigo, llevándose la corona del mártir".[479] Los caídos por la causa eran héroes, mártires que se cubrían de gloria.

No había espíritu de derrota en esas expresiones; por el contrario, se reafirmaban valores y principios. Lo mismo ocurría en los mensajes que dirigían a sus subordinados los jefes militares que debían proceder al desarme. El gobernador había encargado esa tarea al general Mitre, que dio la orden de proceder al licenciamiento de tropas y la entrega de armas, y a la demolición de las trincheras. En los días subsiguientes comenzó a cumplirse. El coronel Morales se despidió de sus voluntarios del Mitre y el Sosa con estas palabras: "Corta pero ruda ha sido la jornada en que vuestro valor y patriotismo fueron puestos a prueba; sin embargo, también ha sido glorioso el resultado, del cual debéis estar satisfechos, sino orgullosos". Hilario Lagos usaba términos semejantes y evocaba a "los mártires" que "vivirán como un ejemplo dignísimo de virtud de este pueblo generoso cuya sangre ha cimentado las propias instituciones de nuestra república". No sin cierto tono desencantado, agregaba: "Ojalá que la paz que hemos aceptado sea fructífera" y "Despidámonos con la esperanza de que mejores tiempos justifiquen los esfuerzos hechos a favor de nuestra causa". Más entusiasmado era, en cambio, el tono de un capitán del Batallón Maipú, a quien sus huestes habían obsequiado un "magnífico reloj de oro" con motivo del licenciamiento. Luego de agradecer con emoción el regalo les decía que ese reloj "marcará las horas felices que pasé a vuestro lado, aspirando el aliento viril de los que, llenos de fé, empuñaron una arma de defensa de los derechos de las mas gloriosa Provincia de Buenos Aires!".[480]

Otros mensajes siguieron donde se reiteraban los motivos del imaginario porteñista. El desarme no resultaba fácil y no eran pocos los voluntarios reacios a cumplirlo. Un intercambio de cartas del 3 de julio entre el coronel Arias y sus subordinados da una idea del espíritu que reinaba entre las fuerzas porteñas. Oficiales de uno de los batallones bajo su mando le escribieron para informarle que habían acordado "dirigirnos a casa de U.S. a fin de recibir el último adiós del comandante en gefe de la circunscripción norte"; lo harían "á la sordina, sin que se ha sentir el compas de una marcha redoblada porque mi corazon de soldado y defensor de nuestra muy querida Buenos Aires, está de luto como tambien el de mis distinguidos oficiales y tropa". La respuesta de Arias es elocuente: le pedía a su gente que suspendieran la marcha del batallón "porque su presencia en mi casa, me pondría en la necesidad de dirijirle la palabra, y dejándome llevar de los sentimientos... tal vez se me escapara alguna frase imprudente que no quisiera pronunciar" para no obstaculizar el proceso de paz. "La venida de su batallon podría ocasionar la de otros –advertía– que han manifestado ya deseos de hacerlo". Había, en cambio, que "tener confianza en el gobierno del Dr. Moreno [...] ayudarlo en esta obra patriótica". Como se ve, había oficiales (y posiblemente tropa), así como dirigentes políticos, reacios a cumplir los requisitos del acuerdo de paz. El propio Tejedor, antes de renunciar, había nombrado a varios oficiales de la defensa como comisarios de policía y había elevado al Senado provincial los pliegos de ascensos a general de los coroneles Arias, Morales, Julio Campos, Garmendia y Lagos, y a coronel de un conjunto más numeroso de comandantes. La solicitud pasó a estudio de la Cámara, mientras, por su parte, en Diputados se acordaba a los oficiales nacionales que habían pedido la baja en el Ejército para encabezar las fuerzas porteñas, un sueldo mensual equivalente al que tenían antes de pasarse.[481]

Los ánimos de la Legislatura era beligerantes y abundaban las declaraciones y los discursos que irritaban a los nacionales. Por su parte, los diputados nacionales que acababan de ser cesanteados por sus pares de Belgrano, daban a conocer por esos días un manifiesto "Al pueblo de la república" para "exponer los graves hechos que [...] han obstado y obstan para el cumplimiento de nuestro mandato" y protestar contra los "procedimientos abusivos de los Diputados residentes en Belgrano". Allí exponían los hechos que habían llevado a la situación en que se encontraban, denunciaban como violatoria de la Constitución y de las leyes la resolución de cesantía y declaraban "a la faz de la República, que continuamos siendo sus verdaderos representantes". De los cesanteados, sólo se excusaron de firmar J. B. Alberdi y V. Quesada, que desde el comienzo de esta historia habían tenido las lealtades políticas divididas.[482]

¿PAZ O TREGUA?

Los diarios contribuían a alimentar las reticencias que muchos mostraban frente al proceso de pacificación. Tregua y no paz, habían proclamado los legisladores y repetían los periódicos porteñistas. Y todo ello era retomado por los nacionalistas para denunciar el incumplimiento del acuerdo por parte de Buenos Aires. "El Dr. Moreno no cumple con lo que convino amigablemente con el Dr. Avellaneda –reclamaba *La Pampa* del 9 de julio–. Hacen hoy diez días á que se recibió del Gobierno de la Provincia, y las trincheras [...] se están conservando [...] Las fuerzas que trajo de la campaña el Sr. Arias, no han sido licenciadas [...] ni menos desarmadas". Ese mismo día, Bartolomé Cordero, a cargo de la flota nacional, le escribía a Roca: "[...] hemos sido engañados. Ninguna de las condiciones se han cumplido... El desarme ha sido ilusorio, los rifleros y el tiro nacional han ido con fusiles viejos [...] para entregarlos al Parque. Los batallones existen con la misma organización que tenían antes". Y concluía: "Nunca han estado mas envalentonados que ahora, pues no se consideran vencidos [...] Indudablemente que no hay tal paz, es una tregua que se han tomado", para aconsejar a continuación a Roca: "Exija más energía por parte del Gobierno, ocupe la ciudad con cuatro o cinco mil hombres".[483]

282 BUENOS AIRES EN ARMAS

Una semana más tarde, Racedo le escribió desde Belgrano: "Debe ya estar posesionado y bien impuesto de cómo ha sido la rendición de los rebeldes: ella por cierto no responde en mi opinion a los triunfos obtenidos en los combates librados, es mas bien una paz armada... Las trincheras se demuelen pero muy lentamente y es voz pública entre los mitristas, que son ahora, con Moreno á la cabeza, los árbitros de la situación local, que no es sino una tregua". También en esos días Acosta informaba a Juárez Celman: "El desarme aún no ha tenido lugar... *Las trincheras* siguen sin desacerse... *Las calles* siguen plagadas de soldados... *Los animos* siempre muy esaltados y cada dia me parece que se aumentan mas... en vez de ser vencidos mas bien parecen ser vencedores". Luego lamentaba: "En fin mi amigo la vida en esta es hoy muy dificil para los que no simpatisamos con este estado de cosas". Y volvía a hablar de tregua.[484]

Sobre esa "tregua", como vimos, interpelaban los senadores nacionales a Avellaneda, que respondía enfático sobre la paz. Con ironía, *L'Operaio Italiano* observaba la disputa:

> Es paz y no tregua, se dice en Belgrano. Es tregua y no paz, se responde en Buenos Aires... ¿A quién dar fe? A los hechos... Y éstos dicen y prueban que se proclama en Belgrano la paz a los cuatro vientos pero se fuerzan las cosas hacia la guerra; [y que] repiten en Buenos Aires "tregua y no paz" sólo algunos que todavía no se han convencido de que contra los Krup y las carabinas, no valen las charlas de *clubs* ni las diatribas de los diarios.[485]

Daba en la tecla el diario italiano, pues los roquistas querían guerra, mientras en Buenos Aires cada vez eran menos los que no se resignaban a la derrota. Si bien en la ciudad se percibía un clima de resistencia mezclado con dosis variables de enojo con las autoridades y de desencanto por el desenlace de la confrontación, también comenzaban a verse los beneficios de la paz y de la normalización de la vida cotidiana. De hecho, más allá de las protestas y el malhumor entre los más militantes, el desarme se estaba cumpliendo y, aunque lentamente, el Cuerpo de Ingenieros demolía las trincheras. Se había levantado la prohibición de pasar las líneas de defensa, por lo que la población podía circular libremente por la ciudad y hacia la campaña. Se restablecían las comunicaciones: los tranvías, los trenes, el telégrafo y el correo comenzaban a funcionar normalmente. También reanudaba sus funciones la policía local. El Presidente había decretado el levantamiento del bloqueo, efectivo desde el 7 de julio. El abastecimiento de alimentos a la ciudad retomaba su ritmo habitual y los precios tendían a equilibrarse. Hasta volvían los espectáculos: se anunciaban la presencia de la compañía Lupi en el Politeama con una opereta de Offenbach y la reproducción "exactísima" por medios ópticos del Combate del Puente de Barracas, en el establecimiento de la Exposición Panorámica de la actualidad (Bolívar 69).

Los porteños también hacían de los campos de batalla un objeto de su curiosidad y ni bien se abrió la circulación, "millares [...] visitaron los Corrales" en cuyos terrenos se encontraban "fragmentos de metralla, cartuchos intactos aún, kepis y otras prendas militares". Pero no todo era frivolidad y, entre los visitantes, ante una larga fosa con una cruz donde quedaron soldados "cuyos nombres se ignora", varias personas "se arrodillaban piadosamente". Era también el momento del duelo por tantas muertes. Las familias enterraban y celebraban funerales por sus muertos; no obstante había muchos caídos sin identificación y otros habían sido mal enterrados, a poca profundidad y en cualquier lugar. Comenzó entonces la exhumación de cadáveres, algunos privadamente, otros por iniciativa de las sociedades de caridad y de la municipalidad. Todavía a fines de julio se denunciaba la existencia de cuerpos mal sepultados.[486]

El Comercio del Plata llamaba a la reflexión porque, a pesar de la normalización que llegaba a la ciudad, "el estado del país no ha entrado aún en su marcha regular". Y con cierta irritación se preguntaba:

Si los arreglos que se han hecho no son favorables para Buenos Aires ¿a qué se alimenta en el pueblo que ya no tiene otro remedio sino aceptarlos – el fuego de las pasiones, atizándolas con el motivo de la intervención que subsiste? [...] dígase tambien de una vez que hemos sido sometidos, por dura que sea la palabra, pero despeje[se] [...] la situación actual que hace nacer la desconfianza al comercio, é impide al país marchar por la senda del progreso y el bienestar.[487]

Al mismo tiempo, en la propia Buenos Aires se hacían sentir ya las presiones del gobierno nacional y el avance de los autonomistas. En la prensa, los realineamientos estaban a la orden del día. Por un lado, se reabrió *La República* y *La Pampa* volvió a su oficialismo anterior a junio; *El Nacional* cambió el redactor y reemplazó a Juan Carlos Gómez por los más militantes Cané y Del Valle, y *El Porteño* pronto haría lo mismo, alineándose con el roquismo. Por el otro, el ministro del Interior ordenó la suspensión del diario *La Tribuna* y luego, de su sucesor inmediato, *La Tribuna Argentina*, lo que llevó al redactor Mariano Varela a publicar un boletín que llamó *La Tribuna de Ultratumba*, también prohibido. El *Buenos Aires* encabezaba entonces sus columnas con un "BAJO EL MEDIO EXTRAORDINARIO DE LA FUERZA". De esta manera, la disputa por la opinión se instaló de lleno en Buenos Aires, donde los diarios porteñistas experimentaban crecientes presiones oficiales y la competencia de sus opositores. Desde Belgrano, comenzaba además una operación destinada a controlar el aparato administrativo y los resortes electorales: la destitución de empleados públicos y su reemplazo por amigos del gobierno. A partir del decreto presidencial que ordenaba dejar cesantes a quienes no se habían trasladado a Belgrano, fueron separados de sus cargos 230 empleados de la Aduana, a más de los del Correo y otras dependencias. Había, asimismo, cambios en las direcciones y pronto se abrió un frente de disputa entre Moreno y Avellaneda en torno a la designación del director general del Ferrocarril del Oeste. Finalmente, éste impuso el nombre de Antonino Cambaceres, quien —como se recordará— había sido en su momento separado del cargo por Tejedor, para nombrar a uno de sus partidarios. Ahora, se revertía la medida, contra la voluntad del nuevo gobernador.[488]

En esos días caían, además, reductos de resistencia en el interior de la provincia. El avance de las tropas nacionales sobre los distintos partidos, como ya mencionamos, se venía haciendo desde el momento mismo en que estalló el conflicto, a principios de junio. En cada lugar la respuesta de los locales era diferente y si bien hubo partidos ocupados rápidamente y casi sin oposición, en otros casos, aun después de los acuerdos de paz, hubo resistencia armada. En el sur se produjeron varios de estos episodios, entre los cuales el de Dolores tuvo gran repercusión pública. Allí, las autoridades impuestas por la intervención a la provincia habían sido depuestas por un "motín", según lo calificó quien fue enviado a reprimirlo, Hortensio Miguens, a la cabeza de una fuerza de guardias nacionales. En su parte, éste reportaba: "El amotinamiento fue encabezado por 20 hombres de la guardia de cárcel y dos oficiales de la policía rural, a cuyo grupo se agregaron algunos ciudadanos estrangeros, teniendo por cabecilla al Dr. D. Agustín P. Justo, presidente de la Cámara de Apelaciones y otros individuos". La combinación era la habitual en estos casos (véase el capítulo 8). Los rebeldes cortaron el puente del ferrocarril, se parapetaron en el centro del pueblo, ofrecieron alguna resistencia y luego se entregaron. Pero poco después llegaban refuerzos de otros grupos armados que circulaban por la zona dirigidos por los conocidos caudillos porteñistas Pedro Michemberg y Benito Machado. Según Miguens, éstos fueron rechazados por sus fuerzas y perseguidos en el interior de la campaña. Pocos días más tarde, Miguens reportaba nuevos éxitos en Azul, donde decía haber desarmado "como [a] 300 Guardias Nacionales de cien carabinas piston y doscientas lanzas". También en Olavarría, policías rurales al mando del comandante Luna fueron reducidos por fuerzas enviadas por Ataliva Roca.[489]

Estos hechos de armas indican que la resistencia tenía adeptos en diferentes lugares de la provincia, que no se resignaban a abandonar la pelea. Contar esa historia está fuera de los límites de este trabajo y queda como tarea pendiente. Lo cierto es que finalmente las fuerzas nacionales se impusieron en todo el territorio. Entonces comenzó en cada partido la tarea política de reemplazar a los funcionarios anteriores por los propios y frente a las elecciones de diputados nacionales y luego de legisladores provinciales que se avecinaban, las de distribuir empleos, organizar los clubes, editar periódicos y reclutar las huestes para los "trabajos electorales". En suma, volvía la normalidad política.[490]

EL DESENLACE[491]

Las condiciones parecían dadas para una resolución del conflicto, pues a esta altura debía ser claro para todos que para Buenos Aires no había posibilidad de reanudar el conflicto armado. Pero ¿en qué términos? Se abría allí un espacio de incertidumbre, de negociación y disputa, cuyos escenarios centrales serían las instituciones del gobierno –el Congreso, la Legislatura y la Presidencia–, los círculos políticos y la prensa. Después de esas tres o cuatro semanas de relativo *impasse* que siguieron a los combates, en que las acciones de todos y cada uno de los involucrados no parecían llevar a definiciones claras en ningún sentido, a partir de la última semana de julio se produjo una aceleración de los tiempos. Los roquistas avanzaron en todos los frentes, utilizaron todas las herramientas políticas a su alcance para derrotar a sus enemigos porteñistas y a sus adversarios dentro del autonomismo, e impusieron su poder y su proyecto.

Desde el punto de vista institucional, el roquismo era muy fuerte en el Congreso y en el ejército, los conciliados porteñistas tenían la Legislatura de la provincia, y Avellaneda contaba con el gabinete, su relación con Moreno y algunos diputados y senadores nacionales. Los senadores roquistas fungieron de vanguardia para forzar las definiciones. El tema de la capital ocuparía, de ahora en más, el lugar central en esa avanzada, pues en torno a él se desencandenaron las acciones políticas que llevaron al desenlace. Fue desde el Senado de donde se envió una minuta al Presidente para que "el P. E. gestione la cesión de la ciudad de Buenos Aires para Capital de la República", y fue allí donde, ante resistencias y reticencias tanto del gobierno de Buenos Aires como del propio Ejecutivo nacional, se lanzó una medida decisiva, la intervención de la Legislatura de Buenos Aires, decisiones luego apoyadas por Diputados. También fue el Congreso el que rechazó la renuncia del presidente Avellaneda, provocada por la ley de intervención, y el que levantó luego el veto del Presidente a esa misma ley. Finalmente, desde el Congreso surgió la ley de capitalización de Buenos Aires.

Por su parte, luego de los acuerdos de paz, el Presidente había intentado llegar a soluciones negociadas que no implicaran la total subordinación de Buenos Aires, ni la concentración del poder en manos de Roca. Usó para ello de sus potestades constitucionales, sus vínculos políticos con sectores del autonomismo no roquistas y sus relaciones personales y familiares con dirigentes de Buenos Aires. Los amigos de Roca hablaban indignados de un pacto con el mitrismo, en el cual involucraban al propio Pellegrini, quien, en nombre del Presidente, les propuso una solución consensuada con los porteños para resolver el tema de la capital. Cuando nada de ello alcanzó para frenar la ofensiva de los roquistas, Avellaneda acudió a un recurso extremo, la renuncia, que sabía los alarmaría, ya que el vicepresidente, Mariano Acosta, era opositor a Roca, no había acompañado al gobierno a Belgrano y tenía buenos amigos en Buenos Aires. Cuando su dimisión fue rechazada, y también su subsiguiente veto a la ley de intervención, Avellaneda terminó aceptando la situación, asumiendo el mandato que le imponía el Congreso y procediendo a hacer cumplir esa ley, por lo que primero comunicó la decisión al gobernador y luego dio instrucciones al interventor provincial Bustillo para que tomara las medidas que la situación requería. De ahí en más, Avellaneda se ocuparía de garantizar la transición presidencial y elevaría, el 24 de agosto, un proyecto de ley declarando capital al municipio de Buenos Aires.

En cuanto a Roca, hasta ese momento el futuro presidente se había mantenido lejos del escenario del conflicto, la mayor parte del tiempo en Córdoba. Su contacto con los hombres de su partido en Belgrano y Buenos Aires era, sin embargo, cotidiano. Las cartas iban y venían con informes e instrucciones, de manera que nada escapaba a su conocimiento y control. Finalmente, en los primeros días de agosto decidió dar el paso que había postergado hasta considerar que era el momento justo: viajar a Buenos Aires para quedarse y tomar activa participación en los sucesos políticos que vendrían.

Su presencia fue fundamental durante la crisis de la renuncia de Avellaneda, pues para prevenirse de sorpresas no deseadas movilizó a los batallones del ejército que estaban en Buenos Aires. Levalle ocupó el sur de la ciudad, Racedo la zona de Palermo y Manuel Campos quedó en la Chacarita. Según Galíndez le contaba a Juárez Celman, todos "tenían la consigna de no obedecer más órdenes que las del Gral. Roca".[492] Aunque esas fuerzas no tuvieron que actuar militarmente, su movilización mostraba hasta dónde estaban dispuestos a llegar los partidarios del futuro presidente.

Esa movilización no era tan sólo militar, pues el frente estrictamente político estaba también en plena tarea. A fines de julio comenzaron las acciones para constituir formalmente el Partido Autonomista Nacional en Buenos Aires. Reuniones de dirigentes, convocatorias en las parroquias de la ciudad y en los pueblos de la campaña, organización de clubes y, por supuesto, mítines públicos tuvieron lugar a partir de entonces. Se ponía en movimiento el partido con toda su maquinaria y se preparaba el terreno para los trabajos electorales.

Pieza indispensable de la vida política, la prensa adquiría nuevos bríos. Hemos visto ya que hubo cambios de orientación, reapertura y censura en varios periódicos importantes, de manera que para el mes de agosto el panorama era bastante diferente del que ofrecía Buenos Aires un par de meses antes: Los porteñistas quedaban con algunos de sus órganos fuertes, como *La Nación* y *La Patria Argentina,* pero con *La Tribuna* cerrada (y luego con nuevo dueño), *El Porteño* convertido al roquismo y furibundamente antimitrista, *La República* reanudado, *La Pampa* sin censuras y *El Nacional* con bríos militantes, habían perdido buena parte de su predominio en el ámbito de la opinión. Los diarios no estrictamente partidarios volvían, además, a sus ediciones menos politizadas, mientras que la prensa jocosa encontraba nuevos temas para explayarse y a mediados de julio se anunciaba la aparición del nuevo periódico "festivo" *El papelito y el papelón.*

Por fin, Buenos Aires. ¿Qué había sucedido con la altiva "resistencia"? A pesar de las demoras en producir el desarme y la demolición de las defensas, poco a poco las fuerzas habían sido licenciadas; los guardias nacionales reenviados a sus lugares de origen (con un sueldo de dos meses en los bolsillos, como recompensa y para evitar desmanes); las trincheras y las baterías demolidas por cuenta de empresarios del ramo que emplearon unos 1300 hombres en esas tareas; los voluntarios retornados a sus hogares y los jefes y oficiales recompensados con cargos superiores y sueldos acorde. Ahora se organizaban funciones a beneficio de los heridos y colectas para juntar dinero en ayuda de las víctimas y sus familiares. Comenzaban, también, las disputas internas entre mitristas y líricos en el propio partido conciliado.

A pesar de ello, la retórica de la resistencia seguía en pie, sobre todo en la prensa y en la Legislatura. Los diarios porteñistas que quedaban seguían pregonando la necesidad de salvaguardar los derechos de Buenos Aires y, aunque pocos hablaban ya de "tregua", insistían en cambio en que la provincia no había sido vencida y que la paz debía ser honrosa. El frente más altivo estaba, sin embargo, en la Legislatura. Allí los representantes mitristas y líricos seguían desplegando su retórica revolucionaria y tomando medidas que resultaban irritantes para los de Belgrano. Insistieron en mantener la llamada "ley de guerra", por la cual se habían suspendido los términos judiciales; votaron por ampliar en 25 millones de pesos el presupuesto especial que se había aprobado en mayo de 50 millones y, a consecuencia de un pedido de cuentas sobre los gastos bélicos presentado por el senador autonomista Juan José Romero, lo llamaron al orden y provocaron de hecho su retiro del recinto, seguido del de los demás legisladores de su partido. Éstos llevarían sus quejas al Congreso en Belgrano, agregando así motivos para justificar la intervención. En medio de tensiones crecientes, el diputado provincial Luis Varela propuso nombrar una comisión para analizar la ley que acababa de votar el Congreso confirmando a Belgrano como capital provisional de la República, pues consideraba que dicha ley comprometía los derechos de integridad territorial de Buenos Aires. Pero ese mismo día el Congreso nacional votaba la cesación de la Legislatura.

Frente a esa decisión, las Cámaras provinciales resolvieron preparar un manifiesto de protesta y se declararon en sesión permanente. "Solo abandonaremos la legislatura por la fuerza de las bayonetas", declaró Varela. Y así fue, pues el 23 de agosto fuerzas nacionales al mando del coronel Bosch ocuparon y disolvieron la Legislatura. Desde el gobierno nacional, el ministro Zorrilla ordenaba al interventor Bustillo restablecer la vigencia del Poder Judicial en la provincia y llamar a elecciones de nuevos legisladores.

La gobernación de Moreno llegaba, de hecho, a su fin. Sus gestiones para lograr una paz honrosa habían fracasado. Desde el inicio de su mandato, había intentado que se cumpliera lo que él entendía eran los términos del acuerdo de paz y de sus negociaciones con Avellaneda. Buscó hacer efectivo el desarme pero protegió, a su vez, a las fuerzas de la defensa, promoviendo pensiones y ascensos. Conversó con los ministros de Avellaneda y con el propio Roca para tratar de acordar una salida consensuada al tema de la capital. Insistió una y otra vez en protestar por las cesantías de los diputados nacionales, pidiendo una reversión de esa medida. Y cuando se tomó la decisión de intervenir la Legislatura, entendió que definitivamente las autoridades nacionales habían violado el acuerdo. Por fin, el 1º de septiembre abandonó su cargo, sin embargo, como ya no había Legislatura, lo hizo con un manifiesto al pueblo de Buenos Aires donde explicaba que debía dejar el puesto "con la conciencia de haber cumplido estrictamente nuestro deber". "El gobierno nacional –decía– ha sustituido el plan político de la pacificación que fue acordada […] por otro bien diferente dirigido a disolver y reconstruir bajo su acción los poderes públicos de la Provincia."

Con esta renuncia, quedaba sepultado definitivamente el acuerdo de paz. Sólo uno de sus puntos se cumplió: no hubo procesos civiles ni militares a los "rebeldes". Si en junio el triunfo de las armas nacionales en el campo de batalla no había alcanzado para sellar la unidad de los vencedores e imponer su voluntad sobre los rebeldes, la acción política que le siguió, en cambio, definió el desenlace en los términos que supieron imponer Roca y sus amigos políticos. El porteñismo quedaba derrotado, la provincia perdía en autonomía y la ciudad sería federalizada. Lo que vino después es conocido: Roca asumió la presidencia de la República, el PAN se impuso en las elecciones de la provincia de Buenos Aires y tuvo Legislatura y gobernador (Rocha) autonomistas, y la ciudad se quedó sin gobierno propio. Más allá de estos resultados inmediatos, dos medidas trascendentales coronarían la propuesta estatal centralizadora de Roca y cambiarían el panorama político argentino para siempre: la federalización del municipio de Buenos Aires, separado de la provincia y convertido en capital, y la ley que prohibía a las provincias la convocatoria de las milicias, afirmando así el monopolio estatal de la fuerza y su concentración en una única institución, el Ejército Nacional. Con su agudeza habitual, en julio, Vicente López había anticipado: "Yo prefiero no repasar las vergonzosas páginas de estos días de luto y humillación. Buenos Aires queda conquistado por un partido militar, que Dios sabe lo que producirá en algún tiempo".[493]

Epílogo

De todas las guerras que ocurrieron en este país a lo largo de muchos años, la presente es la más decisiva, pues establece de manera incontestable la autoridad y la supremacía del gobierno nacional, su fuerza superior y sus abundantes recursos frente a la revolución, aún cuando esa revolución sea llevada adelante por la provincia más poblada y más influyente de la Confederación argentina.

THE STANDARD, 7/7/1880

Hemos llegado así al final de la historia que me propuse contar, la historia de una confrontación que despertó tanto la pasión de los contemporáneos como el interés posterior de estudiosos y profanos. Visto con la perspectiva de los años, ese final, cuyas consecuencias tan bien pinta la cita del *Standard*, ha sido considerado como inevitable, el resultado del afianzamiento institucional alcanzado por el gobierno central y de las necesidades impuestas por la modernización social y el desarrollo económico. Era previsible, además, que el desafío a aquél proviniera del gobierno de la provincia más fuerte, resistente a ceder cuotas de autonomía y recursos. La derrota de éste en 1880 marcó así el momento de la definitiva consolidación del estado nacional. Si bien la mirada de largo plazo permite descubrir las condiciones y las tendencias que llevarían a ese desenlace, ella no alcanza para dar cuenta del porqué de la confrontación armada ni de los alcances y efectos que ésta tuvo sobre la historia que siguió.

¿Por qué se llegó a la guerra? Si ese interrogante se impone frente a cualquier guerra, en este caso no hay una respuesta evidente. Las dirigencias de ambos bandos parecían compartir, en líneas generales, los ideales de orden y progreso que informaban los proyectos de modernización del país. Más aún, sus miembros pertenecían a los mismos círculos sociales y políticos, y hasta a las mismas familias. Se trataba, además, de gente en su mayoría ilustrada, entre quienes se contaban las cabezas pensantes más prestigiosas del momento. ¿Qué podía llevarlos a enfrentarse por la vía de las armas?

Me resultaba particularmente elusiva la actitud de la dirigencia rebelde. Ante la disputa por las candidaturas a presidente, ¿por qué tomaron tan pronto el camino riesgoso de la "resistencia" armada? Si se trataba apenas de una estrategia de negociación, ¿por qué, cuando vieron que el gobierno central contaba con fuerzas superiores a las propias y estaba dispuesto a usarlas, no retrocedieron? ¿Por qué doblaron la apuesta, reclutando miles y miles de hombres para dar pelea? Y ¿por qué una parte importante de la población porteña los siguió en esa aventura? La revolución no fue obra de un único partido, ni tampoco de une elite solitaria. Y aunque el apoyo popular a la causa no haya sido tan extenso como lo reclamaban sus líderes, es indudable que logró adhesión en sectores de la población que no pertenecían a las dirigencias políticas ni a sus más estrechas clientelas de seguidores. Vuelvo entonces a la pregunta del comienzo: ¿cómo dar sentido a esta acción aparentemente insensata?

En cuanto al gobierno nacional, su actitud puede, quizá, parecer más entendible. Debía responder al desafío armado por la vía de las armas o ceder y perder la partida. En este caso, la partida era doble: por una parte, estaba la defensa del poder del estado y, por la otra, el futuro de un grupo político. En los dos planos, sin embargo, no todos los que buscaban doblegar al porteñismo tenían las mismas expectativas. Mientras algunos, sin descartar la reacción armada, preferían la negociación y el compromiso, otros eran intransigentes. El porqué de esa intransigencia es una pregunta pendiente, que se conecta, además, con la cuestión de las consecuencias del triunfo.

La historia que he contado no ofrece todas las respuestas a estos interrogantes, pero al menos sugiere algunas claves para responder al porqué de la violencia en este caso. Éstas son de distintos órdenes y se vinculan tanto al plano de las representaciones como al de las prácticas políticas. Hay, además, una dimensión que hace a las características propias de los acontecimientos, con su cuota de contingencia e incertidumbre, pero también de creatividad. Lo que ocurrió en 1880 fue el resultado de tendencias de largo plazo y de las tensiones y disputas de la coyuntura, así como de la dinámica del acontecimiento, de las decisiones e indecisiones de cada uno de los actores y de los efectos y derivaciones, muchas veces accidentales, de sus acciones. Lo que resultó no estaba necesariamente inscripto en el origen, en el cruce de tendencias iniciales, sino que fue el producto, también, de ese acontecimiento, por ello considerado crucial: la revolución del 80.

BUENOS AIRES

La extrañeza que despierta la disposición a la violencia y al uso de la fuerza en Buenos Aires comienza a disiparse al trazar las coordenadas simbólicas y prácticas de la vida política de esos años.

Para 1880, hacía casi treinta años que la Constitución del 53 había definido los parámetros de organización institucional de la república y veinte desde que ésta había alcanzado, después de una guerra, la unificación política. Sin embargo, esa unidad no se había traducido en una centralización de la actividad política ni de sus estructuras. Éstas seguían teniendo su sede principal en las provincias, donde se construía y reproducía el poder local a partir de tradiciones, estilos y prácticas propios de cada una de ellas. Y si bien durante esas décadas hubo variados intentos de proyección de algunos poderes provinciales sobre otros, de construcción de entramados partidarios e institucionales más amplios y de articulación a escala nacional, era en el seno de cada provincia donde las dirigencias tenían sus bases operativas y construían el capital político que les permitía luego jugar en otros ámbitos.

En ese mapa heterogéneo, la provincia de Buenos Aires tenía un lugar distintivo. A partir de Caseros, ésta había sido sede de una experiencia política original, liderada por el Partido de la Libertad y afianzada en los años de autonomía de la Confederación. Luego del triunfo sobre Urquiza, la dirigencia local convertida en nacional, con Mitre a la cabeza, doblegó las resistencias a la unidad institucional pero fracasó en sus intentos por construir un régimen político bajo su hegemonía. Tampoco pudo exportar su modelo político al resto. Sin embargo, dentro del ámbito provincial, muchas de las pautas que rigieron las formas de entender y de hacer la política perduraron después de Pavón. Y aunque éstas no fueron exclusivas de Buenos Aires, tuvieron allí vigencia amplia y sostenida.

En el año 80, la provincia desplegó todas las ideas, los valores, símbolos y prácticas que informaban su vida política. A partir de los principios republicanos que marcaron la organización institucional y de las tradiciones políticas amasadas en la primera mitad del siglo XIX, la dirigencia que tomó la posta después de Caseros fue dando forma a nuevos instrumentos de construcción, reproducción y legitimación del poder. En sintonía con aquellos principios, y como ocurrió en el resto de la república, la soberanía popular fue la clave de bóveda de la legitimidad política, y el sufragio y la opinión pública, las instituciones decisivas del modelo representativo. Este punto de partida abría, sin embargo, caminos diversos de instrumentación, tanto en términos de las normas que se adoptaran como de los mecanismos concretos para hacerlas efectivas.

En Buenos Aires, el camino que se siguió estuvo marcado por las ideologías abrazadas por aquella dirigencia, pero fue en la práctica cotidiana de las luchas por el poder donde se moldearon los rasgos principales de la cultura política porteña. En el primero de esos planos, si bien no hubo ortodoxias doctrinarias, es visible el predominio de concepciones que reconocían una filiación con las matrices republicana y liberal, articuladas en los lenguajes políticos propios de la época. La marca de la primera resultaba clara en la visión que los dirigentes tenían de sí mismos y de su lugar en la comunidad política que buscaban construir. Integraban una aristocracia patricia, destinada a representar al conjunto de la sociedad, más allá de sus diferencias internas, y a encarnar sus mejores rasgos. Entendían que ese lugar les estaba "naturalmente" reservado, más que por sus bienes materiales, por sus capacidades y su disposición a servir al bien común. Éste era el fin mismo de la política, fin último que a la vez daba forma y aseguraba la reproducción de la comunidad, del "pueblo", concebido como una unidad. En ese marco, la actividad política implicaba la entrega a la vida pública, y el ejercicio de la virtud cívica y la libertad se asociaba a la participación en la vida de la polis.

¿Cuáles eran los alcances y los límites de esa participación? En este punto, la introducción constitucional del sistema representativo, de la división de poderes y de los derechos y deberes ciudadanos ampliaron el mundo de referencias doctrinarias para incorporar ideales y normativas inspirados por la experiencia norteamericana y la europea más recientes, así como por la propia historia local. La instauración del sufragio universal masculino fue un gesto original que extendió los límites de la ciudadanía para incluir a sectores muy amplios de la población. Y la sanción de derechos civiles dio garantías al desarrollo de la prensa periódica, a la práctica de autoorganización de la sociedad civil en asociaciones y al ejercicio de la movilización colectiva.

La dirigencia porteña partió de estos principios para construir y legitimar el poder en el seno de una sociedad que tomó parte activa en la vida política. Ésta se desenvolvía en un espacio a la vez inclusivo y estratificado, fundado en la igualdad de derechos ciudadanos pero organizado en torno a mecanismos que se apoyaban en el reconocimiento y la reproducción de la desigualdad que separaba a las dirigencias del resto. Esas dirigencias tenían, también, sus jerarquías internas. Pertenecían, en general, a las clases propietarias y letradas, pero su lugar no era apenas una consecuencia de su linaje social o de su prestigio cultural, sino que se construía en la propia actividad política. Ésta era, como vimos, muy intensa y, por lo tanto, abría espacios para la incorporación de nuevas figuras en los diferentes niveles, así como para la participación subordinada de sectores relativamente amplios de la población en la base.

Hemos visto el lugar clave que tuvieron las elecciones en el 80 y cómo funcionaron los mecanismos de generación de las candidaturas y de "producción del voto", a partir tanto de la gestación de opinión como de la creación y movilización de clientelas. Estas últimas constituían un recurso decisivo a la hora de los comicios. Se reclutaban entre toda la población –sobre todo entre sus capas populares– e integraban estructuras piramidales, verdaderas huestes que intervenían en las luchas electorales. Votar era un acto colectivo que dejaba poco o ningún espacio para quienes no formaran en ellas. El resto de la población no se desentendía, sin embargo, de esas competencias pues tomaba parte en las discusiones y movilizaciones en torno a ellas, que tenían lugar en el ámbito de la opinión. Éste fue cada vez más complejo, en la medida en que la vida política porteña implicó una dosis importante de debate público, llevado adelante principalmente por la prensa periódica, pero también a través de la movilización de sectores que se reunían en asociaciones, y se manifestaban en mítines y otras formas de actividad colectiva.

Una tercera instancia de participación se vinculaba con el principio de la ciudadanía armada, materializada entonces en la institución de la Guardia Nacional, cuyo funcionamiento con frecuencia distaba mucho del ideal que le había dado origen. El derecho a armarse constituyó un pilar de la vida política porteña, y las milicias fueron formas efectivas de reclutamiento y organización de bases políticas, como bien se vio en el año 80. La institución se vinculaba estrechamente con el papel que tenía en el imaginario colectivo el derecho del pueblo a la resistencia frente al despotismo y, por lo tanto, con la figura de "la revolución". En Buenos Aires, ésta se articuló con una tradición inventada que engarzaba las revoluciones de 1810 y de 1852 en un mito fundacional para las dirigencias y para buena parte de la ciudadanía, que se consideraba como un pueblo esencial defensor eterno de la libertad y la soberanía.

Ese mito encontraba sustento en las nociones unanimistas que informaban la visión del pueblo como "uno e indivisible". El hecho de que la provincia estuviera inmersa en un proceso acelerado de cambio en todos los planos no parecía plantear problemas a quienes insistían en la unidad; por el contrario, ante sus ojos, ella aparecía como aún más necesaria para evitar la disolución del cuerpo social. Si bien esta concepción pronto encontraría sus impugnadores tanto en la teoría como en la práctica, en el 80 todavía lograba convocar a muchos porteños y teñía todos los niveles de la actividad pública. Llevaba, por una parte, a subsumir la pluralidad de la vida cívica en la figura de una opinión pública única; por otra, a privilegiar la unidad política, a desconfiar de la competencia y a negar la legitimidad del disenso. Así, ni en uno ni en el otro de esos ámbitos había lugar para la resolución pacífica del conflicto y cuando éste estallaba, lo hacía entonces por la única vía disponible, la de la violencia.

El control de la violencia formó parte de las preocupaciones de las mismas dirigencias que recurrían a ella en sus luchas por el poder y se vinculó con un creciente interés por el orden. El uso de la fuerza era un recurso habitual en las lides electorales, pero se trataba en general de un despliegue acotado que se parecía más a un juego ritual, a una puesta en escena, que a una confrontación guerrera. A la tendencia violenta de las disputas electorales, objeto de recurrentes críticas, los contemporáneos oponían la disposición pacífica y civilizada de las manifestaciones de la opinión. Pero esa "disposición" tenía sus límites, que se alcanzaban en momentos de gran tensión colectiva, como lo fue, precisamente, la coyuntura del 80. En tales ocasiones, la prensa periódica, por ejemplo, hacía gala de toda su virulencia discursiva y se convertía en un actor más de la confrontación. Entonces, todas las reticencias frente al uso de la fuerza se dejaban de lado, pues éste aparecía como un recurso enteramente legítimo. Era el turno de la ciudadanía armada, cuyo deber consistía en resistir por las armas el despotismo de turno, la "imposición". Los hombres de Buenos Aires se jugaban en ello su "honor" como seres libres y su lugar en la historia de la patria. El uso de la fuerza integraba el repertorio de la política, y la política era, a su vez, el terreno más pleno de la realización del hombre.

Este apurado recorrido por el conjunto de ideas, valores, instituciones y prácticas que informaban la vida política de Buenos Aires puede ayudar a entender la disposición de los porteños a la hora de tomar las armas. Vistos a través de esa lente, los eventos de 1880 observaron un derrotero imparable, en la medida en que los actores recurrieron a un conjunto casi estándar de prácticas conocidas y muchas veces ensayadas. En ese marco, el hecho de que desembocaran en la violencia llegó como algo "natural": recurrir al uso de la fuerza se entendía como el último estadio en un *continuum* de prácticas políticas disponibles, que se adoptaba cuando las anteriores habían fracasado pero que no se consideraba como radicalmente diferente de ellas.

Por otra parte, para la dirigencia porteña fue, además, un paso difícilmente evitable si quería mantener su liderazgo: ese paso estaba inscripto en la cultura política que ella misma había contribuido a construir y que, a la vez, alimentaba su poder y su popularidad. La situación de conflicto desatada desde arriba encontró apoyos más amplios entre los porteños y generó entre éstos expectativas revolucionarias cuya escalada ofrecería a las dirigencias pocas posibilidades políticas de retroceso. Así, el éxito de éstas en transformar el conflicto partidario en causa colectiva terminó impulsándolas a una confrontación armada que se presentaba como inevitable.

Los términos de esa confrontación, sin embargo, excedieron ampliamente los límites de la política porteña. Lo que empezó como una competencia por el poder entre dos grupos, resultó en un enfrentamiento más amplio, que puso en cuestión los parámetros de aquella política a la vez que la relación entre Buenos Aires y la nación, e involucró tanto las formas de entender y hacer la política como las características del estado.

DOS MODELOS

Durante las primeras décadas después de la unificación, las sucesiones presidenciales no fueron fáciles. La Constitución prohibía la reelección, no había un mecanismo establecido para la definición de candidaturas y tampoco había partidos nacionales. La lucha por el premio mayor ponía en juego fuerzas políticas que, con sede en las provincias, establecían entre sí alianzas y conexiones para cada ocasión. En nuestro caso, las tratativas previas cristalizaron en dos figuras que en principio no desataron demasiadas pasiones. A poco de andar, sin embargo, Tejedor y Roca pasaron a encarnar mucho más que los acuerdos de partido que los habían encumbrado. El primero se erigió en representante de la "causa de Buenos Aires" y, aunque nunca fue una figura carismática, terminó encabezando a la vez una postura intransigente y una forma de hacer política que despertaron el fervor de sectores amplios de la población de la provincia. No todos, sin embargo, se sumaron a esas fuerzas. Conspicuos miembros de la dirigencia local no apoyaron la candidatura de Tejedor ni el movimiento que se organizó en torno a ella, y se aliaron a los contrarios. Es probable, por otra parte, que no pocos porteños, tanto entre las clases acomodadas como entre las trabajadoras, permanecieran indiferentes ante la apelación al "pueblo" o no se sintieran convocados a integrarlo. Sin embargo, el clima que predominó en la provincia fue de creciente exaltación patriótica por Buenos Aires y contra la "imposición".

La trayectoria de la candidatura de Roca fue menos monolítica y reconoció facetas diferentes. Por una parte, Roca fue ungido como candidato oficial del gobierno central, ese poder que no alcanzaba a concentrar los hilos de la política nacional pero que buscaba crecientemente incidir sobre ella a través de los recursos que podía desplegar para contribuir al triunfo. Por otra parte, se erigió en representante de las fuerzas dominantes en la mayoría de las provincias del interior, a las que primero apoyó en sus luchas internas para controlar los gobiernos locales y luego movilizó en su favor para ganar en el ámbito nacional. Estos dos pilares del poder roquista no siempre funcionaron de concierto, pues el partido "autonomista nacional" no respondía a una dirección ni a una agenda única. A medida que quienes operaban en torno al gobierno central le retaceaban apoyos y buscaban alternativas, Roca se recostó cada vez más sobre sus aliados provinciales. Al final, fue contando con esos aliados como se impuso al resto del partido y con ellos operó, paradójicamente, para fortalecer el poder del estado.

De esta manera, la confrontación entre Roca y Tejedor puso en juego actores políticos diversos, cuyas posiciones no siempre respondieron a los alineamientos partidarios originales y abrieron el camino para el deslizamiento de la contienda hacia terrenos que trascendían la pugna entre candidatos. Así, la autonomía de las provincias –y en particular la de Buenos Aires– y el rol del estado se fueron convirtiendo en el eje del conflicto. En torno a él se dirimía, además, el lugar de la dirigencia porteña en el concierto nacional. Estas cuestiones se pusieron de manifiesto en las dos disputas más arduas de esos meses, las referidas a las milicias y a la definición de la capital. En ambos casos, la polarización de posiciones no respetó las líneas partidarias, sobre todo entre los nacionales. Así, en la discusión sobre las milicias, no todos los que apoyaban a Roca coincidían con su centralismo en ese punto, y en la cuestión capital, los desacuerdos fueron agudizándose a medida que avanzaba el conflicto.

Las coincidencias iniciales sobre ese controvertido tema giraban en torno a la necesidad de fortalecer el poder central a través de la institución de una capital federal que, a la vez que asegurara una jurisdicción territorial propia para el gobierno nacional, estableciera un espacio simbólico de identificación nacional. Pero cuando los tiempos de la disputa se aceleraron y se afirmó la decisión de capitalizar Buenos Aires, otras consideraciones pasaron a primer plano.

Para el roquismo, esa decisión se vinculó cada vez más con su voluntad de subordinar a la dirigencia porteña y terminar con sus hábitos políticos. Sin embargo, muchos de quienes militaban en las filas nacionales disentían con esas metas; importantes dirigentes como Leandro Alem y Aristóbulo del Valle, entre otros, formaban parte de ese mundo de la política porteña ahora puesto en la mira por Roca, eran sus creadores y sus criaturas, y por lo tanto, no podían coincidir con su desmantelamiento.

La disputa inicial por las candidaturas fue desembocando así en un conflicto en que estaban en juego el modelo de estado, el perfil de las dirigencias y los modos de hacer política, los que a su vez implicaban diferentes criterios en torno al tema del uso y el control de la fuerza. La violencia ocupaba un lugar legítimo en ambos campos, aunque por razones diferentes. Si, como vimos, los principios y hábitos políticos de los porteños y sus dirigencias los llevaron a resistir por la fuerza la "imposición" y lo que consideraban la violación de su autonomía, para quienes sostenían la necesidad de fortalecer el poder central, el uso de las armas se justificaba casi por definición. Si el monopolio de la fuerza correspondía al estado nacional, era legítimo responder a cualquier desafío a ese poder utilizando la institución diseñada para ello, es decir, el Ejército. La violencia era el medio, el instrumento para terminar con toda violencia que no se originara en el aparato del estado y amenazara el orden. Había que terminar con las revoluciones –y en ese punto Avellaneda coincidía con Roca– y con la retórica y las prácticas que las justificaban. La política debía dar paso a la sana administración, garantía del orden y de la libertad de los hombres para perseguir sus intereses particulares, lejos de los devaneos de la militancia electoral y los mandatos de la vida cívica, que tan bien encarnaban los porteños.

Estos nuevos parámetros fueron, finalmente, impuestos por el oficialismo triunfante. Roca llegó a la presidencia, las milicias de Buenos Aires fueron subordinadas al poder central, la provincia fue dividida y su capital federalizada, la dirigencia porteña perdió mucho de su poder en manos de una alianza entre viejos y nuevos grupos –que también incluían porteños–, y desde el gobierno se comenzaron a predicar y ejercitar nuevas formas de entender y de hacer política. Esta cirugía mayor no fue sólo el resultado anunciado de un conjunto de condiciones previas que desde el comienzo auguraban ese desenlace. Por el contrario, el devenir del conflicto y los propios acontecimientos fueron decisivos en la determinación de las formas que aquél fue adoptando y de su resolución. La historia que hemos contado muestra cómo se fueron encadenando las palabras y los gestos, las dudas y las decisiones, las acciones y las reacciones, y cómo se combinaron condiciones de largo plazo, circunstancias coyunturales y cuestiones contingentes hasta desembocar en la guerra. El enfrentamiento por las armas y su resultado inmediato abrieron un escenario político nuevo, pero el final del drama no estaba escrito aún. Fue en los dos meses que siguieron a los combates de junio cuando, ya lejos del campo de batalla, las dirigencias jugaron a fondo sus posiciones por las vías habituales de la acción política. Entonces los clivajes en torno a las cuestiones clave en la definición del futuro del estado y de la política se hicieron insalvables. Así es como los porteñistas, en un intento por frenar las consecuencias de su derrota armada, insistieron en desplegar la batería de símbolos, rituales y prácticas que les habían servido en el pasado para construir su poder, y encontraron cierto eco en sectores de las filas nacionales. Frente a las arrogancias de aquéllos y las debilidades de éstos, los roquistas respondieron con la intransigencia y decidieron usar el poder que habían ganado para cortar de cuajo el que todavía parecían retener los dirigentes porteños y para intentar terminar de una vez con los arrestos de autonomía y las pretensiones hegemónicas de la provincia más rica de la Argentina. Y ganaron la partida.[494]

Lista de siglas y abreviaturas

ARCHIVOS Y FONDOS DOCUMENTALES

AGN: Archivo General de la Nación
FDDR: Fondo Documental "Archivo y Colección Dardo
    Rocha"
FDJR: Fondo Documental "Archivo Roca"
FDJC: Fondo Documental Miguel Juárez Celman
FDL: Fondo Documental "Colección López"
FDRE: Fondo Documental Rufino de Elizalde
MHN: Fondo Documental Museo Histórico Nacional
CEZ: Colección Estanislao Zeballos (Biblioteca del Jockey
    Club)

PERIÓDICOS

BA: Buenos Aires
BB: Boletín (de Belgrano)
EC: El Combate
ECP: El Comercio del Plata
ECE: El Correo Español
EN: El Nacional
EM: El Mosquito
EP: El Porteño
EPA: El Pueblo Argentino
ES: El Siglo
IM: Il Maledicente
LC: La Cotorra
LCP: Le Courrier de la Plata
LL: La Libertad

LN: *La Nación*
LOI: *L'Operaio Italiano*
LP: *La Prensa*
LPA: *La Patria Argentina*
LPa: *La Pampa*
LPt: *La Patria*
LPz: *La Paz*
LR: *La República*
LT: *La Tribuna*
TS: *The Standard*

Notas

INTRODUCCIÓN

1 Véase Hilda Sabato, "El ciudadano en armas: violencia política en Buenos Aires (1852-1890)", en *Entrepasados*, 23, 2002.

2 La expresión es de Natalio R. Botana, *El orden conservador. La política argentina entre 1880 y 1916*, Buenos Aires, Sudamericana, 1977. Véanse, en particular, Tulio Halperin Donghi, *Proyecto y construcción de una nación (Argentina 1846-1880)*, Caracas, Biblioteca de Ayacucho, 1980, y Oscar Oszlak, *La formación del estado argentino*, Buenos Aires, Editorial de Belgrano, 1982.

3 Referencias y críticas a estas posturas en Rebecca Earle (ed.), *Rumours of Wars: Civil Conflict in Nineteenth-Century Latin America*, Londres, Institute of Latin American Studies, 2000.

4 Esta posición está marcada por la influencia de Hannah Arendt. Véase su *On Violence*, San Diego/Nueva York y Londres, Harcourt Brace Jovanovich Publishers, 1970.

5 John Keane, *Reflections of Violence*, Londres, Verso, 1996.

6 Arno J. Mayer, *The Furies. Violence and Terror in the French and Russian Revolutions*, Princeton, Princeton University Press, 2000, p. 73 (trad. HS).

7 Véase una síntesis crítica de estas interpretaciones en Frank Safford, "Reflections on the Internal Wars in Nineteenth-Century Latin America", en Earle, *op. cit.*

8 Véanse, entre otros, Earle, *op. cit.*; Carlos Malamud y Carlos Dardé (eds.), *Violencia y legitimidad. Política y revoluciones en España y América Latina, 1840-1910*, Santander, Universidad de Cantabria, 2004; Eduardo Posada-Carbó (ed.), *Wars, Parties and Nationalism. Essays on the Politics and Society of Nineteenth-Century Latin America*, Londres, ILAS, 1995. Véase una reflexión muy sugerente sobre la guerra en la Argentina decimonónica en Eduardo Míguez, "Guerra y orden social en los orígenes de la nación argentina, 1810-1880", en *Anuario IEHS*, 18, 2003.

9 Véase, por ejemplo, Will Fowler, "Civil Conflict in Independent Mexico, 1821-1857. An Overview", en Earle, *op. cit.*

10 Sobre la reciente historia política argentina, véanse Paula Alonso, "La reciente historia política de la Argentina del ochenta al centenario", en *Anuario IEHS*, 13, 1987; Hilda Sabato, "La política argentina en el siglo XIX. Notas sobre una historia renovada", en Guillermo Palacios (coord.), *Ensayos sobre la* nueva *historia política de América Latina, s. XIX*, México, El Colegio de México, 2007.

11 Los principales textos de época son: Eduardo Gutiérrez, *La muerte de Buenos Aires*, Buenos Aires, Hachette, 1959 [el texto fue publicado originariamente en 1882 como folletín en *LPA* y como volumen en 1894]; Carlos Tejedor, *La defensa de Buenos Aires*, Buenos Aires, 1881; Ernesto Mendizábal, *Historia de un crimen*, Buenos Aires, Pablo E. Coni, 1881; Carlos Basabilbaso, *Noticia exacta de la campaña realizada por el Ejército de la provincia a las órdenes del Coronel José I. Arias en junio de 1880*, Mercedes, Imprenta de "El Oeste", 1880. Son también interesantes los relatos y análisis posteriores de algunos contemporáneos, como Adolfo Saldías, *Buenos Aires en el Centenario*, Buenos Aires, Hyspamérica, 1988 (edición original: 1910); Felipe Yofre, *El Congreso de Belgrano. Año 1880*, Buenos Aires, Ciudad Argentina, 1999; Luis Mohr, *Mis setenta años. 1844-1914. Autobiografía*, Buenos Aires, Imp. de Pablo Gadola, 1914; Julio A. Costa, *Roca y Tejedor*, Buenos Aires, Talleres Gráficos Mario, 1927; Carlos D'Amico, *Buenos Aires, sus hombres, su política (1860-1890)*, Buenos Aires, Americana, 1952; Paul Groussac, *Los que pasaban*, Buenos Aires, Taurus, 2001; Adolfo Saldías, *La decapitación de Buenos Aires*, Buenos Aires, Imprenta y Librería de Mayo, 1880; Ignacio H. Fotheringham, *La vida de un soldado o reminiscencias de las fronteras*, Buenos Aires, Círculo Militar, 1970; Juan B. Alberdi, *La revolución del 80*, Buenos Aires, Plus Ultra, 1964; E. Ramos Mexía, *Mis memorias, 1853-1935*, Buenos Aires, Librería y Editorial La Facultad, 1936.

12 Entre las reconstrucciones del episodio sobresalen por sus bien documentadas descripciones, Bartolomé Galíndez, *Historia política argentina. La revolución del 80*, Buenos Aires, Imprenta y Casa Editora Coni, 1945, y José María Rosa, *Historia argentina*, Buenos Aires, Juan Carlos Granda, 1969, tomo 8.

13 Véanse los principales análisis sobre el 80 en Natalio R. Botana, "1880. La federalización de Buenos Aires", en Gustavo Ferrari y Ezequiel Gallo (comps.), *La Argentina del Ochenta al Centenario*, Buenos Aires, Sudamericana, 1980, y *El orden conservador, op. cit.*; Halperin Donghi, *Proyecto y construcción…, op. cit.*; Susana Rato de Sambucetti, *Avellaneda y la nación versus la provincia de Buenos Aires. Crisis económica y política, 1873-1880*, Buenos Aires, La Pléyade, 1975.

El tema también está desarrollado en Carlos Alberto Floria y César A. García Belsunce, *Historia de los argentinos*, Buenos Aires, Kapelusz, 1971, tomo 2; Carlos Heras, "Presidencia de Avellaneda", en Academia Nacional de la Historia, *Historia argentina contemporánea, 1862-1930*, Buenos Aires, 1964, vol. 1; Alberto Lettieri, *La república de las instituciones*, Buenos Aires, El Quijote, 2000; Fernando M. Madero, "Roca y las candidaturas del 80", en *Revista Histórica*, 10 y 11, 1982; Julio A. Noble, *Cien años: dos vidas*, Buenos Aires, Bases, 1980; René Orsi, *Alem y Roca*, Buenos Aires, Theoria, 1994; Milcíades Peña, *De Mitre a Roca. La consolidación de la oligarquía anglocriolla*, Buenos Aires, Fichas, 1975; David Rock, *Political Movements in Argentina, 1860-1916*, Stanford, Stanford University Press, 2002; Isidoro Ruiz Moreno, *La federalización de Buenos Aires. Debates y documentos*, Buenos Aires, Emecé, 1980; Lía Sanucci, *La renovación presidencial de 1880*, La Plata, UNLP, 1959. Las biografías de Avellaneda, Juárez Celman y Roca en general dan cuenta del episodio revolucionario. Véanse, entre otras, Mariano de Vedia, *El general Roca y su época*, Buenos Aires, Ediciones de la Patria Grande, 1962; Félix Luna, *Soy Roca*, Buenos Aires, Sudamericana, 1989; Carlos Páez de la Torre (h), *Nicolás Avellaneda. Una biografía*, Buenos Aires, Planeta, 2001; Agustín Rivero Astengo, *Juárez Celman*, Buenos Aires, Kraft, 1944. Biografías de otros personajes que actuaron en esos años también traen referencias al episodio.

14 La expresión es usada por Ezequiel Gallo en "Liberalismo, centralismo y federalismo. Alberdi y Alem en el 80", en *Investigaciones y Ensayos*, 45, enero-diciembre de 1995.

15 Una excepción es la tesis de doctorado de Ariel Yablón, *Patronage, Corruption, and Political Culture in Buenos Aires, Argentina, 1880-1916*, tesis de doctorado inédita, University of Illinois at Urbana-Champaign, 2003, donde se formulan interrogantes que se superponen parcialmente con las preocupaciones aquí expuestas.

1. 1879. LAS VÍSPERAS

16 En abril se votaría en todo el país para electores de presidente y vice, en comicios realizados en cada distrito electoral (provincia) que debían ser refrendados por el Congreso de la Nación. Correspondía a los electores elegir a las máximas autoridades de la República.

17 Véanse, entre otras, las obras citadas de Galíndez, Heras, Páez de la Torre, Rosa, Sanucci.

18 Sobre las figuras del "partido" y del "club" políticos en la Argentina de la segunda mitad del siglo XIX véanse, entre otros, Botana, *El*

orden conservador, op. cit.; Halperin Donghi, *Proyecto y construcción, op. cit.*; Pilar González Bernaldo, "Los clubes electorales durante la secesión del Estado de Buenos Aires (1851-1861): la articulación de dos lógicas de representación política en el seno de la esfera pública porteña", en H. Sabato (coord.), *Ciudadanía política y formación de las naciones. Perspectivas históricas de América Latina,* México, FCE, 1999; Elías Palti, *El tiempo de la política. El siglo XIX reconsiderado,* Buenos Aires, Siglo XXI, 2007; H. Sabato, *La política en las calles. Entre el voto y la movilización. Buenos Aires, 1862-1880,* Buenos Aires, Sudamericana, 1998/Unqui, 2004, y "Le peuple 'un et indivisible'. Pratiques politiques du libéralisme 'porteño'", en *Cahiers ALHIM,*11, París, 2006.

19 Véanse, entre otros, Halperin Donghi, *Proyecto y construcción, op. cit.*; Sabato, *La política en las calles, op. cit.*

20 Botana, *El orden conservador, op. cit.*

21 Sobre la presidencia de Avellaneda véanse, entre otros, Heras y Lettieri, *La república de las instituciones, op. cit.*; Carlos Melo, *Los partidos políticos argentinos,* Córdoba, Universidad Nacional de Córdoba, 1970; Páez de la Torre, *op. cit.*; María Cristina San Román y Guillermo Horacio Gassió, "La presidencia de Avellaneda", en Ferrari y Gallo, *op. cit.*

22 Sabato, *La política en las calles, op. cit.*

23 Las 14 provincias eran: Jujuy, Salta, Tucumán, Catamarca, La Rioja, Santiago del Estero, Córdoba, San Luis, Mendoza, San Juan, Santa Fe, Entre Ríos, Corrientes y Buenos Aires.

24 Véase, entre otros, Galíndez, *op. cit.*, y Sommariva, *op. cit.*

25 Galíndez, *op. cit.*, 101. Sobre este tema véase Sanucci y Sommariva, *op. cit.*

26 La primera opción de Avellaneda fue Aristóbulo del Valle, quien declinó el ofrecimiento. (Rosa, *op. cit.*, 28.)

27 Galíndez, *op. cit.*, 89.

28 A fines de julio, el gobernador desplazó a Antonino Cambaceres –autonomista que apoyaba a Roca– de la presidencia del directorio del Ferrocarril del Oeste con oposición de la Legislatura. En agosto, apeló ante la Corte Suprema por una ley sobre justicia de paz que quitaba al Ejecutivo la facultad de nombrar a los jueces.

29 La palabra "porteño/a" se refería a toda la provincia de Buenos Aires (no sólo a la ciudad).

30 J. Roca a M. Juárez Celman, diciembre de 1878, en Rivero Astengo, *op. cit.*, 120.

31 Saldías, *op. cit.*, 143.

32 *EP,* 27/8/1879, en Rivero Astengo, *op. cit.*, 138.

33 Galíndez, *op. cit.*, 109; Mendizábal, *op. cit.*, 12-17; véase también Sanucci, *op. cit.*, y Tejedor, *op. cit.*

34 Galíndez, *op. cit.*, 109-110; Sanucci, *op. cit.*

35 Eran dos personajes reconocidos. Gainza había sido ministro de Guerra de la presidencia de Sarmiento y en esa calidad había acordado –paradójicamente– negar a los gobernadores el poder de movilizar a la Guardia Nacional. Para 1878 era autonomista "lírico" y partidario de la candidatura de Tejedor. Mayer era un personaje pintoresco. Después de Pavón, fue a los Estados Unidos a luchar contra los del sur en la guerra de secesión y de allí a México, a las filas juaristas y republicanas, donde lo nombraron general. De regreso en Buenos Aires, fue diputado al Congreso, periodista y escritor. Adolfo Saldías, *op. cit.*, 144.

36 Sanucci, *op. cit.*, 65-66.

37 Mendizábal, *op. cit.*, 20-26.

38 *Ibid.*, 29-34.

39 Galíndez, *op. cit.*, 119-120; *BA*, 8/9/1880.

40 Sanucci, *op. cit.*, 66-67; Mendizábal, *op. cit.*, 115-116.

41 Tejedor, *op. cit.*, 20, 25 y 83.

42 Sobre el modelo inicialmente adoptado por Estados Unidos en la construcción del poder coercitivo del estado y sus diferencias con el del estado westfaliano véase Daniel H. Deudney, "The Philadelphian System: Sovereignty, Arms Control, and Balance of Power in the American States-Union, circa 1787-1861", en *International Organization*, 49, 2, 1995.

43 La discusión en la Cámara de Diputados de la Legislatura ocupó varias sesiones, del 9 al 17/9/1879. Las citas están tomadas de: Instituto de Investigaciones Históricas de la Facultad de Filosofía y Letras de la Universidad de Buenos Aires, *Asambleas constituyentes*, tomo V, Buenos Aires, Peuser, 1938. El proyecto de ley en p. 1366.

44 *Ibid.*, 1401, 1380 y 1402. Lucio V. López nació en Montevideo en 1848 (durante el exilio de su padre). Fue un reconocido hombre público: abogado, profesor universitario, periodista, escritor y figura política destacada del autonomismo. Murió en 1894 a consecuencia de un duelo.

45 Sobre el tema de la soberanía de las provincias, véase, entre otros, José Carlos Chiaramonte, *Ciudades, provincias, estados: orígenes de la Nación Argentina (1800-1846)*, Buenos Aires, Ariel, 1997; las citas de Alem en René Orsi, *Alem y Roca*, Buenos Aires, Theoría, 1994, 245-246, y *Asambleas constituyentes, op. cit.*, tomo V, 1480-1481.

46 *Ibid.*, 1422. Luis Varela tenía 35 años, era abogado, periodista del diario de sus hermanos, *La Tribuna*, y diputado provincial (desde

1874, reelecto en 1877). Activo militante autonomista, ardoroso orador y eficiente movilizador de huestes partidarias, en 1880 era porteñista acérrimo; luego se destacaría como jurista y constitucionalista.

47 *Ibid.*, 1451.

48 *Ibid.*, 1395 y 1457.

49 *Ibid.*, 1486 y 1395; Sanucci, *op. cit.*, 71-72; Mendizábal, *op. cit.*, 43-46; Galíndez, *op. cit.*, 121-123. Leandro N. Alem (1842-1896) fue abogado e importante figura del autonomismo y del Partido Republicano. Fue caudillo electoral, legislador provincial y comandante de la Guardia Nacional en Buenos Aires; tomó parte en la Guerra del Paraguay y en la represión de la revolución del 74. Encabezó la revolución de 1890 y fue el creador de la Unión Cívica Radical, por la cual ocupó bancas en la Legislatura y en el Congreso.

50 Sanucci, *op. cit.*; Mendizábal, *op. cit.*; Galíndez, *op. cit.*

51 El discurso completo en D. F. Sarmiento, *Cartas y discursos políticos*. Buenos Aires, Ediciones Culturales Argentinas, 1963, tomo III, 234-245. Véase, además, Galíndez, *op. cit.*

52 J. Roca a M. Juárez Celman, 10/10/1880, en Rivero Astengo, *op. cit.*, 142 y ss.

53 Mendizábal, *op. cit.*, 89; Rivero Astengo, *op. cit.*, 142.

54 Lilia Ana Bertoni, *Patriotas, cosmopolitas y nacionalistas. La construcción de la nacionalidad argentina a fines del siglo XIX*, Buenos Aires, Fondo de Cultura Económica, 2001, 217-218.

55 Sanucci, *op. cit.*, 89-90; *LN* 16/10/1879 (subrayado HS). El general Arredondo y los coroneles Julio Campos y Ángel Plaza Montero habían hecho carrera militar, aunque con distintas trayectorias políticas. Nacido en 1832 en Canelones (Uruguay), el primero participó del ejército de Urquiza en Caseros, luego formó en las filas de Buenos Aires y peleó en Cepeda y Pavón, intervino en las luchas contra la montonera y en la Guerra del Paraguay, y comandó fuerzas en la frontera. Si bien apoyó a Sarmiento contra los mitristas en el 68, luego se unió a éstos, fue revolucionario derrotado en el 74, puesto prisionero y dado de baja hasta su reincoporación en 1883. Campos era autonomista. Nacido en Ajó (pcia. de Buenos Aires) en 1834, luchó –como Arredondo– en las filas de Buenos Aires, en el ejército de Paunero, y en la frontera, pero participó de la represión de la revolución del 74. Fue gobernador de La Rioja, legislador y luego diputado nacional por el alsinismo. Plaza Montero nació en 1832 en Buenos Aires. Participó en Caseros y en la revolución de 1852, pero luego se alineó con la Confederación e integró sus filas. Como coronel de la

Guardia Nacional luchó contra los revolucionarios del 74, bajo el mando de Julio Campos. Luego fue incorporado al Ejército Nacional, para participar de la campaña de Alsina a la frontera. Fue diputado nacional. Huergo era civil, nacido en 1824, y doctor en leyes. Antirrosista, constituyente del 53 y con actuación en relaciones exteriores (gobiernos de Urquiza y de Mitre), era un decidido mitrista. Fue presidente del comité capital del partido y diputado al Congreso. Sobre Máximo Paz, véase el Entreacto 3.

56 Rosa, *op. cit.*, 36; Adolfo Rodríguez, *Cuatrocientos años de policía en Buenos Aires*, Buenos Aires, Editorial Policial, 1981, 133. Sobre los bomberos voluntarios en Chile, véase Cristián Gazmuri, *El "48" chileno. Igualitarios, reformistas, radicales, masones y bomberos*, Santiago, Editorial Universitaria, 1992.

57 Gutiérrez, *op. cit.*, 57; Saldías, *op. cit.*, 144.

58 Rodríguez, *op. cit.*, 138-143. José Ignacio Garmendia era militar. Nacido en Buenos Aires, hizo las campañas del Paraguay, Entre Ríos y el servicio de frontera. En el 74 fue subordinado de Julio Campos en las fuerzas que combatieron la revolución. En 1879 fue nombrado jefe de policía de la capital. Enrolado en las filas tejedoristas, pidió la baja del Ejército, al cual fue reincorporado dos años más tarde. Luego tuvo una destacadísima carrera como militar, funcionario estatal y escritor.

59 J. Guesalaga a D. Rocha, 8/10/1879, AGN, FDDR, 2714. Cartas del 10/8/1879 y del 4/11/1879 a Juárez Celman, en Rivero Astengo, *op. cit.*, 143, 145-146.

60 E. A. Recavarren a D. Rocha, 20/8/1879, y D. Ballesteros a Rocha, 10/9/1879, AGN, FDDR, 2716 y 2922.

61 Rosa, *op. cit.*, 38; Páez de la Torre, *op. cit.*, 302. Sobre los esfuerzos por crear asociaciones de tiro véanse, entre otros, C. Casares a D. Rocha, Buenos Aires, 17/11/79, y N. Aráoz a D. Rocha, 5/12/79, AGN, FDDR, 2922 y 2713, resp.

62 Mendizábal, *op. cit.*, 98-99.

63 Galíndez, *op. cit.*, 151; carta del 6/12/1879 a Juárez Celman, en Rivero Astengo, *op. cit.*, 149.

64 Orsi, *op. cit.*, 250; Saldías, *op. cit.*, 145; Galíndez, *op. cit.*, 155-156. El coronel Luis María Campos era hermano de Julio, unos años mayor. Habían tenido trayectorias semejantes, hasta 1880, en que pelearon en bandos opuestos.

65 *LR*, 17/12/1879, y *LT*, 23/12/1879, en Galíndez, *op. cit.*, 159.

66 S. Palotto a D. Rocha, 23 y 24/23/1879, AGN, FDDR, legajo 2922.

ENTREACTO 1

67 Estas notas se basan en dos artículos previos: H. Sabato, "*Cada elector es un brazo armado*. Apuntes para una historia de las milicias en la Argentina decimonónica", en Marta Bonaudo, Andrea Reguera y Blanca Zeberio (coords.), *Las escalas de la historia comparada. (Entre estructuras y micro casos)*, tomo I, Buenos Aires, Miño y Dávila, 2008, y "Milicias, ciudadanía y revolución: el ocaso de una tradición política. Argentina, 1880", en *Ayer. Revista de Historia Contemporánea*, Madrid, 2008.

68 El análisis más sistemático de este tema, en Oszlak, *op. cit.*

69 Fueron trabajos pioneros los de T. Halperin Donghi, *Revolución y guerra. Formación de una elite dirigente en la Argentina criolla*, Buenos Aires, Siglo XXI, 1972, y "Militarización revolucionaria en Buenos Aires, 1806-1815", en T. Halperin Donghi (comp.), *El ocaso del orden colonial en Hispanoamérica*, Buenos Aires, Sudamericana, 1978. Sobre milicias en América Latina véase bibliografía reciente en los artículos citados en la nota 67.

70 Los ejemplos de Estados Unidos y Francia fueron importantes. El derecho del ciudadano a portar armas en defensa de su patria fue uno de los pilares del modelo político anglosajón, incorporado a la Constitución de Estados Unidos en su segunda enmienda. En la Francia revolucionaria, la Guardia Nacional se consideró "la soberanía nacional en acto, la expresión visible y armada de la nueva fuerza opuesta al absolutismo real" y se asoció con la ciudadanía. Existe abundante bibliografía sobre estos casos. Véanse, entre otros, Deudney, *op. cit.*; Keane, *op. cit.*; Edmund Morgan, *Inventing the People. The Rise of Popular Sovereignty in England and America*, Norton, 1988; Pierre Rosanvallon, *Le sacré du citoyen*, París, Gallimard, 1992.

71 De acuerdo con el decreto de Urquiza (1854), "Todo ciudadano de la Confederación Argentina desde la edad de 17 años hasta los 60 está obligado a ser miembro de alguno de los cuerpos de Guardias Nacionales", *Registro Oficial de la República Argentina*, tomo III, 1883, 109, en Flavia Macías, *Armas y política en el norte argentino. Tucumán en tiempos de la organización nacional*, tesis doctoral, Universidad Nacional de La Plata, 2007, 115. Las milicias provinciales siguieron existiendo para garantizar el orden local, pero fueron perdiendo importancia.

72 El artículo 67, inciso 24, de la Constitución Nacional de 1853 establecía entre las facultades del Congreso Nacional: "Autorizar la reunion de la milicia de todas las provincias o parte de ellas, cuando lo exija [la] ejecucion de las leyes de la Nacion, ó sea necesario contener insurrecciones ó repeler invasiones. Disponer

la organización, armamento y disciplina de dichas milicias y la administracion y gobierno de la parte de ellas que estuviese empleada en servicio de la Nacion, dejando á las provincias el nombramiento de sus correspondientes jefes y oficiales y el cuidado de establecer en su respectiva milicia la disciplina prescripta por el Congreso".

73 Oszlak, *op. cit.*, caps. 1 y 2. Entre 1863 y 1881, el ejército regular estaba compuesto de doce batallones de infantería, doce regimientos de caballería y tres unidades de artillería. Comando en Jefe del Ejército, *Reseña histórica y orgánica del Ejército Argentino*, Buenos Aires, Círculo Militar, 1971.

74 Esta convivencia duró hasta 1901, cuando se instauró otro modelo, basado en la conscripción obligatoria para el reclutamiento de soldados, bajo el mando de oficiales y suboficiales profesionales.

75 Sabato, *La política en las calles, op. cit.*; Carlos Martínez, *Alsina y Alem. Porteñismo y milicias*, Buenos Aires, ECA, 1990.

76 Rodríguez, *op. cit.*, cap. II; Macías, *op. cit.*, 12-13.

2. ENERO Y FEBRERO. VERANO TURBULENTO

77 *LN*, 6/1/1880.

78 *LR*, 9/1/1880.

79 *LL*, 10/1/1880.

80 *LR*, 28/2/1880 y 14/2/1880.

81 *LPa*, 5/2/1880.

82 Nicolás Avellaneda, *Escritos y discursos. Discursos, cartas y artículos políticos 1874-1883*, Buenos Aires, Cía. Sud-Americana de Billetes de Banco, 1910, vol. 11, 395.

83 *LN*, 17/2/1880.

84 *LL*, 31/1/1880.

85 D. M. Recavarren a D. Rocha, 26/10/1879, y E. A. Recavarren a D. Rocha, 28/10/1879, AGN, FDDR, 1216.

86 *Ibid.*

87 E. Alday a D. Rocha, 8/12/1879, y J. García a D. Rocha, 24/8/1879, AGN, FDDR, 2713 y 2714, resp.

88 En el archivo de Dardo Rocha abundan las cartas en ese sentido.

89 *LN*, 6/1/1880.

90 *LN*, 4/1/1880.

91 Líricos (L) y mitristas (M) formaron la siguiente lista conciliada para diputados nacionales: por 4 años: Emilio Mitre (M), Martín de Gainza (L), Delfín Huergo (M), Manuel Montes de Oca (L), José M. Gutiérrez (M), Emilio Bunge (L), Mauricio González Catán (M), Hilario Lagos (L), Justino Obligado (M), Edelmiro Mayer (L), Juan

J. Lanusse (M) y Manuel Rocha (L). Por 2 años: Juan J. Montes de Oca (L) y Rufino de Elizalde (M). *LN,* 28/1/1880.

92 Ana M. Castello, "Prensa comunitaria y política local (1875-1880): ¿Hacia la formación de una opinión pública hiberno-argentina?", ponencia al 2° Simposio de Estudios Irlandeses en América del Sur, Buenos Aires, septiembre de 2007. Nacido en 1816, Félix Frías tenía una trayectoria larga, prestigiosa y respetada como periodista, pensador católico y hombre público.

93 C. Pellegrini a J. Roca, 7/1/1880, AGN, FDJR,1237; *LT,* 26/1/1880.

94 Sabato, *La política en las calles, op. cit.*

95 Por ley de 1873, las autoridades de las mesas electorales de distrito se designaban por sorteo entre 20 ciudadanos del registro elegidos por una junta especial integrada por el presidente de la Legislatura y del Tribunal de Justicia y un juez federal de sección (proceso de "insaculación").

96 P. R. Bravo a D. Rocha, s/f (por contexto, mediados de enero de 1880), AGN, FDDR, 2717.

97 J. Fernández a J. Roca, 27/1/1880, AGN, FDJR, 1237; *EPA,* 1/2/1880, y A. Díaz a J. Roca, 1/2/1880, AGN, FDJR, 1237.

98 "A los autonomistas de Buenos Aires", 31/1/1880, en AGN, FDDR, 2923.

99 *LN,* 1/2/1880.

100 Sabato, *La política en las calles, op. cit.* La cifra de votantes variaba mucho de elección en elección. En las nacionales y provinciales de la década del 70, en la ciudad osciló entre menos de 1000 y algo más de 2000, cifras superadas sólo en 1874 y 1880, en las elecciones nacionales.

101 *LL,* 1, 2 y 3/2/1880; *EPA,* 3/2/1880; *LT,* 4/2/1880; *LR,* 5/2/1880, entre otros.

102 Habían sido derrotados en Buenos Aires y en Corrientes. En La Rioja la elección estaba disputada.

103 *LL,* 7/1/1880, y *LN,* 8/1/1880.

104 *LN,* 8/1/1880.

105 Sabato, *La política en las calles, op. cit.*

106 *LR* calificaba a la primera de "mitrista *enragé*" (21/1/1880). También, *LPa,* 15/1/1880. Sobre las donaciones: *LL,* 10/1/1880.

107 *LR,* 12 y 13/1/1880, y *LL,* 23/1/1880.

108 Para el 80, el salario de un jornalero rondaba los $ 20 m/c por día.

109 *LPa,* 25/1/1880 y 31/2/1880.

110 G. Torres a J. Roca, 1/2/1880, AGN, FDJR, 1237; S. Pilotto a D. Rocha, 8/2/1880, AGN, FDDR, 2926.

111 Sanucci, *op. cit.,* 98-99, y Galíndez, *op. cit.,* 165.

112 *LPa*, 6/2/1880.
113 El texto del Manifiesto del Club de la Paz en *EP*, 5/2/1880.
114 B. Acosta a M. Juárez Celman, 8/2/1880, AGN, FDJC, 1953.
115 *EPA*, 12/2/1880. La mayor parte de la prensa daba esa imagen, salvo *LPa*, 12/2/1880.
116 *LL*, 8-11/2/1880.
117 Avellaneda, *op. cit.*, vol. 11, 393-402.
118 *LPa*, 13/2/1880. También, *EPA*, 13/2/1880.
119 En Galíndez, *op. cit.*, 165.
120 *Ibid.*; *LL*, 13/2/1880; *EPA*, 14/2/1880.
121 Solicitaron la baja los coroneles J. I. Arias, J. Campos e H. Lagos; los tenientes coroneles J. Montaña, Bernabé y Julián Martínez, y E. Acevedo, y los sargentos mayores D. Rebucion y M. Dantas. Más tarde se sumó el coronel J. I. Garmendia, entre otros. *LL*, 14/2/1880; *LN*, 14/2/1880; *LR*, 14/2/1880.
122 Galíndez, *op. cit.*, 167; Mendizábal, *op. cit.*, 120-127; *EPA*, 14/2/1880.
123 Mendizábal, *op. cit.*, 131-136; *LN*, 15/2/1880. Entre los dirigentes: E. Madero, F. Frías, R. Varela, L. V. López y A. del Valle.
124 D. Mitre a B. Mitre, 14/2/1880, Archivo Mitre, Archivo privado, 8-8-11326.
125 B. Acosta a M. Juárez Celman, 14/2/1880, AGN, FDJC, 1953; O. Ojeda a J. Roca, 14/2/1880, AGN, FDJR, 1237.
126 *LPa*, 14/2/1880; *EP*, 14/2/1880.
127 *LPa*, 14/2/1880; Acosta a Juárez Celman, 14/2/1880.
128 Mendizábal, *op. cit.*, 139.
129 *Ibid.*, 140.
130 *LL*, 16/2/1880; *LN*, 17/1/1880.
131 *Ibid.*, y Saldías, *op. cit.*, 146-147.
132 Gutiérrez, *op. cit.*, 64-65.
133 *LPa*, 17/2/1880; *LR*, 16-18/2/1880, y *EPA*, 16/2/1880; J. Cortés Funes a J. Roca, 19/2/1880, AGN, FDJR, 1237.
134 Cortes Funes a Roca, 19/2/1880; *LR*, 17/2/1880; *EPA*, 16/2/1880.
135 Cortés Funes a Roca, 19/2/1880.
136 *Ibid.*; Mendizábal, *op. cit.*, 142-143.
137 Mendizábal, *op. cit.*, 144-146; Sanucci, *op. cit.*, 102-103; *LR*, *LL*, *LN* y *EPA*, 16 y 17/2/1880.
138 Mendizábal, *op. cit.*, 145.
139 Cortés Funes a Roca, 19/2/1880.
140 *LL*, 16/2/1880, y *LN*, 17/2/1880.
141 Integraban el grupo A. del Valle, D. Rocha, P. Goyena, J. M. Moreno, G. Rawson, R. Varela, F. Frías, M. Ocampo, C. Casares, E. Madero y D. F. Sarmiento. Como auditor: Cosme Beccar.

142 Sobre los sucesos de ese día hay información abundante en los diarios. Una síntesis detallada en Mendizábal, *op. cit.*, cap. XIII. Véase también "Sucesos de febrero de 1880. Índice de tan graves acontecimientos llevado por E. Zeballos", en CEZ, *Manuscritos y recortes, Revolución de 1880, op. cit.*, tomo 1.

143 *EPA*, 18/2/1880, y *LPa*, 18/2/1880.

144 *LL* y *LN*, 17/2/1880; *LT*, 17/2/1880; *LPa* y *EPA*, 17/2/1880.

145 *EPA*, 18/2/1880. Mendizábal ubica esta reunión el día anterior (16/2).

146 Sobre la reunión, véanse Mendizábal, *op. cit.*, cap. XIII; Galíndez, *op. cit.*, 180 y ss., y *EPA*, 18/2/1880.

147 *LN*, 19/2/1880.

148 Véase la edición de esos periódicos de los días 18 y 19/2/1880. También, *LPa*, 17/2/1880.

149 *LPa*, 18/2/1880. Entre la correspondencia recibida por Roca y Juárez Celman, se encuentran muchas de estas manifestaciones en relación con Avellaneda. Véanse, por ejemplo, J. Cortes Funes a J. Roca, 21/2/1880, AGN, FDJR, 1237, y B. Acosta a M. Juárez Celman, 19/2/1880, AGN, FDJC, 1953.

150 D. Rocha a J. Roca, 20/2/1880, AGN, FDJR, 1237.

151 Parte oficial enviado por el comisario Pedro A. Duval al ministro de Gobierno de Buenos Aires, S. Alcorta, en *LN*, 19/2/1880; M. Icaza a J. Roca, 21/2/1880, AGN, FDJR, 1237.

152 B. Acosta a M. Celman, 19/2/1880; B. Acosta a M. Celman, 19/2/1880; *LR*, 20/2/1880.

153 Véanse, entre otros, *LL*, 20 y 21/2/1880, y *LN*, 22/2/1880. Este último diario enumera entre los regalos recibidos por el batallón Guardia Provincial: 2 cajones de vino burdeos, 1 cuarterola de vino carlón, 1 bolsa de azúcar, 1 cajón de ciruelas, 2 cestos de yerba, 200 atados de cigarrillos, 2 cajones de vermouth y 1 bolsa de arroz.

154 *LR*, 21/2/1880; *LL*, 21/2/1880.

155 *LR*, 21/2/1880. *LL* incluye el siguiente listado de cuerpos con sus respectivos jefes: Maipú (Ramón Gómez); Patricios de Buenos Aires (Alberto Segui), Ituzaingó (Ramón Rivas), Tejedor (Máximo Paz), Tiradores del Sur (Pablo Bonifacio), Defensores de Buenos Aires (Martín Boneo y Alberto Huergo), Resistencia (Ramón Ballesteros), General Lavalle 1° (Benjamín Sastre), General Lavalle 2° (Sebastián Casares), Adolfo Alsina (José M. Reybaud), San Telmo (Albano Honores), Rifleros (Joaquín Montaña), San Miguel (Epitacio del Campo), Mateo Martínez (Manuel Rocha), 11 de septiembre (José Canaveri), Franco Tiradores (Ramón Vázquez), Rifleros

de Belgrano (Pedro Mora) y General Paz (Domingo Rebución).
Bomberos: Moreno (Gordillo y Bernard), Tres de Oro (Martín
Álzaga), General Belgrano (Mariano Vila), Bersaglieri (Lanzi),
Rivadavia (Roselló), general Conesa (M. Beascochea), Coronel
Brandsen (Ricardo Badley) y General Garibaldi (Mariano Rodrí-
guez). Véase el texto de las palabras dirigidas por el gobernador a
cada grupo en Mendizábal, *op. cit.*, 165 y ss.

156 *EPA*, 21/2/1880.

157 *EPA*, 23/2/1880; *LL*, 23/2/1880.

158 *LR*, 23 y 24/2/1880.

159 *LL*, 23/2/1880; *LR*, 23 y 24/2/1880; *EPA*, 24/2/1880. Véase,
también, el episodio de refriega entre policías de la ciudad y marineros de la capitanía general de la Boca en *LR* y *LN*, 25/2/1880.

ENTREACTO 2

160 Para estos años, el periódico satírico más conocido es *El Mosquito*,
pero sobre *La Cotorra* sabemos poco y nada. Se publicó entre
octubre de 1879 y agosto del año siguiente, con el subtítulo de
"Semanario joco-sério, con caricaturas coloreadas, primero y único
en la América del Sud". Traía caricaturas en color (lo que lo hacía
pionero en ese rubro) y artículos y poemas satíricos, así como
abundantes avisos publicitarios. Tuvo un primer editor hasta diciembre del 79, cuando firmaba los dibujos un tal "Strogo"; luego
cambió la dirección y el dibujante –un muy talentoso "Faría"– para
volver en junio del 80 al primer director, hasta su cierre.

161 Para este tema es fundamental el artículo de Laura Malosetti Costa,
"Los 'gallegos', el arte y el poder de la risa. El papel de los inmigrantes españoles en la historia de la caricatura política en Buenos
Aires (1880-1910)", en S. Aznar y D. Wechsler (coords.), *La memoria
compartida. España y Argentina en la construcción de un imaginario
cultural (1898-1950)*, Buenos Aires, Paidós, 2005.

162 Sobre la caricatura política y la prensa satírica existe una amplia
bibliografía. Para su historia en la Argentina del siglo XIX, véanse
Malosetti Costa, "Los 'gallegos'...", *op. cit.*; Oscar L. Vázquez, *Historia
del humor gráfico y escrito en la Argentina (1801-1939)*, Buenos Aires,
Eudeba, 1986; Andrea Matellana, *Humor y política. Un estudio compara-
tivo de tres publicaciones de humor político*, Buenos Aires, Eudeba, 1999, y
Amadeo Dell'Acqua (comp.), *La caricatura política argentina*, Buenos
Aires, Eudeba, 1960. Sobre *EM* véase, también, Ema Cibotti, "*El
Mosquito* de Enrique Stein, un ejemplo de periodismo faccioso en la
década de los 80", trabajo presentado en las IV Jornadas Interescuelas
de Historia, Mar del Plata, 1993.

3. MARZO, ABRIL. OTOÑO ELECTORAL

163 Sobre la revolución en Córdoba, véanse Efraim Bischoff, *Historia de la provincia de Córdoba*, Buenos Aires, Plus Ultra, 1985, y Liliana Chaves, *Tradiciones y rupturas de la élite política cordobesa (1870-1880)*, Córdoba, Ferreyra editor, 1997.

164 B. Acosta a M. Juárez Celman, 27/2/1880, AGN, FDJC, 1953, y M. Icaza a J. Roca, 28/2/1880, AGN, FDJR, 1237.

165 J. Roca a D. Rocha, 28/2/1880, AGN, FDJR, 2721.

166 *LN*, 9/3/1880, y Acosta a Juárez Celman, 27/2/1880.

167 *LN*, 4/3/1880.

168 Véanse *LN* y *LL*, 6/3/1880.

169 *LN*, 6 y 7/3/1880; *LL*, 6/3/1880.

170 *EPA* y *LR*, 7/3/1880.

171 *LT*, 6/3/1880, y *EPA*, 7/3/1880.

172 *LN*, 9/3/1880.

173 *Ibid.*

174 *LR*, 10/3/1880.

175 Véase *LN*, 16/3/1880.

176 *LN*, 31/3/1880.

177 *LL*, 6/4/1880, y *LN*, 7/4/1880.

178 Entre las excepciones: Juan Murphy y Santiago Correa de Marcos Paz. J. Murphy y S. Correa a M. de Gainza, 18/2/1880, AGN, MHN, 1879-1880, 54.

179 *LN*, 4/3/1880.

180 En legajos del AGN encontramos 51 remitos en una serie numerada hasta el registro número 70, de marzo de 1880. Estos registros son incompletos: faltan los comprendidos entre el 42 y el 60, inclusive; además, la colecta continuó después de marzo, AGN, MHN, 1879-1880, 54.

181 En febrero, por ejemplo, mientras Luján registraba 850 donantes y Arrecifes y Tuyú, en torno a los 500, Coronel Brandsen o Tapalqué no llegaban a 100, AGN, MHN, 54.

182 *EP*, 8/3/1880; *EPA*, 8/3/1880, y *LN*, 9/3/1880.

183 M. Icaza a J. Roca, 9/3/1880, AGN, FDJR, 1237.

184 B. de Irigoyen a J. Roca, 12/3/1880, AGN, FDJR, 1237.

185 D. Rocha a J. Roca, 6/3/1880, AGN, FDJR, 1237; J. Roca a D. Rocha, 13/3/1880, AGN, FDDR, 2721.

186 Valle era uno de los promotores más importantes de su candidatura. Acompañaban su lista de electores otras figuras destacadas, como E. Madero, P. S. Obligado, V. L. Casares y M. Ocampo, entre otras.

187 Sanucci, *op. cit.*, 115 y ss.; D. F. Sarmiento a J. Roca, 12/3/1880, AGN, FDJR, 1237; J. Roca a D. Rocha, 25/3/1880, AGN, FDDR, 2721.

188 J. Roca a D. Rocha, 25/3/1880.

189 *BA*, 6/3/1880; Mendizábal, *op. cit.*, cap. XVIII.

190 Mendizábal, *op. cit.*, 211 y ss.

191 *Ibid.*

192 Título de *LN*, 28/3/1880.

193 Las convocatorias en *LL* y *LN*, 7, 8 y 9/3/1880; las denuncias en *LT*, 10/3/1880; la cita de *LL*, 11/3/1880. Otros comentarios irónicos en *LR*, 12/3/1880. Los documentos partidarios en *BA*, 14/3/1880, y *LN*, 25/3/1880.

194 B. Calderón a D. Rocha, 11/3/1880, y Miguens a D. Rocha, 17/3/1880, AGN, FDDR, 2926.

195 M. Quiroga a D. Rocha, 22/3/1880, AGN, FDDR, 2721; S. Piloto a D. Rocha, 21/3/1880, AGN, FDDR, 2926.

196 G. Torres a J. Roca, 24/3/1880, AGN, FDJR, 1237; Florentino a D. Rocha, 15/3/1880, AGN, FDDR, 2719. Sobre la situación en la Boca, véase, entre otros, *EP*, 26/3/1880.

197 *LN*, 28/3/1880; *EPA*, 29/3/1880.

198 Cifras del escrutinio de la Legislatura (abril); incluyen, para la ciudad, los votos de San Juan Evangelista, impugnados por los conciliados. Cámara de Senadores, *Diario de sesiones*, sesión del 20/4/1880. Sobre la campaña, *EN*, 23/4/1880.

199 C. Echegaray a D. Rocha, 31/3/1880, AGN, FDDR, 2926.

200 *EPA*, 29/3/1880; *LN*, 30/3/1880; *EP*, 3/4/1880 (texto firmado por "Varios vecinos").

201 Esta disputa tuvo otros episodios, como la separación ordenada por Tejedor del vicepresidente de la Municipalidad, Juan Darquier, por haber recibido el registro de la "elección" realizada en la plaza. Véanse los diarios del 31/3 y 1, 2 y 3/4/1880.

202 M. Martínez a D. Rocha, 31/3/1880, AGN, FDDR, 2926; carta de "vecinos y miembros del Partido Autonomista" de Ayacucho al Comité Central del Partido, en *LR*, 7/4/1880; carta de J. Diez Arenas al ministro de Gobierno de la Provincia, S. Alcorta, 29/3/1880, en *LR*, 3/4/1880.

203 *EPA*, 29/3/1880, y *LC*, 4/4/1880.

204 Sabato, *La política en las calles, op. cit.*

205 La cita es de *LN*, 31/3/1880; véanse, también, *LR* y *EN* de esos días y *LC*, 4/4/1880.

206 Sobre esa ceremonia y el discurso de Sarmiento, véanse, entre otros, *LP*, *EPA*, *LR* y *EN*, 8 y 10/4/1880. También, Galíndez, *op. cit.*, 209.

207 *EP*, 10/4/1880.

208 *LT*, 6/4/1880, y *EPA*, 11/4/1880. Un allanamiento de la sede del

Comité Autonomista por la policía dio lugar a una catarata de denuncias. Véanse los diarios del 4/4/1880.

209 Comunicado del Club Parroquial de San Miguel a sus simpatizantes; véanse, también, las "Instrucciones de la Comisión Directiva Nacionalista", en *LN*, 9/4/1880.

210 Datos en *LR* y *BA*, 12-13/4/1880. De las elecciones realizadas hasta entonces en la ciudad, sólo la electores de presidente de 1874 superó las cifras del 80.

211 *EC*, citado en Sanucci, *op. cit.*, 136-137; *LL*, 11 y 12/4/1880; *LPz*, 14 y 16/4/1880; *EP*, 12/4/1880, y *EPA*, 14/4/1880.

212 "El Comité del Club de la Paz a sus amigos políticos", en *LPz*, 20/4/1880.

213 *EPA*, 18/4/1880; *LL*, 17/4/1880; *LN*, 20 y 27/4/1880; Gutiérrez, *op. cit.*, 187 y ss.; L. del Carril a J. Roca, 17/4/1880, AGN, FDJR, 1349.

214 *EPA*, 20/4/1880.

215 *LN*, 23/4/1880; *LP*, 21 y 23/4/1880, y *EPA*, 22/4/1880.

216 Síntesis basada en la información de *LN, LL, LPa, EPA, LR, LPz, LT* y *EP* de abril de 1880. Véase Sanucci, *op. cit.*, y Galíndez, *op. cit.*

217 E. Moreno a M. Juárez Celman, 26/4/1880, AGN, FDJC, 1954; G. Torres a J. Roca, 27/4/1880, AGN, FDJR, 1238.

218 M. Icaza a J. Roca, 23/4/1880; B. Acosta a J. Roca, 23/4/1880, AGN, FDJR, 1238.

219 *EP*, 23/4/1880.

220 *LPa*, 22/4/1880; *LR*, 23/4/1880.

221 *LN*, 27 y 25/4/1880.

222 C. Bouquet a J. Roca, 29/4/1880, AGN, FDJR, 1238; sobre las movilizaciones *LL, LR, LN, LPa* y *EPA* de la segunda mitad de abril.

223 R. Udaeta a D. Rocha, 11/4/1880, AGN, FDDR, 2924.

224 Galíndez, *op. cit.*, 216.

225 J. Roca a D. Rocha, 28/4/1880, AGN, FDDR, 2721.

ENTREACTO 3

226 *LC*, 23/11/1879.

227 Tejedor, *op. cit.*, 70.

228 El resto de las fuerzas consistía en unos 2000 hombres de la Guardia Nacional y otros tantos de la Policía, Guardia Provincial y demás cuerpos profesionales, en Ejército de Buenos Aires, "Estado General que manifiesta las fuerzas del espresado, con especificacion del Armamento, municiones, vestuario, monturas, equipos, correages etc que tiene en la fecha", Buenos Aires, 12/6/1880 (firmado por el coronel Julio Campos y el Ayudante M. Reyes), AGN, MHN, 55/9238.

229 Sabato, *La política en las calles*, *op. cit.*

230 Sobre la creación del batallón Rifleros, véase la prensa de enero de 1880. La cita en *LN*, 7/3/1880.

231 La actuación de estos batallones aparece destacada en todas las crónicas de los encuentros de Barracas. Las citas, en Gutiérrez, *op. cit.*, 354-355. Sobre el comandante Morales, véase Eduardo Gutiérrez, *Croquis y siluetas militares* (selección), Buenos Aires, Eudeba, 1960.

232 Costa, *op. cit.*, 137 y ss.; Carlos D'Amico, *Buenos Aires, sus hombres, su política (1860-1890)*, Buenos Aires, Americana, 1967, cap. IX.

233 Gazmuri, *op. cit.*; Rodríguez, *op. cit.*; *BA* 12-13/1/1880, sobre las primeras compañías.

4. MAYO. OTOÑO DE NEGOCIACIONES

234 De los 50 diputados sólo 15 eran opositores a Tejedor. En el Senado eran 12 conciliados y 11 opositores. Con uno de los primeros preso en Córdoba, los números fueron parejos hasta la aprobación de la elección del conciliado Terry. *LN*, 1/5/1880.

235 Tejedor, *op. cit.*, 102-103; Sanucci, *op. cit.*, 130; Mendizábal, *op. cit.*, 102-103; Galíndez, *op. cit.*, 218.

236 Los bonos devengarían un interés anual del 8% y tendrían una amortización mínima del 10% por año, con un servicio trimestral. Se comisionaba al Banco de la Provincia para hacer el servicio de intereses y amortizaciones. *Registro Oficial de la Provincia de Buenos Aires*, año 1880, Buenos Aires, Imprenta de la Penitenciaría, 1880.

237 Yofre, *op. cit.*, 56; *LN*, 27/4/1880.

238 Galíndez, *op. cit.*, 221; Yofre, *op. cit.*, 60 y ss.; L.V. Mansilla a J. Roca 27/4/1880, AGN, FDJR, 1238.

239 Galíndez, *op. cit.*, 222 y ss. J. Roca a D. Rocha, 6/5/1880, AGN, FDDR, 2721.

240 *ECE*, 4 y 5/5/1880.

241 A. Díaz a J. Roca, 5/5/1880, AGN, FDJR, 1238.

242 Yofre, *op. cit.*, 66-67; Galíndez, *op. cit.*, 224-225; E. Moreno a J. Roca, 8/5/1880, AGN, FDJR, 1238, y B. Acosta a M. Juárez Celman, 8/5/1880, AGN, FDJC, 1953.

243 J. Roca a M. Juárez Celman, citado en Rivero Astengo, 178-179.

244 *ECP*, 8/5/1880.

245 *LPa*, 9/5/1880; J. C. Paz a J. Roca, 26/5/1880, y E. Moreno a J. Roca, 8/5/1880, AGN, FDJR, 1238.

246 *LR*, 9/5/1880.

247 *LPa* y *LN*, 11/5/1880.

248 Esta síntesis se apoya en Galíndez, *op. cit.*, 243 y ss.; Yofre, *op. cit.*, 71

y ss.; *LaN, ECP, LR, LPa, LPA* y *EP* de los días 10, 11 y 12/5/1880.
Véanse, también, los *Anales de la Sociedad Rural Argentina*, vol. XIV,
Buenos Aires, 1980.

249 *LPa* y *LPA*, 11/5/1880.

250 En la apretada síntesis de Galíndez: "Lo concluyente es esto:
Tejedor [T] hizo valer el poder de Buenos Aires; Roca [R], la
legalidad de su condición de candidato triunfante; T trató de
obtener la renuncia de R; éste no opuso inconveniente siempre
que T apoyase a Sarmiento, invitación que aquél no halló oportuna. T mencionó el nombre de un candidato de transacción:
Gorostiaga. R no lo aceptó. Ante los peligros de la guerra civil, R
declinó su responsabilidad. Ofreció finalmente la solución que
podía dar el Congreso. Su candidatura no le pertenecía y sólo
podían disponer de ella sus amigos políticos. [...] La entrevista
terminó con palabras caballerescas y firmes", Galíndez, *op. cit.*,
236. Versiones diferentes en *LT* y *EC*, 11/5/1880. Véase, también,
Tejedor, *op. cit.*, 103-105.

251 En Galíndez, *op. cit.*, 235.

252 *LN* y *LPA*, 11/5/1880; *BA*, 10-11/5/1880.

253 Galíndez, *op. cit.*, 237-238.

254 O. Ojeda a J. Roca, 11/5/1880, AGN, FDJC, 1954. Véase, también,
LPa, 12/5/1880.

255 Galíndez, *op. cit.*, 226 y ss.; Sanucci, *op. cit.*, 136 y ss.; O. Ojeda a J.
Roca, 12/5/1880, AGN, FDJC, 1954; D. Rocha a J. Roca,
12/5/1880, AGN, FDJR, 1238; J. M. Estrada a D. Rocha, 11/5/1880,
AGN, FDDR, 2719.

256 F. Yofre a M. Juárez Celman, 7/5/1880, AGN, FDJC, 1955.

257 Véanse, entre otros, *LN, LL, BA, EP* y *LPA* de mayo de 1880.

258 *LPA*, 14 y 17/5/1880.

259 *LPz*, 4, 5 y 6/5/1880. Otros diarios también relatan el episodio.

260 A. Donovan a J. Roca, 6/5/1880, AGN, FDJR, 1238; *LN*,
15/5/1880.

261 *LN, EP* y *BA*, 16/5/1880.

262 En Galíndez, *op. cit.*, 232 y 230; Ojeda a Roca, 12/5/1880; M. Marcó
a J. Roca, 17/5/1880, AGN, FDJR, 1238.

263 A. Rojas a J. Roca, 17/5/1880; B. Posse a J. Roca, 18/5/1880, AGN,
FDJR, 1238; D. Rocha a J. Roca, 18/5/1880, en Galíndez, *op. cit.*,
249-250.

264 Rojas a Roca, 17/5/1880; E. Moreno a M. Juárez Celman,
18/5/1880, AGN, FDJC, 1954; Rocha a Roca, 18/5/1880.

265 Galíndez, *op. cit.*, 248; M. Marcó a Roca, 17/5/1880.

266 Galíndez, *op. cit.*, 247; B. Posse a Roca, 18/5/1880.

267 A. Díaz a J. Roca, 17/5/1880, AGN, FDJR, 1238.
268 Rocha a Roca, 18/5/1880, y J. Roca a D. Rocha, 20/5/1880, AGN, FDDR, 2721.
269 Mendizábal, *op. cit.*, 310 y ss.; Galíndez, *op. cit.*, 253 y ss.; J. C. Paz a Roca, 26/5/1880; *BA*, 20, 23 y 24/5/1880.
270 Mendizábal, *op. cit.*; Galindez, *op. cit.*; Sanucci, *op. cit.*, 149-151.
271 J. Roca a M. Juárez Celman, 2/6/1880, en Rivero Astengo, *op. cit.*, 194-195. J. Roca a D. Rocha, 1/6/1880, AGN, FDDR, 2721.
272 *BA* y *LPA*, 1/5/1880.
273 *ECE*, 1/5/1880, y *EP*, 2-3/5/1880; véase la correspondencia de B. Posse con Roca sobre este tema, en FDJR.
274 Estos actos están descriptos en detalle en la prensa. La cita es de *LN*, 22/5/1880. Véase Silvia Sigal, *La Plaza de Mayo. Una crónica*, Buenos Aires, Siglo XXI, 2006.
275 *BA*, 21-22/5/1880, y *LN*, 22/5/1880.
276 Tejedor, *op. cit.*, 106-107.
277 *BA*, 28-29-30/5/1880, y *LPa*, 27 y 30/5/1880.
278 V. López a L. López, 19/5/1880, AGN, FDL, 2367.

ENTREACTO 4
279 Tejedor, *op. cit.*, 40.
280 *BA*, 1 y 7-8/5/1880, y *LPA*, 11/5 y 5/6/1880.
281 *LOI*, 9/6, y *IM*, 12/6/1880.
282 Los dos comentarios referían a un artículo de *El Nacional*, cuyos nuevos redactores –M. Cané y A. del Valle– hablaban de la existencia de una "nacionalidad argentina". E. Racedo a J. Roca, 17/7/1880, AGN, FDJR, 1239, y V. López a L. López, 18/7/1880, AGN, FDL, 2367.
283 *LN*, 27/4/1880.

5. DOS SEMANAS DE JUNIO. OTOÑO INTRANSIGENTE
284 *Memoria del Departamento de Hacienda correspondiente al año 1880*, presentada al Honorable Congreso Nacional en 1881. Buenos Aires, Imprenta "La República", 1881, 372-372. El ejército de línea usaba fusiles y carabinas Remington de diferentes modelos: M1866/75 (carabina hecha en Bélgica); M1874 (fusil de infantería hecho en Estados Unidos) y M1879 (modelo "argentino" hecho en Estados Unidos). Las tropas de Buenos Aires usaron remingtons y, además, fusiles Mauser (que sólo serían adoptados por el ejército de línea a partir de 1891). En http://www.militaryrifles.com/argentina
285 *LN*, 3/6/1880.
286 Este episodio está contado en todos los diarios.

287 Gutiérrez, *op. cit.*, 221; *LPA*, 3/6/1880; el mensaje de Tejedor en *BA*, 3/6/1880.

288 *LN*, 3/6/1880; Galíndez, *op. cit.*, 268-269; Jacinto Yaben, *Vida militar y política del Coronel D. Julio Campos*, Buenos Aires, Círculo Militar y Biblioteca del Oficial, 1949, 234-235.

289 *LT, LPa, EN, BA* y *LPz*, 3/6/1880. M. Paz a J. Roca, 2/6/1880, AGN, FDJR, 1239; B. Acosta a M. Juárez Celman, 2/6/1880, AGN, FDJC, 1953.

290 Gutiérrez, *op. cit.*, 202-225; Tejedor, *op. cit.*, 110-113.

291 *LN*, 3 y 4/6/1880; *LP*, 4/6/1880; F. Madero a J. Roca, 2/6/1880, AGN, FDJR, 1239.

292 Galíndez, *op. cit.*, 269-270; *LN, LPA, LP* y *BA*, 3/6/1880.

293 Galíndez, *op. cit.*, 267; *BA* y *LPA*, 3/6/1880.

294 *LPz* y *TS*, 3/6/1880.

295 Galíndez, *op. cit.*, 270-271.

296 Galíndez, *op. cit.*, 275 y ss.; *LN, LPA, LP, EP* y *EN*, 4/6/1880.

297 Tejedor, *op. cit.*, 120-122.

298 *LN, LPz, EN* y *LP*, 5/6/1880.

299 *LN, LPz* y *EN*, 5/6/1880.

300 *LPz* y *TS*, 6/6/1880.

301 Yofre, *op. cit.*, 85-86, y Groussac, *op. cit.*, 203.

302 *TS*, 8/6/1880; Yofre, *op. cit.*, 80; Páez de la Torre, *op. cit.*, 327-328.

303 *LP*, 8/6/1880; *Memoria del Departamento de Hacienda.*

304 Manuel Olascoaga (n. 1835) hizo carrera política y militar en su provincia natal (Mendoza), peleó en Pavón en las filas de Urquiza y luego se alistó en el ejército nacional. Hizo el servicio de fronteras, se incorporó a las fuerzas de Roca en Río Cuarto y en 1878 fue designado jefe de la Oficina Topográfica Militar. En 1880, revistaba con el grado de coronel.

305 Pidieron la baja el sargento de artillería F. Framiñán, el brigadier general Juan Gelly y Obes, el general Julio de Vedia y los coroneles Martín Guerrico (jefe de una de las divisiones de la escuadra y de la Escuela Náutica) y Rufino Victorica. *Memoria del Departamento de Hacienda*; Galíndez, *op. cit.*, 286 y ss.

306 José Raúl Buroni y Alberto Juan Gancedo, *Reseña histórica del Hospital Militar Central*, Buenos Aires, Círculo Militar, 1979; Servicio Histórico del Ejército, Documentos del legajo personal de E. Damianovich.

307 Tejedor, *op. cit.*, 123-124.

308 Galíndez, *op. cit.*, 293-294.

309 J. Roca a Juárez Celman, en Rivero Astengo, *op. cit.*, 197; *LP*, 8/6/1880.

310 *LP* y *LPA*, 6/6/1880; *LT,* 8/6/1880; *LPt* y *LN,* 9/6/1880; *TS, LPz* y *BA,* 10/6/1880; *EN* y *LP,* 11/6/1880; *Registro Oficial, op. cit.,* 217.

311 *LN,* 6 y 8/6/1880; *LPz,* 10/6/1880.

312 *EN,* 8/6/1880; *LPt, EP* y *LN,* 9/6/1880; *LPa,* 9, 10 y 16/6/1880; Costa, *op. cit.,* 108.

313 *EP* y *EN,* 8/6/1880.

314 *EP* y *LT,* 8/6/1880; *TS, LN, LP* y *LPa,* 9/6/1880; *ECE, LPA, LPz* y *LN,* 10/6/1880; *EN,* 11/6/1880.

315 Véanse, entre otros, *LPt,* 7-8 y13/6/1880, y *ECE,* 9/6/1880.

316 Ema Cibotti, *1880-1890. Una década de prensa italiana en Buenos Aires. Liderazgo y trayectoria pública de sus principales hombres,* tesis de maestría, Buenos Aires, FLACSO, 1995, cap. II; *LPt,* 7-8/6/1880; *LOI,* 9, 12 y 13/6/1880 [trad. HS].

317 *Ibid.*

318 *ECE,* 9/6/1880.

319 *LN,* 8, 9 y 13/6/1880; *BA, EN* y *LPA,* 9/6/1880.

320 M. E. Rodríguez y F. Rubio, "El Cuerpo Masónico de Protección a los Heridos en la revolución de 1880", en *Símbolo,* LV, 80, abril-mayo de 2004, 20-27; *LN,* 13/6/1880.

321 Sanucci, *op. cit.,* 161; *LPz,* 10/6/1880; *LCP,* 11/6/1880.

322 *BA,* 6, 10 y 11/6/1880; *LPA,* 6, 7 y 9/6/1880; *LN,* 8, 9 y 13/6/1880; *LP,* 6/6/1880; *LPz,* 8/6/1880; *LPt,* 7, 8, 9 y 10/6/1880; *TS,* 8/6/1880. Sanucci, *op. cit.,* 159-160. Véase la carta de Sarmiento a Victorino de la Plaza, 19/6/1880, AGN, Archivo De la Plaza, 0382.

323 *LN,* 8 y 10/6/1880; *BA,* 9, 10 y 11/6/1880; *LPz,* 10/6/1880; *LP,* 10/6/1880.

324 Véanse los comunicados del 6/6 de los gobernadores de Salta y Tucumán al Presidente, en *LP,* 10/6/1880.

325 Tejedor, *op. cit.,* 58 y ss., y 140 y ss.; Sanucci, *op. cit.,* 153 y ss.; Galíndez, *op. cit.,* 287 y ss.

326 Galíndez, *op. cit.,* 281 y ss.; Sanucci, *op. cit.,* 161-162; *TS* y *LCP,* 11/6/1880; J. Casenave (seud. de D. Alcorta) a J. Roca, 7/6/1880, AGN, FDJR, 1239.

ENTREACTO 5

327 B. Mitre, *Arengas,* Buenos Aires, 1889, 490.

328 Una selección bibliográfica sobre el tema de la revolución en América Latina del siglo XIX en Sabato, "Milicias, ciudadanía y revolución", *op. cit.,* nota 12.

329 Elías Palti, "El tiempo de la política", *op. cit.,* y "Las polémicas en el liberalismo argentino. Sobre virtud, republicanismo y lenguaje", en

J. A. Aguilar y R. Rojas (coords.), *El republicanismo en Hispanoamérica. Ensayos de historia intelectual y política*, México, FCE, 2002.

330 Sabato, *La política en las calles*, *op. cit.*

331 Sabato, "El ciudadano en armas", *op. cit.*

332 *LN*, 17/2/1880.

6. JUNIO, TERCERA SEMANA. EN GUERRA

333 Gutiérrez, *op. cit.*, 253 y ss.

334 J. Arias a S. Alcorta, 9/6/1880, AGN, MHN, 54; Basabilbaso, *op. cit.*, 7.

335 Telegramas dirigidos al Ministerio de Milicias en junio de 1880, en AGN, MHN, 55.

336 Telegramas a Martín de Gainza de D. Huergo (11/6/1880), S. García (12/6/1880), F. Aristegui (13/6/1880) y J. Leyría (12/6/1880), AGN, MHN, 55; A. Plaza Montero a S. Alcorta, 9/6/1880, AGN, MHN, 54.

337 AGN, MHN, 55/9279 (15/6/1880); también en *LN*, 15/6/1880.

338 Arias a Alcorta, 9/6/1880 (dos cartas).

339 Gutiérrez, *op. cit.*, 289 y ss.

340 Telegramas del juez de paz de San Vicente y de Leyría a Gainza, 12/6/1880, AGN, MHN, 55.

341 J. Arias a R. de Elizalde, 6/6/1880, AGN, FDRE, 19; F. Aristegui a M. de Gainza, 14 y 15/6/1880, AGN, MHN, 55.

342 J. Roca a D. Rocha, 9 y 12/6/1880, AGN, FDDR, 2858.

343 J. Marana Campora y Q. de los Santos a D. Rocha, 13/6/1880, y 21/6/1880, AGN, FDDR, 2924.

344 Arias a Alcorta, dos cartas del 9/6/1880, y Arias a Gainza, 10/6/1880.

345 Arias a Gainza, 13/6/1880; *BB*, 22/6/1880.

346 *BA*, 14-15/6/1880; *TS*, 15/6/1880, y Gutiérrez, *op. cit.*, 280 y ss.

347 *EP*, 15/6/1880, y *BA*, 16/6/1880; Gutiérrez, *op. cit.*, 267 y ss.; H. Lagos a S. Alcorta, 13/6/1880, AGN, MHN, 55 (en esa carta, Lagos eleva su renuncia al cargo, pero no encontré mención a ella en otras fuentes).

348 Gutiérrez, *op. cit.*, 273.

349 Documentos sin firma en FDDR, 2924.

350 "Partes del combate de ayer", en *LPA*, 15/6/1880; Gutiérrez, *op. cit.*, 270-272.

351 *BA*, 14-15/6/1880; *LPA*, *TS* y *LT*, 15/6/1880.

352 *BA* y *LPA*, 16/6/1880.

353 Citado en *LOI*, 15/6/1880; *LOI*, 17/6/1880 (trad. HS).

354 *LPt*, 17/6/1880 (trad. HS).

355 *LN, LT, BA* y *LPt*, 17/6/1880.

356 *LPa*, 16/6/1880.

357 *LN,* 19/6/1880.

358 M. de Gainza a J. Arias, 12/6/1880, y C. Tejedor a J. Arias, 13/6/1880, en Gutiérrez, *op. cit.*, 297-298 y 299.

359 M. de Gainza al juez de paz de San Vicente, 15/6/1880, AGN, MHN, 55.

360 J. Roca a D. Rocha, 14/6/1880, AGN, FDDR, 2858; Basabilbaso, *op. cit.*, 10-12.

361 Basabilbaso, *op. cit.*, 12-13; Gutiérrez, *op. cit.*, 289-316.

362 Basabilbaso, *op. cit.*, 14-24.

363 J. Arias a M. de Gainza, 17/6/1880, AGN, MHN, 55. *ECP,* 18/6/1880; *LL, BA* y *LN,* 19/6/1880.

364 Parte de E. Racedo a C. Pellegrini, 17/6/1880, en *LN,* 20/6/1880. Véase, también, "Parte oficial y orden general después de la batalla de Olivera, 17/6/1880", en CEZ, *Manuscritos y recortes. Revolución de 1880, op. cit.*, tomo 1.

365 I. Galíndez a M. Juárez Celman, 21/6/1880, AGN, FDJC, 1954; M. M. Framiñán a D. Rocha, 20/6/1880, AGN, FDDR, 2924.

366 J. Roca a D. Rocha, 19/6/1880, AGN, FDDR, 2858.

367 M. Brid y F. Montes de Oca a D. Rocha, 18/6/1880, AGN, FDDR, 2924.

368 *BA*, 16/6/1880; *LT,* 18 y 20/6/1880, y *EP,* 18/6/1880.

369 *LN ,* 19 y 20/6/1880, y *ECE* y *TS,* 19/6/1880.

370 *LN* y *LL,* 19/6/1880. La primera frase es de Epifanio Portela, secretario de la legación argentina en Montevideo, y la segunda, del coronel R. Victorica. *LN,* 20/6/1880, y *TS,* 19/6/1880.

371 Basabilbaso, *op. cit.*, 30-38.

372 *Ibid.*, 39-43.

373 *Ibid.*, 47-49; Gutiérrez, *op. cit.*, 342, y *LN,* 20/6/1880.

374 *EP,* 16/6/2880; *BA* y *ECE,* 20/6/1880.

375 V. López a L. López, 17/6/1880, AGN, FDL, 2367.

376 *EN,* 15/6/1880.

377 Galíndez, *op. cit.*, 295-297; *TS,* 17/6/1880; O. Andrade a J. Roca, 17/6/1880, AGN, FDJR, 1239; J. Roca a D. Rocha, 19/6/1880, AGN, FDDR, 2858.

378 La narración sobre "la batalla de Barracas", basada en Gutiérrez, *op. cit.*, 345 y ss.; Basabilbaso, *op. cit.*, 49 y ss.; Costa, *op. cit.*, 115 y ss.; Fotheringham, *op. cit.*, 505 y ss.; F. Best, *Historia de las guerras argentinas de la independencia, internacionales, civiles y con el Indio*, Buenos Aires, Peuser, 1960, tomo II, 102-103; *LL* y *LPA*, 21/6/1880; *LN ,LT, LPa, LPA, TS, LCP* y *LP,* 22/6/1880; *LT,* 23/6/1880.

379 Telegrama de Arias a Gainza, 20/6/1880, 7.25 am, en Gutiérrez, *op.*

cit., 345; parte de Levalle a Pellegrini, 20/6/1880, en Yaben, *op. cit.*, 244-246.

380 Parte de Levalle; Fotheringham, *op. cit.*, 505 y ss.

381 *LP,* 22/6/1880; Gutiérrez, *op. cit.*, 357; Basabilbaso, *op. cit.*, 55, y Fotheringham, *op. cit.*, 507.

382 Yabén, *op. cit.*, 246; *LT,* 23/6/1880; *LPA* y *ECP,* 21/6/1880, y *LN* 22/6/1880.

383 Parte de Levalle; *LT,* 23/6/1880; J. Roca a D. Rocha, AGN, FDDR, 2858, y coronel Héctor Piccinali, *Vida del teniente general Nicolás Levalle,* Buenos Aires, Círculo Militar, 1982, 181.

384 Parte de Morales, en Gutiérrez, *op. cit.*, 360; parte de Campos, en Yaben, *op. cit.*, 243; Basabilbaso, *op. cit.*, 56-57.

7. 21 DE JUNIO. EL COMBATE

385 La cita en Gutiérrez, *op. cit.*, 366; Basabilbaso, *op. cit.*, 59 y ss.

386 Sobre las fuerzas de Racedo hay distintas cifras. En el parte de Arias, menciona 5000 hombres y Basabilbaso dice 8000. He optado por la que figura en el *Boletín* del gobierno nacional, citado en *LN,* 22/6/1880.

387 Partes de batalla de Arias a Gainza, en *LN,* 22/6/1880, y de Racedo a Viejobueno, 23/6/1880, en Ruiz Moreno, *op. cit.*, 126 y ss.

388 *EP,* 22/6/1880; Basabilbaso, *op. cit.*, 69.

389 Basabilbaso, *op. cit.*, 69; parte de Racedo, citado en nota 364.

390 Costa, *op. cit.*, 129-130. Julio Costa tenía 26 años, era periodista y se definía como "autonomista y alsinista, muy porteño aunque poco tejedorista". Se presentó como voluntario (con su pony de carrera) al coronel Garmendia, quien lo tomó como ayudante.

391 J. I. Garmendia a M. Díaz, 20/6/1880 (9 de la noche), y a C. Casavalle, 30/12/1880, AGN, Colección Casavalle, 2284.

392 H. Lagos a J. Campos, 22/6/1880, AGN, MHN, 56/9512.

393 *Ibid.*; Basabilbaso, *op. cit.*, 75; *LN,* 22/6/1880; Gutiérrez, *op. cit.*, 378.

394 Sobre los regimientos presentes y sus comandantes véanse parte de Viejobueno a Pellegrini en Ruiz Moreno, *op. cit.*, 129-130, y *BB,* citado en *LN,* 22/6/1880.

395 Las citas de Basabilbaso, *op. cit.*, 75, y Lagos, 22/6/1880.

396 Parte de Morales a Campos, 24/6/1880, en Yabén, *op. cit.*, 333-336.

397 *Ibid.*

398 Fotheringham, *op. cit.*, 510 y ss.

399 Parte de Morales, *op. cit.*; Basabilbaso, *op. cit.*, 75-78; Gutiérrez, *op. cit.*, 392 y ss.

400 *TS* y *LN,* 22/6/1880; Fotheringham, *op. cit.*, 517-518.

401 *EP, LPa* y *TS* (trad. HS), 22/6/1880.

402 *EP,* 22/6/1880; *LL,* 21/6/1880; *TS,* 22/6/1880, y *ECE,* 22/6/1880.

403 Las citas de *EP, LPa* y *LPA.* Véanse también *TS, LN, LCP, ECP* y *LL,* 22/6/1880. Los hospitales de la ciudad que recogieron heridos fueron: de Niños, del Norte, del Centro, de Mujeres, de Beneficencia, del Sud, Andes, y de Hombres, además de los hospitales particulares: el Francés, del Salvador, de Picard, Italiano, Frenopático y Español, AGN, MHN, 56/9563.

404 *LPA,* 22/6/1880.

405 Las citas son de *LPt* [trad. HS], 21-22/6/1880; *EP,* 22/6/1880; *LOI* [trad. HS], 22/6/1880. Véanse, también, *LN, TS, LPa, LCP* y *LPA,* 22/6/1880.

406 V. López a L. López, 23/6/1880, AGN, FDL, 2367; *TS,* 22/6/1880.

407 Comunicación de la Municipalidad del 21/6/1880, en *LPA,* 22/6/1880.

408 *LN* y *ECP,* 22/6/1880; *LL,,* 21/6/1880.

409 *ECP, LN* y *LOI,* 22/6/1880; *LCP,* 26/6/1880; *BA,* 19/6/1880.

410 *LCP* y *LP,* 22/6/1880; *LL,* 21/6/1880, y *LOI,* 22/6/1880. También, *LN,* 22/6/1880.

411 Gutiérrez, *op. cit.,* 395; *LN* y *EP,* 22/6/1880.

412 Basabilbaso, *op. cit.,* 78-79.

413 Partes tomados de *LL,* 22/6/1880.

414 *LN,* 22/6/1880; *BA* y *LPt* [trad. HS], 21-22/6/1880.

415 *BB,* en *LT,* 23/6/1880; I. Galíndez a M. Juárez Celman, 21/6/1880, AGN, FDJC, 1954.

416 D. Rocha a J. Roca, 24/6/2880, AGN, FDJR, 1350.

417 *BB, op. cit.*

418 Con respecto a las bajas de los nacionales, los diarios porteñistas daban cifras diversas (e infladas, suponemos): para *LL* los heridos del enemigo "no bajan de novecientos", para *LT* había 700 entre muertos y heridos y *LPA* llevaba la cifra a 1500. Sobre las bajas porteñas: al menos 350 para *LT* como cifra total (23/6/1880); cifras parciales en *LL,* 22/6/1880, y *LPA,* 23/6/1880, entre otros. Gutiérrez menciona "1200 bajas por ambas partes para la batalla de Puente Alsina" (373), mientras que Yofre computa, para toda la contienda, un total de 3000 bajas de ambas partes, aunque en otro lugar del libro menciona 3000 cadáveres (90 y 98). En carta a Juárez Celman, Galíndez menciona 700 muertos, 2000 heridos y 2000 prisioneros de Buenos Aires. Rocha, en un telegrama a Roca, en cambio, habla de 300 muertos nacionales y el doble de porteñistas, y el *BB* menciona 200 y 2000 bajas respectivamente (22/6/1880).

419 Partes de Racedo y de Arias, *op. cit.*

420 La estimación de las bajas es muy tentativa, porque las cifras disponibles son poco confiables.

421 El número de bajas en los enfrentamientos de 1874 fue semejante, pero éstos ocurrieron en un lapso de varios meses, en batallas diferentes y lejos de Buenos Aires. En la Guerra contra el Paraguay, el total fue mucho mayor, pero en una derrota como la de Curupaytí hubo 2000 bajas argentinas entre muertos y heridos.

ENTREACTO 7

422 Fotheringham, *op. cit.*, 510; *LT* y *LP*, 23/6/1880.

423 *LPA*, 23/6/1880.

424 Véase, entre otros, Arno Mayer, *op. cit.*

425 En un intento por definir la violencia, John Keane la caracteriza como "a relational act in which the object of violence is treated, involuntarily, not as a subject whose 'otherness' is recognized and respected, but rather as a mere object potentially worthy of bodily harm, or even annihilation" (Keane, *op. cit.*, 67).

426 Sobre la ausencia de castigos y sanciones a los revolucionarios, véanse los trabajos ya citados de Carlos Malamud. Esta actitud diferenciaba las revoluciones de este período de otras acciones armadas, como las que tuvieron lugar durante la Guerra contra el Paraguay, las campañas contra los indios y, parcialmente, las de represión de las montoneras en el interior.

427 *TS*, 6/7/1880 (trad. HS).

8. FINES DE JUNIO. INVIERNO INCIERTO

428 *LN* y *LT*, 22/6/1880, y *ECP*, 21/6/1880.

429 *LCP* y *LPa*, 22/6/1880 [trad. HS].

430 *EP* y *LPa*, 22/6/1880.

431 Sobre el honor en la Argentina del período, véanse Sandra Gayol, *Sociabilidad en Buenos Aires. Hombres, honor y cafés. 1862-1910*, Buenos Aires, Ediciones del Signo, 2000, y "El honor de la política: usos y significados en la Argentina Moderna", ponencia, Congreso de LASA, Dallas, Texas, marzo de 2003. Sobre la noción de honor republicano en el Perú, véase Sarah Chambers, *From Subjects to Citizens. Honor, Gender, and Politics in Arequipa, Peru, 1780-1854*, University Park, PA, 1999. Para México, Pablo Picatto, "Honor y opinión pública: la moral de los periodistas durante el porfiriato temprano", en C. Sacristán y P. Piccato (coords.), *Actores, espacios y debates en la historia de la esfera pública en la ciudad de México*, México DF, IIH-UNAM e Instituto de Investigaciones Dr. José María Luis Mora, 2005.

432 Tomada de *LN,* 23/6/1880.

433 Sobre la situación en Corrientes, Galíndez, *op. cit.,* 295 y ss., y Tejedor, *op. cit.,* 140 y ss.

434 Basabilbaso, *op. cit.,* 80 y ss.; Gutiérrez, *op. cit.,* 400 y ss. Una crítica del coronel Campos a la decisión de dividir el mando en J. Campos a M. de Gainza, AGN, MHN, 055.

435 *LN, EP, LPt, LOI* y *ECE,* 23/6/1880.

436 Basabilbaso, *op. cit.,* 86 y ss.; *LN* y *LPA,* 23/6/1880.

437 *LN,* 23 y 24/6/1880.

438 *LN, LP* y *LT,* 23 y 24/6/1880.

439 *EP, LT* y *LPA,* 23/6/1880. Courtney Letts de Espil, *Noticias confidenciales de Buenos Aires a USA (1869-1892),* Buenos Aires, J. Álvarez, 1969. Sobre el Club Industrial véase José Carlos Chiaramonte, *Nacionalismo y liberalismo económicos en Argentina, 1860-1880,* Buenos Aires, Solar/Hachette, 1971, 205 y ss.

440 *LCP* citado por *LN,* 24/6/1880; carta ya citada de V. López a L. López; Basabilbaso, *op. cit.,* 82-83.

441 Gutiérrez, *op. cit.,* 402; *EP,* 26/6/1880; I. Galíndez a M. Juárez Celman, 21/6/1880, AGN, FDJC, 1954.

442 Avellaneda, *op. cit.,* 439-440.

443 N. Avellaneda y Carlos Pellegrini a J. Roca, 22 y 23/6/1880, AGN, FDJR, 1350; Yofre, *op. cit.,* 20-21.

444 Avellaneda a Roca, 22/6/1880; J. Roca a D. Rocha, 20/6/1880, AGN, FDDR, 2858; *LN,* 23/6/1880; *LPA,* 28/6/1880, y *LR,* 10-11/7/1880.

445 Cartas y telegramas a D. Rocha, 22 al 28/6/1880, AGN, FDDR, 2924.

446 *Ibid.*

447 Galíndez, *op. cit.,* 284-285.

448 I. Galíndez a M. Juárez Celman, 21/6/1880, AGN, FDJC,1954. Los diputados declarados cesantes provenían de las siguientes provincias: Buenos Aires: 24; Corrientes: 6; Salta, Tucumán, Córdoba y Entre Ríos: 2 de cada una, y Jujuy y Catamarca: 1 de cada una. Véase Galíndez, *op. cit.,* 332-333.

449 El texto completo del manifiesto en Yofre, *op. cit.,* 131-137.

450 *LN, LPa, LPA, LT* y *LPt,* 26/6/1880; Basabilbaso, *op. cit.,* 87 y ss.

451 *EP,* 26/6/1880; Galíndez, *op. cit.,* 307; Gutiérrez, *op. cit.,* 408-409.

452 H. Lagos a B. Mitre, 23/6/1880, AGN, MHN, 56/9533, y C. Tejedor a B. Mitre, 22/6/1880, referida a protestas recibidas de Arias y de Lagos.

453 Tejedor, *op. cit.,* 146 y ss.; Rosa, *op. cit.,* 86-87; Gutiérrez, *op. cit.,* 404 y ss.; Galíndez, *op. cit.,* 309.

454 Galíndez, *op. cit.*, 310 y ss.; Rivero Astengo, *Pellegrini, op. cit.*, 230-431.

455 *BA,* 27/6/1880, y *EP,* 26/6/1880.

456 *BA,* 27 y 28-29/6/1880; *LN,* 27/6/1880; *EP,* 26, 27, 28 y 29/6/1880; *LOI,* 26/6/1880; *LPA,* 27/6/1880.

457 *LPA,* 23/6/1880, y *LOI,* 29/6/1880.

458 *BA,* 30/6/1880.

459 Galíndez, *op. cit.*, cap. XVII; Tejedor, *op. cit.*, 181 y ss.

460 Galíndez, *op. cit.*, 325.

461 *EP,* 30/6 y 1/7/1880.

462 *LL,* 28/6/1880; *TS,* 29/6/1880; *BA* y *LOI,* 3/7/1880.

463 *LPa,* 4/7/1880; I. Galíndez a M. Juárez Celman, 30/6/1880, AGN, FDJC, 1954. Véase, también, B. Cordero y M. Cordero a D. Rocha, 27/6/1880 y 29/6/1880, AGN, FDDR, 2924.

ENTREACTO 8

464 Este texto se basa en bibliografía secundaria sobre el tema. Véanse, en particular, Ruiz Moreno, *op. cit.*, Heras, *op. cit.*, Sommariva, *op. cit.*, Botana, "La federalización", *op. cit.*; Gallo, "Liberalismo, centralismo y federalismo", *op. cit.* En la literatura de la época, véanse las obras citadas de Félix Frías, Adolfo Saldías, Juan B. Alberdi, Carlos Tejedor.

9. JULIO Y DESPUÉS. INVIERNO DECISIVO

465 Tejedor, *op. cit.*, 156-157; Galíndez, *op. cit.*, 325-327.

466 Galíndez, *op. cit.*, 336 y ss.; Yofre, *op. cit.*, 94-95.

467 *Asambleas Constituyentes, op. cit.*, tomo VI, 1ª parte, 33-38.

468 Galíndez, *op. cit.*, 338-340; Avellaneda, *op. cit.*, 447-450.

469 Galíndez, *op. cit.*, 341 y ss.; *Asambleas, op. cit.*, tomo VI.

470 J. Roca a M. Juárez Celman, 9/7/1880, AGN, FDJC, 1955.

471 *Ibid.* y M. Juárez Celman a J. Roca, 9/7/1880, AGN, FDJR, 1350. Sobre exposiciones de Vélez y Ortiz en el Senado, véase *Asambleas, op. cit.*, tomo VI, sesión del 8 de julio.

472 I. Galíndez a J. Roca, 5/7/1880, AGN, FDJR, 1239; B. Acosta a M. Juárez Celman, 10/7/1880, AGN, FDJC, 1953.

473 Avellaneda, *op. cit.*, 442-443.

474 *LR,* 9/7/1880.

475 *TS,* 11/7/1880 [trad. HS], y *LR,* 10-11/7/1880.

476 *LL,* 9-10/7/1880. También, *LPA, ECP* y *EP,* 10/7/1880. Acosta a Juárez Celman, 10/7/1880.

477 *LR,* 10-11/7/1880.

478 *LT, TS, BA, LPA* y *ECP,* 6 y 7/7/1880.

479 *ECP*, 6/7/1880, y *ECE*, 2/7/1880.
480 *BA*, 5-6/7/1880; *LT*, 6/7/1880.
481 *BA*, 3 y 8/7/1880; Galíndez, *op. cit.*, 336-337. El Senado no aprobó los ascensos a general, pues no existía esa figura para las milicias de la provincia.
482 "Manifiesto al Pueblo de la República", Buenos Aires, Imprenta y Librería de Mayo, 1880, en AGN, FDRE, Caja 12.
483 *LPa*, 9/7/1880; B. Cordero a J. Roca, 9/7/1880, AGN, FDJR, 1239.
484 E. Racedo a J. Roca, 17/7/1880, AGN, FDJR, 1239, y B. Acosta a M. Juárez Celman, 15/7/1880, AGN, FDJC, 1953.
485 *LOI*, 13/7/1880 [trad. HS].
486 Esta información: en todos los periódicos de julio. Las citas en *LPA*, 5/7/1880, y *LL*, 11-12/7/1880.
487 *ECP*, 7/7/1880.
488 *LT*, 6/7/1880; *LPA*, 7/7/1880; *LL*, 8/7/1880, y *EP*, 6 y 7/7/1880.
489 AGN, Ministerio del Interior, legajos de 1880; *LL*, 13, 15 y 16/7/1880; *BA*, 15/7/1880, y *LR*, 16/7/1880.
490 Véase FDDR, 2718.
491 Esta sección se basa en la prensa del período y en Galíndez, *op. cit.*, Yofre, *op. cit.*, Rivero Astengo, *op. cit.*, Rosa, Ruiz Moreno, *op. cit.*, y Páez de la Torre, *op. cit.*
492 I. Galíndez a M. Juárez Celman, 13/8/1880, en Rivero Astengo, *op. cit.*, 206.
493 V. López a L. López, 8/7/1880, AGN, FDL, 2367.
494 Si bien este triunfo no implicó la inmediata consolidación del poder central, marcó un punto de inflexión en ese sentido. Véase Paula Alonso, "La política y sus laberintos. El Partido Autonomista Nacional entre 1880 y 1886", en H. Sabato y A. Lettieri (comps.), *La vida política en la Argentina del siglo XIX. Armas, votos y voces*, Buenos Aires, FCE, 2003, y P. Gerchunoff, Fernando Rocchi y Gastón Rossi, *Desorden y progreso. Las crisis económicas argentinas, 1870-1905*, Buenos Aires, Edhasa, 2008.